「国家英雄」が映すインドネシア

山口裕子
Yamaguchi Hiroko
金子正徳
Kaneko Masanori
津田浩司
Tsuda Koji
編著

木犀社

【目次】

◉地図作成——金子正徳

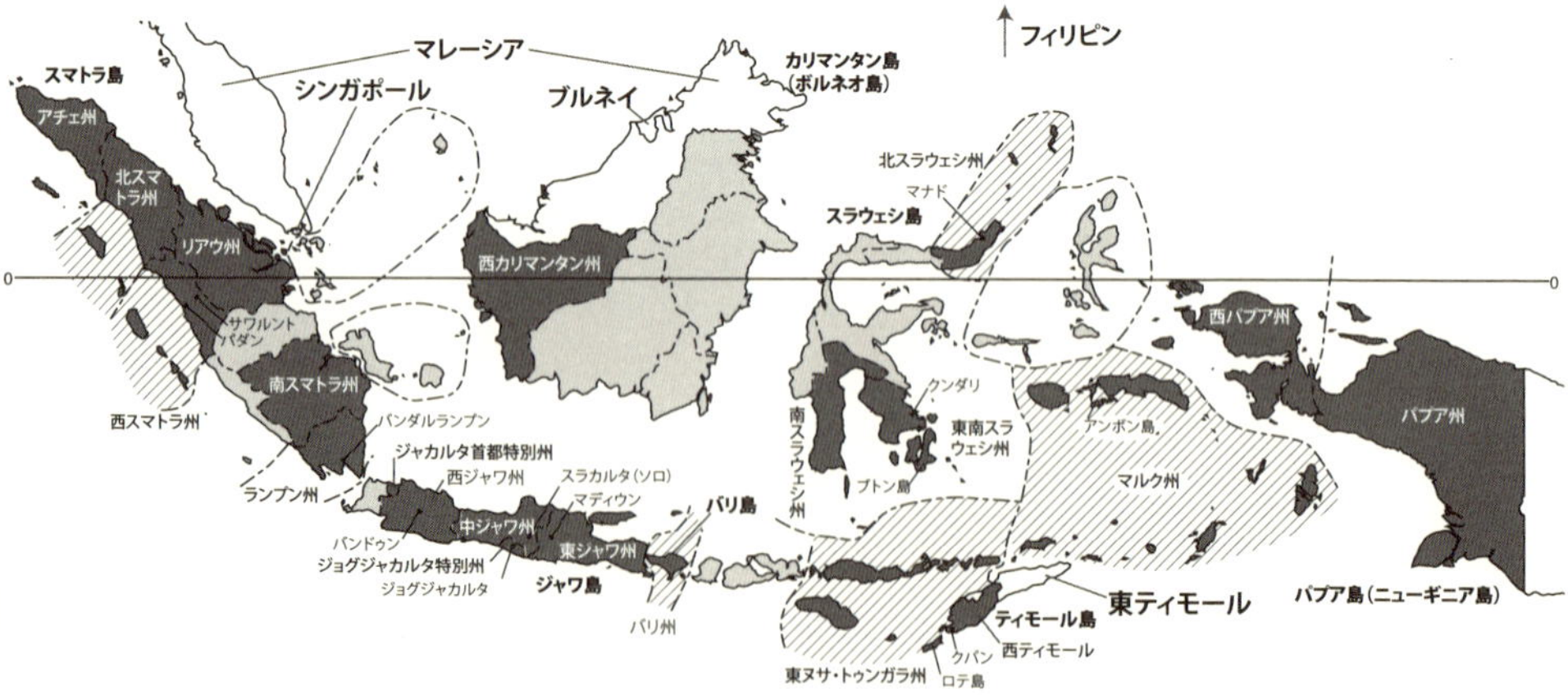
フィリピン
マレーシア
スマトラ島
シンガポール
ブルネイ
カリマンタン島
(ボルネオ島)
アチェ州
北スマトラ州
リアウ州
西カリマンタン州
北スラウェシ州
マナド
スラウェシ島
西パプア州
サワルント
パダン
南スマトラ州
西スマトラ州
バンダルランプン
ジャカルタ首都特別州
西ジャワ州
スラカルタ(ソロ)
マディウン
バリ島
ランプン州
バンドゥン
中ジャワ州
東ジャワ州
ジョグジャカルタ特別州
ジョグジャカルタ
ジャワ島
バリ州
クンダリ
東南スラウェシ州
南スラウェシ州
ブトン島
アンボン島
マルク州
パプア州
東ティモール
ティモール島
西ティモール
クパン
ロテ島
東ヌサ・トゥンガラ州
パプア島(ニューギニア島)
0

序

英雄大国インドネシア

山口裕子・金子正徳・津田浩司

大いなる国民《バンサ》=民族とは、英雄の功績を尊重する国民《バンサ》=民族である。

スカルノ　一九六一年一一月一〇日「英雄の日」の演説より

そのとき、漠然たる不安が社会にひろがり、自己保存の欲求が社会をうごかす。社会は自分のうちを見まわし、社会をすくいうる人間を待望する。この守護の天才はつねに多数の国民のなかにいる。しかし……天才はみとめられなければならない。しかもかれ自身がそれを自覚しなければならない。……しかし待望ひさしき救世主が突如としてその存在をあきらかにすると、国民的関心はこれを見わけ、これをまねき、障碍はかれの前に消えさり、かれの行手にとびきたる偉大な民衆は、救世主がここにいるという。

ナポレオン「英雄待望論」［井上 1987(1957): 53］

はじめに

悠久の歴史を有する国でも、比較的新しく誕生した国でも、おそらく独立や国家発展に寄与したとされる人物がおり、彼らを「建国の父／母」などとして称揚するヒロイズムは広く存在するだろう。

本書の舞台となるインドネシアにも英雄たちがいる。たとえばこの国を訪れた旅客の多くがまず降り立つ「スカルノ・ハッタ国際空港」。首都ジャカルタの官庁街を貫く「タムリン通り」。その南に連なる「スディルマン将軍通り」と東にのびる「ディポネゴロ王子通り」。それぞれの通りの中央には、市街を見据えて敬礼する巨大なスディルマン将軍の立像（写真1）や、勇壮なディポネゴロ王子の騎馬像が鎮座している。彼らはいずれもこの国の独立やその後の発展に寄与したとされる「英雄たち」である。その名は道路や空港に刻まれ、また街には銅像が建立され肖像画を紙幣に見ることができ、学校では偉業が学ばれる。これらの点は、インドネシアの英雄たちも他の多くの国々と同様だろう。だがインドネシアの英雄に特徴的なのは、その圧倒的な数の多さ、それを認定する高度に体系化された制度の存在、そして独立宣言から七〇年あまりが経った現在でも毎年のように英雄が誕生し続けているという事実である。

写真1　ジャカルタ中心部の、その名を冠した目抜き通りに立つスディルマン将軍像（撮影：津田浩司）

「国家英雄（pahlawan nasional）」は、国家の独立と発展への功績者の称揚を目的に制定された、インドネシアの栄典制度の最高位の称号である。それを認定し称揚するための制度、すなわち国家英雄制度は、インドネシア共和国が成立してまもない国民創設期の一九五〇年代に、スカルノ初代大統領の決定によって創始され、国家の独立と発展の功績者や体制を支持する人物がトップダウン式に認定された。続くスハルト大統領期も制度は継承され、「英雄」の解釈を拡大しつつ、国民統合政策と軌を一にしながら、全国各地から広く英雄が誕生した。赤道上の東西約五千キロメートルに及ぶ範域に一万三千もの島々を擁し、千を超える民族集団からなる世界に比類なき群島国家であるインドネシアにおいて、国家英雄制度は、後述のようにスカルノ、スハルトの両時代をとおして、国民創設と国民統合というこの国最大の課題にとって重要な象徴的手段でありつづけてきたのだ。

注目すべきことに、一九九八年にスハルト体制が崩壊し、国政が脱中央集権化と民主化に大きく舵を切ったあとには、地方社会や民族集団が主体となって候補者を擁立し、英雄認定を目指す運動が隆盛している。このボトムアップ型の英雄推戴運動によって、ポスト・スハルト期の現代も毎年数名ずつ各地から国家英雄が誕生し続けており、二〇一六年一一月末時点で英雄の総数は一六九人に上る。今日では国家英雄の功績を総覧した分厚い『英雄百科事典』や、おびただしい数の英雄の肖像画が一面に掲載されたポスターが売られているのを多くの書店で容易に目にすることができる（16ページの写真2、3を参照）。新たに認定された人物もやがてはそこに書き加えられて英雄総覧は更新されていき、その英雄ゆかりの地では、空港や大学が新英雄の名に改称されたり、街の中心地に銅像が建立されたりする。こうして年々増殖するインドネシアの英雄たちは、その像が可視化され風景の一部と化すのと平行しながら、その人物が英雄であることも不動の事実のようになっていく。

冒頭に挙げたのは、一九六一年一一月一〇日の「英雄の日（Hari Pahlawan）」にスカルノ大統領が行った演説の一節である。「英雄の日」とは、第二次世界大戦終結後にインドネシア再占領を目論む英蘭軍とインドネシア独立支持派の軍が衝突した一九四五年の「スラバヤの戦い」の開戦記念日である。現在では毎年この「英雄の日」に、新たに認定された国家英雄の名と功績がメディアで発表され、大統領宮殿にて遺族など代理人に勲章が贈呈される。

同演説から五〇年あまりを経た二〇一四年六月六日、スカルノの誕生日を記念するその日に、この言葉をタイトルに冠した記事が主要市民メディアサイトの『コンパシアナ』に掲載された［Kompasiana 二〇一四年六月六日］。記事は、インドネシア独立までのスカルノ時代の困難な道のりを振り返り、スカルノの上記の一節に触れながら、今こそインドネシアのよりよい若い世代を育成するために過去の「国民＝民族的な指導的人物《トコ・バンサ》」を思い起こし、敬い、学ぶときだと主張している。一九四五年の独立宣言から七〇年あまりが経過した現在、その後に誕生したいわば生まれながらの「インドネシア国民」が人口の九割以上を占めている[*1]。そのなかで今日なお、インドネシアは定期的にナショナリズムについて再考を促す記念日や装置を備え、人々に対して折に触れ「英雄の事績を尊重してこそ、偉大なバンサになれる」といった先人の言葉を想起させ、確認させる。国家英雄はそうした装置のひとつであり、その意味で今なお生きている制度である。

本書は、国民創設期に誕生して以来少しずつ意味を変えながら継承されてきた「国家英雄」制度に光を当てて、その誕生の歴史とその後の変遷、認定された英雄の顔ぶれや、認定を目指す今日の地方や民族集団社会における運動を考察しようとするものである。本書の意図と目指すところは次の諸点にある。インドネシア史のなかではしばしば、国家の独立と発展はこれら英雄たちの偉業によって成し遂げられてきたと繰り返し語られる。その英雄が英雄化される事態や経緯に焦点を合わせることによって、まずもってこの国の歴史的歩みの自画像をいまいちど再検討することができる。また、アジア的開発独裁のひとつの典型でもあったスハルト第二代大統領の中央集権体制が一九九八年に崩壊した。それ以降、民主化の進展とともにいっそうの成熟期を迎えた感のある、この多民族（集団）国家におけるナショナリズムの今日的ありようとそこに働く文化的な創造力を、これら英雄認定にかかわる地方や民族集団社会の応答／非応答のダイナミクスをとおして具体的に明らかにできる。さらには、すでに風景の一部となり英雄であることが自然視されている人物が英雄になった経緯を仔細に考察することによって、多くの人間社会に英雄的人物が存在する意味と、それが「誕生」するモメントの一端が明らかになると思うのである。

1 国家英雄か国民英雄か――ナショナルとバンサ

ここで、これまで「国家英雄」と訳してきた「パラワン・ナショナル（pahlawan nasional）」という用語について若干の整理をしたい。[*2] 次節以降で詳述するとおり、当該制度の名称は微妙な変化を遂げてきた。スカルノ期の創設時の「パラワン・クムルデカアン（kemerdekaan、独立）・ナショナル」に始まり、単に「パラワン」と称された時期をへて、スハルト期以降は「パラワン・ナショナル」と称されるのが一般的となり今日にいたっている。[*3] 「ナショナル」の直接的語源が英語かオランダ語かあるいはそれ以外の何語であるかは不詳である。本書Ⅶ章で加藤が検討したように、オランダ植民地期のナショナリスト、スワルディ・スルヤニングラットの作品「もし私がオランダ人であったなら」からも、インドネシア・ナショナリズムの語彙の少なからぬ部分が、オランダ語の概念から影響を受けたことが推察されることから、オランダ語起源の可能性が高いかもしれない。いずれにせよ「プルプスタカアン・ナショナル（perpustakaan nasional、国立図書館）」「ジャラン・ラヤ・ナショナル（jalan raya nasional、国道）」「ハリ・リブール・ナショナル（hari libur nasional、国民の祝日）」といった用法があるように、インドネシア語の「ナショナル」は、オランダ語の「nationaal」ないしは英語の「national」に近く、「国民の、国家の」の双方のニュアンスを併せもつ。一方で日本語の語感に従えば、「国家英雄」は「国家がトップダウンで認定する英雄」、「国民英雄」は「国民に親しまれた英雄」といったニュアンスがあるかもしれない。それでは、インドネシアの英雄は「国家的」なのか「国民的」なのか。この訳出の難しさは、このあと見るように、まさにこの制度がその両方の性質を併せもつことに起因する。さらにインドネシア語には「ナショナル」に関連するもうひとつの語、「バンサ（bangsa）」が存在することが、この制度の翻訳と理解をさらに一段複雑にする。

「バンサ」もまたそれ自体、訳出がいささか厄介な語である。先のスカルノの演説でも「大いなるバンサ……」として登場した語であり、後述のように、国家英雄制度の設立を定めた「一九五七年大統領決定第二一七号」の前文では、制度創設の目的が「ひとつのバンサとしての一体感を強化するため」と謳われている。その「バンサ」であるが、基本的には英語の「ネーション（nation）」ないし「ナショナル」に相当するため、日本語では「国民（の）」あるいはそれに近い意味での「民族（の）」（すなわち国家内の構成単位としての「民族集団（エスニック・グループ）」ではなく、「ナショナリズム、民族主義」などでいう「民族」）と訳される。だがインドネシア語で「バンサ」という場合、「ナショナル」よりはやや強い土着主義的ニュアンスが加わる。というのも、今日「バンサ・インドネシア」と呼ばれる集団カテゴリーは、もともとはオランダ植民地時代に導入された「ヨーロッパ人」、「外来東洋人」、「原住民」という住民の三区分をベースとして、そのうち最後の「原住民」が、前二者を排除しつつ新生国家インドネシアの担い手（すなわち国民、ネーション）として昇華したものだからである。ジャワ人やスンダ人、バリ人、ミナンカバウ人など、かつて「原住民」と十把ひとからげに総称されていた、母語も慣習も異なる人々が、「オランダによる支配」というほぼ唯一の共通する歴史経験に基づいて互いを同胞として認識し、「バンサ・インドネシア」と積極的に名乗り返し、かつその呼称に内実を見いだそうとした試み、これが二〇世紀初頭から続くインドネシア・ナショナリズムの姿であった。それを象徴するのが、一九二八年の第二回インドネシア青年会議で宣言された「青年の誓い」であり、そこでは実現すべき目標として「ひとつの祖国インドネシア、ひとつの民族バンサ・インドネシア、ひとつの言語インドネシア語」が謳われたのだった。

「国民」としての「バンサ・インドネシア（インドネシア人）」の概念は一九五〇年のインドネシア共和国の成立時には定着していた。さらに一九五〇年代後半には「バンサ」の下位範疇としての「部分」を意味する「スク・バンサ（suku bangsa）」の概念が登場し[*4]、ジャワ人、スンダ人、バリ人などにその位置づけが与えられると、翻って「バンサ・インドネシア」は、それらのスク・バンサを不可欠の構成部分とするひとつの全体的まとまりとして一体感がいっそう強化されることになった。[*5]

ところで、英雄の顕彰を目的としたこの制度が、創設以来、土着主義的な「パラワン・バンサ」ではなく、「パラワン・クムルデカアン・ナショナル」ないし単なる「パラワン」、そしてスハルト期以降はもっぱら「パラワン・ナショナル」と称されてきたことの政治的含意は何だろうか。そして「パラワン・ナショナル」は「国家英雄」なのか、それとも「国民英雄」なのか。それらを示す決定的な資料は未確認である。だが明確な政治的意図の有無はともかく、本書をとおして考察するように、制度の意義と変遷をこの国の歴史的歩みと照らし合わせると見えてくるのは、この制度がまさに「国家」と「バンサ」の中間ないし接点に位置するような性質を有しているということであり、そのことが、この制度が時代によって異なる意味を付与されながら現在も存続してきたことと無関係ではないということである。

つまり第一に、「パラワン・ナショナル」は国家にとって多大な功績を挙げた人々を表彰する栄典制度の最高位の称号であり、国家元首たる大統領が授与する。この点で、他の多くの国々の栄典制度と同様に、「パラワン・ナショナル」もすぐれて国家的な制度であることは疑いえない。[*6] たとえば日本でも、「栄典」とは「国家が特定の私人の栄誉を表彰するために、これに与える特別の待遇」をさし［吉国　2009: 35-36］、生前に授与されるものには勲章と褒章があり、その授与は天皇が国事行為として行う。さらに日本の栄典制度史上の次のようなエピソードは、それを授与する側とされる側との間の力関係の重要性を示している。日本国政府が定めた勲章は一八七五（明治八）年制定の旭日章が最初だが、江戸末期の一八六七年にパリで開かれた万国博覧会では、徳川幕府とは別に参加していた薩摩藩が、幕府の統治からの藩の独立性を示すために「薩摩琉球国（薩琉）勲章」をナポレオン三世に贈ったとされる。この勲章を皇帝が受け取るかどうかは薩摩藩にとって決定的に重要であった。なぜなら国家元首に勲章を贈ることができるのは、同等クラスの要人のみであり、ナポレオン三世が薩琉勲章を受け取ることは、薩摩藩主が国家元首に相当する要人と認識されたことの証となるからである。だが肝心の勲章を受け取ったかどうかの記録は残されていない［栗原 2011: 215］。この逸話は異なる国家間が舞台となっていたが、上記のことはあらゆる栄典制度の背後にある、授与する側とされる側の力関係、すなわち前者は後者に対して少なくとも象徴的には対等か優位の立場にあり、その逆転は決してないということを示している。

インドネシアにおいては、スカルノ期からスハルト期をとおして、大部分の英雄たちは国家元首たる大統領によってトップダウンで認定されたという意味で、まさしく「国家英雄」であった。ポスト・スハルト期に入ると、民主化と地方分権化政策に伴い集会結社や言論の自由が相応に保障されるようになったことを受け、地方や民族集団社会が主体となって英雄認定を求めるボトムアップ型の運動が盛んになった。この点で、認定主体は依然として国家の側にあるものの、同制度には民主的ないし大衆参加の性質が加わって「国民に親しまれた英雄」という性質がいくぶん強調されるようになった、と見ることはできる。しかしながらいっぽうで、各地方や民族集団社会からの働きかけの結果として近年相次いで誕生している英雄たちは、非常にしばしば、全国的にはほとんど親しまれていない無名な、その意味ではおおよそ「国民的」ではない英雄たちである、というちぐはぐな事態も起こっている。

だが注目すべきは、根本的には一貫して「国家的」であり、場合によっては「国民的」になり切れないようなこれら英雄たちに対して、「国民的」な装いを付け加えるいくつかの仕組みが、この国には存在するということである。そのひとつが、全国津々浦々の街々の主要道路や施設に英雄の名前を冠するという慣行であり[*7]、また事績や知名度の多寡にかかわらず認定年順やアルファベット順に国家英雄を網羅的に列挙する『英雄百科事典』であり、あるいは数多の英雄たちの肖像画を同一平面上に併記したポスターであり、そしてそれらの英雄の総体を

写真２　「国家英雄」を総覧した、さまざまな『英雄百科事典』

写真３　「国家英雄」のポスター

家族にたとえる「ファミリー・アルバム」という、本書のこのあとの章にも幾度も登場する、政治家や歴史家がナショナリズムに関する文脈で今日なおしばしば用いる言説である（写真2、3）。さらにいえば、多様な時代の多様な地域の、多様な民族集団的背景と事績をもつ人物を、同じ「国家英雄」という称号のもとで称揚するこの制度の今日的なありかたそのものが、「ナショナル」の語を冠することで、「バンサ」が歴史的に背負ってきた土着主義のニュアンスを軽減しながら、もともと「国民的」ではない「国家英雄」に、「国民（みんなの）英雄」のニュアンスをまとわせることを可能にしている。パラワン・ナショナル制度はこのようにして、国家とバンサの中間的性質をもつことで、認定における国家の絶対的な権限を保持しながら、国民を緩やかに惹きつけて参加にいざない、時代により負わされる意味を変えながら継続してきたのだ。以下では、時代によって濃淡を変えながらもこの制度が根本的に「国家的」な性質を有し、それゆえに国家と国民＝民族《バンサ》の関係の変遷をたどる手がかりを与えてくれるという事実に鑑み、「国家英雄」の訳をあてながら、その誕生の歴史とその後の変遷をより詳しく検討していく。

2　国家英雄制度の誕生と変遷

スカルノ初代大統領期（一九五〇年代〜六六年）

国家英雄制度の成立を示すもっとも初期の関連法令は、「大統領決定一九五七年第二一七号」である。[*8] その冒頭部分には、「統一を強化し、ひとつのバンサとしての一体感を堅固にするために、国家独立英雄の慰霊を所定の日に合同で行う」と記されている。一九五〇年に共和国として独立を達成したものの、当時インドネシアはダル・イスラーム（Darul Islam）やプルメスタ（Permesta）などの地方反乱によって国家分裂の危機に瀕しており、[*9] 国内平定と国民意識の涵養が喫緊の課題であった。スカルノが戒厳令をしき国政の権限の大部分が軍部の下におかれたのも、また国史編纂のための「第一回歴史セミナー」が開催されたのも同じ一九五七年だったことを鑑みれば、[*10] 国家英雄制度の制定が同時期であり、かつその目的が、上記の法令が謳うように国民形成《ネイション ビルディング》であったことは理解に難くない。[*11]

当初「国家独立英雄」という名で呼ばれたこの制度の、顕彰対象となる人物の定義や認定方法を規定した法令は、その翌年に発出された「国家独立英雄の認定規則についての大統領決定一九五八年第二四一号」である。その総則部分である第一章第一条では、英雄は下記のように定義づけられている。

国家独立英雄とは、生前、祖国愛に突き動かされ、インドネシアにおける植民地支配に抵抗し、国外からの敵に対抗する組織的活動を主導した者、あるいはインドネシアの独立闘争や発展に深くかかわる政治、国政、社会経済、文化ないし科学の分野で顕著な功績がある者を意味する。

このように、国家独立英雄とは、二〇世紀初頭以来の独立闘争および国家発展に直接功績のあった者たちを指した。同法令の第一章第二条以下では、英雄認定は、閣僚会議からの提案に基づき大統領が決定することや（第二条）、決定に先立ち、候補者のライフ・ヒストリーや闘争歴、英雄的事績について調べるための歴史の専門家からなる推戴委員会（panitya pengusul）を設置し、同委員会は調査結果を教育・指導・文化大臣に提出のあと閣議にかけられることなどが定められている（同第三条、第四条）。

これらの法令に基づき、翌一九五九年には、イスラーム系の民族主義運動団体の先駆とされるサレカット・イスラーム（Sarekat Islam）の代表だったアブドゥル・ムイスが英雄第一号に認定された。その具体的な背景や理由については不明な点が多いが、タイ人歴史家カセツィリがインドネシア人歴史家タウフィック・アブドゥラーから聞いたという次のような証言も伝えられている。すなわちこの制度設立と施行の直接的契機は、「アブドゥル・ムイスの死後、遺族を経済的に支援するというほとんど偶然ともいえる理由だった」というものである［Kasetsiri 2003: 19］。事の真偽は未詳だが、当初からこの制度に遺族年金の支給という側面があったことが推察され、その機能は今日でも継承されている。*12

　こうして制度開始当初は独立戦争の功績者が、さらにはスカルノ大統領が重視した「NASAKOM《ナサコム》」体制*13の支持者らが認定された。その代表例には、インドネシア共産党を主導したタン・マラカ（一九六三年認定）などがいる。

　この時期の関連法令の内容を仔細に検討すると、英雄認定における大統領の決定権を強調したり、英雄の定義を拡大したりするように更新されていることが見て取れる。英雄の定義と決定方法を定めた前出の大統領決定一九五八年第二四一号が廃止になり、代わって一九六三年に「国家独立英雄の決定方法に関する大統領決定一九六三年第二二八号」が発出された。そこでは、英雄認定に際しての「閣議の提案に基づいて／閣議を経て」といった文言が削除され、「大統領が決定する」旨だけが記載されており（第一章第二条、第二章第三条、第四条など）、その前段階の閣議によるプロセスが捨象された印象をうける。さらに一九六四年には、従前の「国家独立英雄」に代わって「英雄」という名称が法令に登場する。この「英雄の決定、表彰、育成に関する大統領令一九六四年第三三号」では、英雄の認定基準が資料1のとおり制定された［Schreiner 1997: 282–290］。

　このように、一九六四年以降は、よりシンプルかつ包括的な「英雄」という名称になるとともに、「英雄的事績」や「犠牲」が狭義の独立闘争に限定されないより幅広いものとして定義されている。その背景には、まず、

資料1　国家英雄の認定基準（根拠法――大統領令一九六四年第三三号）

一、すでに死去したインドネシア国籍者であり、生涯のあいだに……
――バンサの独立を達成、奪取、維持、充実させ、またその統一と一体性を実現するために、武装闘争、もしくは政治闘争やその他の分野での闘争を指導し実行した。

――バンサならびに国家の建設に寄与する大いなる概念または思想を生み出した。

――幅広い市民の福祉のために役立つような、あるいはインドネシア国民の尊厳・価値を高めるような、大いなる成果を生み出した。
二、奉仕・闘争が（一時的ではなく）生涯のほとんどの期間を通じてなされ、またそれが当人に課されていた責務を上回っていること。
三、幅広くナショナルな影響を及ぼした闘争を行ったこと。
四、高い民族意識の魂と精神を一貫して有していること。
五、高潔な性格と高いモラルを有していること。
六、闘争のなかで相手・敵に対し降参していないこと。
七、生涯のあいだに、闘争の価値を損なうような恥ずべき行為をしたことがないこと。

国民創設期に入って、その貢献者をより広く称揚していこうとしたことが推察される。また、スカルノ大統領がこのころ新たに成立したマレーシア連邦に対して「新植民地主義」であるとして対決政策（コンフロンタシ、Konfrontasi）を実施し、国内の求心力をイデオロギー的に高めていたこととの関連も指摘されている［Schreiner 1997: 262］。なおこの大統領決定は現在でも英雄認定の根拠法となっている。

翌一九六五年に、陸軍左派によるクーデター未遂事件とされる九月三〇日事件が起こると、スカルノは一〇月五日にはさっそく「革命英雄（pahlawan revolusi）」という特別の称号を設けて、同事件に際し殺害された将軍たちを顕彰し、哀悼の姿勢を示した。それによってスカルノは、自身がこの事件の「dalang（ダラン、影絵芝居の演じ手）」つまり首謀者であるとする非難をかわそうとしたのだと解されている［Schreiner 1997: 269］。このように国家英雄制度は、スカルノ期を通じて国家・国民への貢献を承認し称揚するための、さらにはそれによって体制の正当化や安定を図るための重要な象徴的手段であった。

英雄制度のジェネオロジー――植民地期から国民形成期へ

ところで、英雄を意味する「パラワン（pahlawan）」なる語の語源については、「ペルシャ語を起源とし、戦闘を先駆し指導する勇者または強者を意味した」とする説がある［Wilkinson 1943: 195; 加藤 1999: 252］[*14]。「戦闘の指導者、勇者」を原義とするこの語が、インドネシア・ナショナリズムの語彙に取り込まれていく経緯はいかなるものだったのだろうか。これについて加藤は、植民地時代から独立以降にかけての首都という政治的意味空間の変容に関する論稿のなかで興味深い指摘をしている［加藤 1999］。それを参考に、国家英雄制度誕生の系譜を、植民地期にさかのぼってたどってみたい。

日本軍政期

一九四二年以降、日本軍政が始まると、オランダ領東インド時代の主都名「バタヴィア」が排され、オランダ以前の地名「ジャヤカルタ」にちなんだ「ジャカルタ」に改称された。これを皮切りに首都の行政地区や広場、通りの名もオランダ領東インド時代のものから日本名に変更された。たとえばバタヴィアの中心に位置していた「コーニングス広場」は「奉公広場」へ、「レイスウェイク通り」は「錦通り」へといった具合である。のみならず、インドネシア的な名への改称もなされた。これによりオランダ領東インド時代に政治と文化の中心だった「ウェルトフレーデン地区」は「ガンビル市区」へ、「ワーテルロー広場」は「スルヤ広場」へ改称されるとともに、「ガギヤ・マダ通り」「マジヤ・パイツト通り」など、ジャワの歴史上の人物や王国名も採用された。

興味深いことに、これらの現地語名称は、インドネシアの民族主義的歴史編纂の嚆矢といわれ、本書のV章でも主題となっているムハマッド・ヤミンのいくつかの著作に登場する、インドネシアの礎を築いた人物の名称と一致する。たとえば『インドネシア我が祖国（*Indonesia Tumpah Darahku*）』［Yamin 1929］*15では、ガジャ・マダ、ディポネゴロ、テウク・ウマル*16といった今日インドネシア史で必ず言及される人物が、マジャパヒトの栄光とともにたたえられた［鈴木 2004: 193］。また『ガジャ・マダ――ヌサンタラ統一の英雄（*Gajah Mada: Pahlawan Persatuan Nusantara*）』［Yamin 1945: 103-109］の巻末人名索引の主要名称もこれと一致することから、日本軍政側がヤミンのアイデアを援用した可能性が推察されている［加藤 1999: 197-198］。ヤミンは当時宣伝部参与としてグラビア誌『ジャワ・バル』に寄稿したり、この後V章で詳述するように、インドネシアの独立に備えて設置された日本人とインドネシア人からなる独立準備調査会に参加したりしていたことからも、日本軍がヤミンのアイデアに依拠した可能性は十分ある。

同時期には、オランダ総督のJ・P・クーン*17の像やオランダ王家の紋章のモチーフでもあった獅子像などの記念碑を撤去して、代わりに祖国／日本のために死んだ皇軍勇士の「英霊」を祀るための、「パラワン」の名を冠した御堂や記念碑が複数建立された*18。このような日本軍政期のプロセスをとおして、『『勇士、英雄』を意味する『パラワン』が、インドネシア・ナショナリズムの語彙として重要性を増し、国のために死ぬ勇士たちの民族［ママ］英雄列伝（riwayat hidup pahlawan-pahlawan nasional）が、インドネシア語として明確に概念化される端緒を得た」のである［加藤 1999: 200］。

一九五〇年代のナショナル化

つづいて国家英雄制度の系譜として、それが誕生したインドネシア共和国独立後の一九五〇年代の社会状況のなかでも、内政により注目して見てみよう。先述のとおり、制度に関する最初期の大統領決定は一九五七年に発出された。それは奇しくも国史編纂のための「第一回歴史セミナー」がジョグジャカルタのガジャ・マダ大学で開催された年にあたり、いうなれば時間的にも空間的にも脱植民地化と「ナショナル化＝インドネシア化」が進められた時期であった。その典型例が、首都ジャカルタの歴史や誕生日を策定する作業である。その際、ジャカルタの起源は、オランダ総督J・P・クーンがジャヤカルタの要塞を破壊して、そこにオランダ東インド会社の貿易拠点を建設した一六一九年より以前に求められなくてはいけなかった。そこで歴史家の協議ののち一九五五年ごろに下された決定では、チレボン王国（イスラーム王国）のファタヒラ王がポルトガルとの戦いに勝利して、その地をジャヤカルタと命名した一五二七年六月二二日が誕生日に制定された。同じ一九五〇年代には、ジャカルタの主要道路名からオランダ的および日本的な名称が取り除かれ、前出のスディルマン通りをはじめ、スルタン・アグン通り[*19]、テウク・ウマル通りなど、オランダと戦った人物やナショナリストの名前に置き換えられていった[*20]。スカルノからすれば、首都の道路名を自分たちの英雄にちなんで命名した目的には、それまで委縮していたインドネシア人の誇りを高める意図があったという［Abeyasekere 1987: 210; Adams 1965: 293（加藤 1999: 212 から引用）］。

また同時期には、数々の記念日も制定されている。たとえば、一九五〇年に制定された、一〇月五日の国軍記念日は、一九四五年一〇月五日の対オランダ建軍宣言の日に由来し、また、本書の主題に直接かかわる一一月一〇日の「英雄の日（Hari Pahlawan）」は、先述のとおり「スラバヤの戦い」の日を記念して一九五〇年に制定されたものである。

一九五〇年代には、英雄と国家のための死を結びつけるような、また別の象徴的な事業も行われた。一九五三年の、ジャカルタ南部のカリバタにおける「英雄墓地（Makam Pahlawan）」の建立である。*21 これにより、それ以前からタンゲランやメンテン、アンチョールなどのジャカルタの内外の各地に点在していた独立戦争の犠牲者の埋葬地「英雄の園（Taman Pahlawan）」が、カリバタ墓地に収斂されていったのだ。また、「国家英雄列伝」のまた別の嚆矢となったタマール・ジャヤの著作『インドネシアの至宝（*Pusaka Indonesia*）』においては、初期の版では存命の人物も「インドネシアの至宝」に数えられていた。しかし一九五一年の第四刷り以降は故人のみが英雄と認識されるようになった［加藤 1999: 223-224］。つまりこのころから「英雄と国家のための死は不可分に結びつけられた」のである［加藤 1999: 224］。

以上のようなジャカルタの政治的空間の変容に端的に看取されるように、一九五〇年代ごろまでの「ナショナル化」の過程では、植民地時代以前に存在したとされる「インドネシア」が想起され、歴史とは民族［ママ］英雄によるいにしえの「インドネシア」の復権の過程として認識されていった［加藤 1999: 218］。またここで留意したいのは、毎年の記念日祝賀慣行や都市の誕生日などへのこだわりが、実は植民地時代の慣行に起源をもつということである。リアウ州でスハルト時代に行われた英雄推戴運動を考察したバーナードも、先述の共和国統一に貢献した人物に光をあて、英雄列伝のもうひとつの嚆矢となったムハマッド・ヤミンの『インドネシア我が祖国』や、そのヤミンが国史編纂事業の初期の立役者であったことに触れながら、一九五〇年代の国家英雄の公式な認定プロセスの制定が、国史編纂や国民統合政策の一環であったことを述べ、その起源は一九三〇年代までさかのぼれるとしている［Barnard 1997: 510-511］。ナショナリズムと植民地主義の密接な関係は非常にしばしば指摘されることであるが、国家英雄制度もまた、そのジェネオロジーの一端は植民地時代に求められるのだ。さらには、先述のとおり、カリバタに英雄墓地が完成したことで、軍人や文民、出身地の別なく独立闘争の犠牲者を等しくカリバタに埋葬するようになった。インドネシア・ナショナリズムの精神が、「そのもっとも崇高な形において、首都ジャカルタに収斂されていく過程」［加藤 1999: 224］と、今日、この国の多くの地域社会や民族集団が国家英雄の認定を目指し、国家英雄の「ファミリー・アルバム」に他の英雄たちと横一線に並ぶことへの志向性とは連続しており、そのことは本書のいくつかの章の事例にも示されるだろう。

国民統合と英雄認定——スハルト期（一九六六〜九八年）

第二代大統領スハルトは、「自らをスカルノの正当な後継者とすべくこの制度を継承し、手の込んだ記念行事のシステムを作り上げていった」［Schreiner 1997: 276］。さらには、カリマンタンのアンタサリ王子やアンボンのティアハフなど、*22 地域的にも民族集団的にも多様な人物を「国家英雄」に認定することで、スカルノ時代のジャワ人優先傾向を相殺する態度を示そうとした。さらに一九七〇年代以降は、時代的にも幅広く、たとえば一七世紀の南スラウェシのスルタン・ハサヌディン（一九七三年認定）やアチェのスルタン・イスカンダル・ムダ（一九九三年認定）など、より古い時代の人物も認定していった。これらの英雄認定は、州ごとに地方文化を定式化し目録化する国民統合政策と軌を一にしており、国民統合が一定の達成を見る一九八〇年代には「ほとんど全ての州から英雄が誕生した」と認識されるにいたった［Schreiner 1997: 271］。こうして国民統合は、いくつかの主要な民族集団（スク・バンサ）からなり、それぞれに国家独立と国民創設に貢献した英雄を擁する州が、国土をくまなく覆いつくすことによって達成されるものとしてイメージが定式化されていった。

さらにスハルトにとっては、政権発足当初からスカルノ・ハッタ前正副大統領にまつわる共産主義や九月三〇日事件をめぐるネガティブなイメージと自らを峻別することは政治的命題であった。このスカルノとハッタに対して、スハルトは一九八六年に「独立宣言英雄」という独自の称号を設けて、他の国家英雄たちからは注意深く差異化しながら顕彰した。この意義についてはいくつかの解釈ができるが、ここでは、前年の一九八五年にスハルトが政治関係五法をすべて成立させ、[23]パンチャシラ（国家五原則）を唯一の基本原則（asas tunggal）として国内の全ての政治社会団体に受け入れさせるなど、強権化を進めていた点が重要であろう。これらは一九八七年の総選挙を念頭に、政権基盤を盤石なものにするための措置であるといわれているが、[24]こうしたなかでのスカルノとハッタの「独立宣言英雄」への認定は、スハルトによる「パンチャシラ政策」の一応の完遂宣言であり、翌年の総選挙で旧スカルノ陣営の票を取り込むことを念頭においたものだったと推察できる。本章冒頭で紹介した、ジャカルタの西郊に開港した国際空港が、スハルトによって「スカルノ・ハッタ国際空港」と命名されたのも同じ一九八六年であった。以上のように、スカルノ期と比べると顕彰対象の属性やその政治的背景こそ異なるものの、スハルト期においても、国家英雄制度は一貫して国民形成と国民統合というこの国最大の課題にとっての重

資料2　スハルト期の英雄認定プロセス（根拠法――大統領決定一九六四年第三三号および［Schreiner 1997: 263］を参照）

一、県知事か市長が個人、あるいは団体から申請を受理するか、自ら候補者を擁立する。州知事も独自に候補者を擁立できる。
二、国家レベルの担当は、社会大臣と国防大臣である。
三、候補者の審査の権限は地方英雄育成委員会（Badan Pembina Pahlawan Daerah、ＢＰＰＤ）にある。ＢＰＰＤの委員長は州知事が務め、メンバーは州の教育文化局、社会局、軍管区司令官の代表からなる。審査の焦点は候補者の履歴、軍事ないし文民行為上の事績である。
四、ＢＰＰＤの承認ののち中央英雄育成委員会（Badan Pembina Pahlawan Pusat、ＢＰＰＰ）に申請する。ＢＰＰＰの主催は社会大臣である。メンバーは国防省、国立文書館、軍大統領秘書らからなる。ＢＰＰＰは資料の最終調整を行い、必要に応じて「事実調査チーム」が調査をする。大統領官房に付属する栄典審議会との協議を経て大統領決定が下される。

要な象徴的手段であった。

ところで、スカルノ期、スハルト期をとおして、英雄認定の手順は「英雄の決定、表彰、育成に関する大統領決定一九六四年第三三号」に依拠していた。それは資料2のとおりである。

ここに示されているように、地方からの要請を吸い上げ、中央へボトムアップ式に英雄認定をするための、地方英雄育成委員会や中央英雄育成委員会などからなる認定システムは、実はすでにスカルノ時代から存在していた。だが、この正規のシステムからの逸脱はよくあり、章末の「インドネシア国家英雄一覧」からも明らかなように、スカルノ期にはアブドゥル・ムイスや九月三〇日事件の犠牲者をはじめ、死後短時間で英雄に認定されることもしばしばであった。

一方、スハルトが認定プロセスを完全にショートカットした例は少ない。*25 シュライナーはここに、即時性と流動化を特徴としたスカルノと、統制された支配を好んだスハルトの違いを見て取っている［Schreiner 1997: 266］。だが、上述のとおり、スハルトにとっても英雄認定は国民統合の一手段であったことを鑑みれば、両時代ともに英雄認定の過程には大統領の意思が働く度合いが強く、その意味でトップダウンの色合いが濃かったというべきだろう。これに対し、地方や民族集団からのボトムアップ型の推戴運動が隆盛するのが、以下に見るポスト・スハルト期である。

増殖する英雄――ポスト・スハルト期

一九九八年の体制移行後、脱中央集権化と民主化に向けて大きく舵を切ったインドネシアでは、地域社会や民族集団などが独自の候補を擁立して英雄認定を目指す推戴運動が盛り上がりを見せている。「称号・勲章・褒章に関する二〇〇九年法律第二〇号」、およびその実施細則である「二〇一〇年法律第三五号」が発出されて、認

資料3　認定手続きに必要な条件（社会省ウェブ・ページより）

一、国家英雄の申請が、文書により段階を追って上程されていること。

二、国家英雄の申請書とともに、以下の書類が揃っていること。

―当該国家英雄候補の生涯と闘争の歴史を、正確なデータに基づいて体系的に編纂し、科学的に記述した説明文。

―すでに授与されている栄典の一覧ならびにその証拠。

―当該国家英雄候補についての市民・名士からの見解／意見。

―当該国家英雄候補の闘争の記録となる写真／絵画。

三、その名が記念碑的なものを通じて不朽のものとなっており、人々に知れわたっていること。

資料4　国家英雄の認定プロセス（根拠法――二〇〇九年法律第二〇号、およびその実施細則である二〇一〇年法律第三五号）

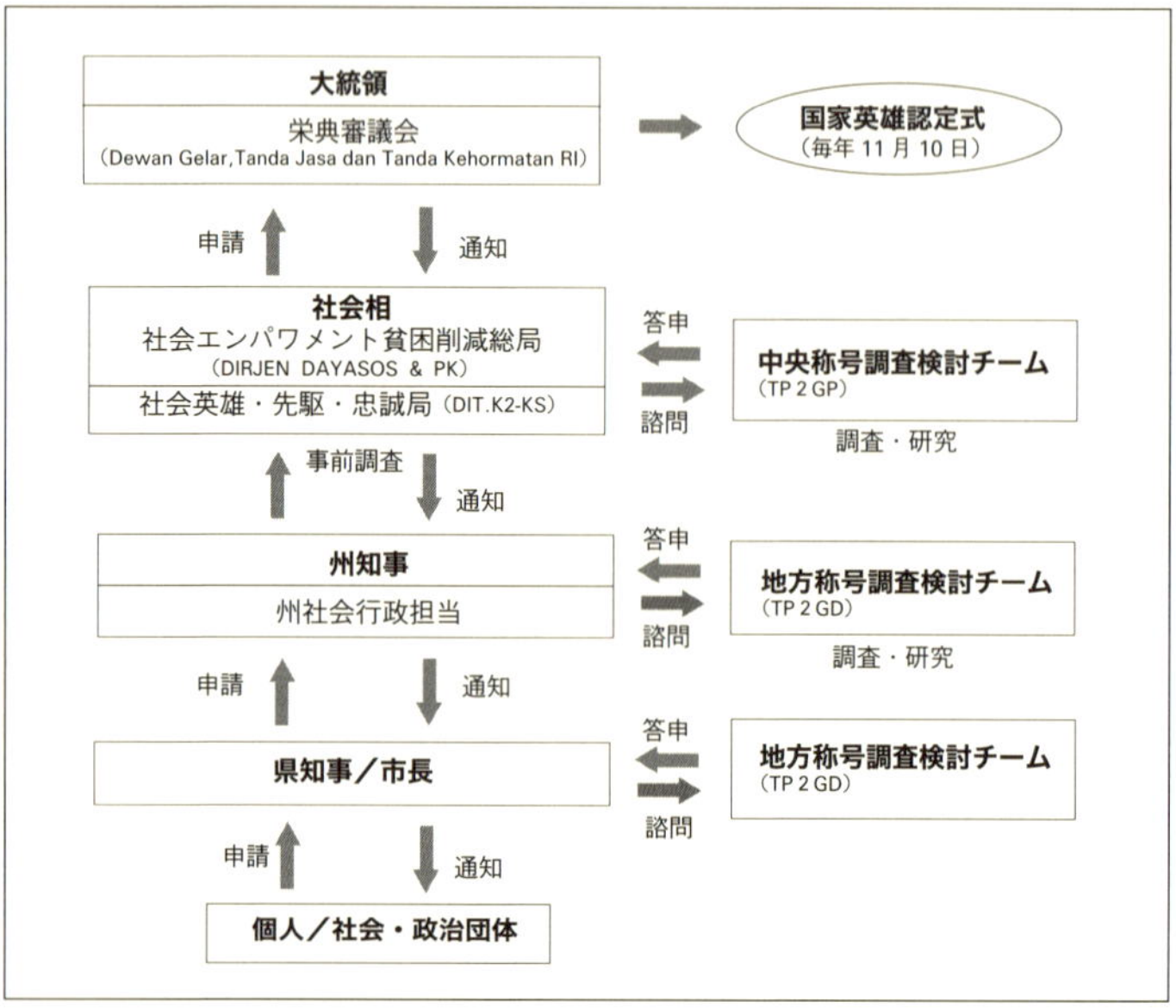

定のプロセスや称号システムの体系化も進んだ（資料3、4）[*26]。現在では認定事業はこれらを根拠法として社会省の管轄下で実施される。

ポスト・スハルト期には多様な地域から、毎年複数の候補者が英雄認定を受けており、制度創設以来総勢一六九人の国家英雄のうち、三分の一以上にあたる六五人がポスト・スハルト期に誕生した英雄たちである（二〇一六年一一月一〇日時点　図1、2）。独立宣言から七〇年あまりを経て、国民の圧倒的多数にとって「インドネシア人」であることが生得的属性となっている今日、民主化と地方分権化が進む「改革期」のインドネシアにおいて、なおも国家への功績者としての認定を求める国家英雄推戴運動へと人々を向かわせるドライブは何であろうか。

州別の国家英雄数

州名	国家英雄数
中ジャワ州	32
東ジャワ州	22
ジョグジャカルタ特別州	16
西スマトラ州	15
南スラウェシ州	12
西ジャワ州	11
北スマトラ州	10
アチェ州	7
北スラウェシ州	6
バリ州	5
ジャカルタ首都特別州	4
マルク州	4
パプア州	4
南カリマンタン州	3
東ヌサ・トゥンガラ州	3
リアウ州	3
バンテン州	2
西カリマンタン州	1
中カリマンタン州	1
北マルク州	1
ゴロンタロ州	1
東南スラウェシ州	1
ブンクル州	1
ジャンビ州	1
リアウ諸島州	1
ランプン州	1
南スマトラ州	1
東カリマンタン州	0
北カリマンタン州	0
西ヌサ・トゥンガラ州	0
西パプア州	0
西スラウェシ州	0
中スラウェシ州	0
バンカ・ブリトゥン州	0
合計	169

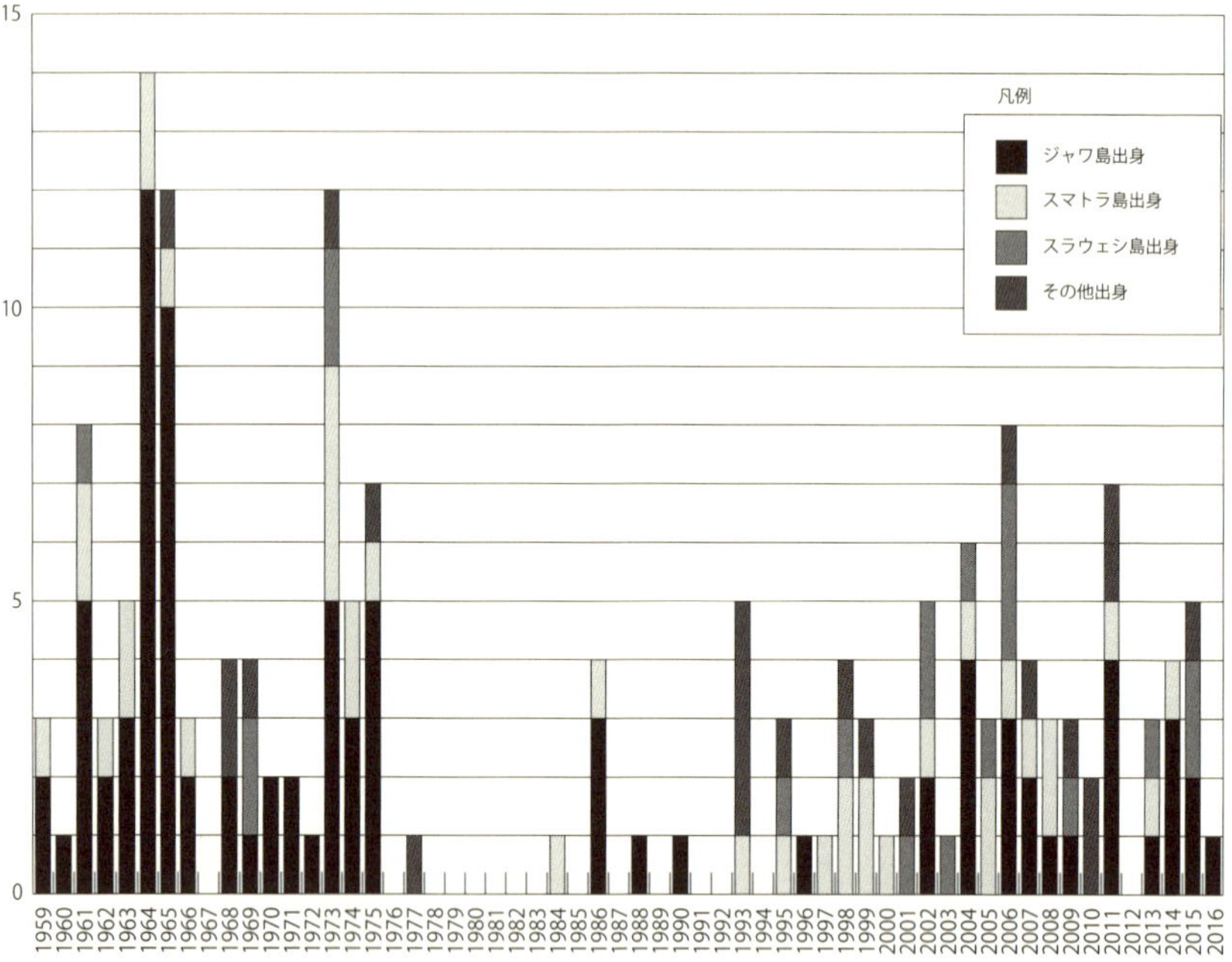

図1　国家英雄の推移（認定年と地域別内訳人数、2016年現在）

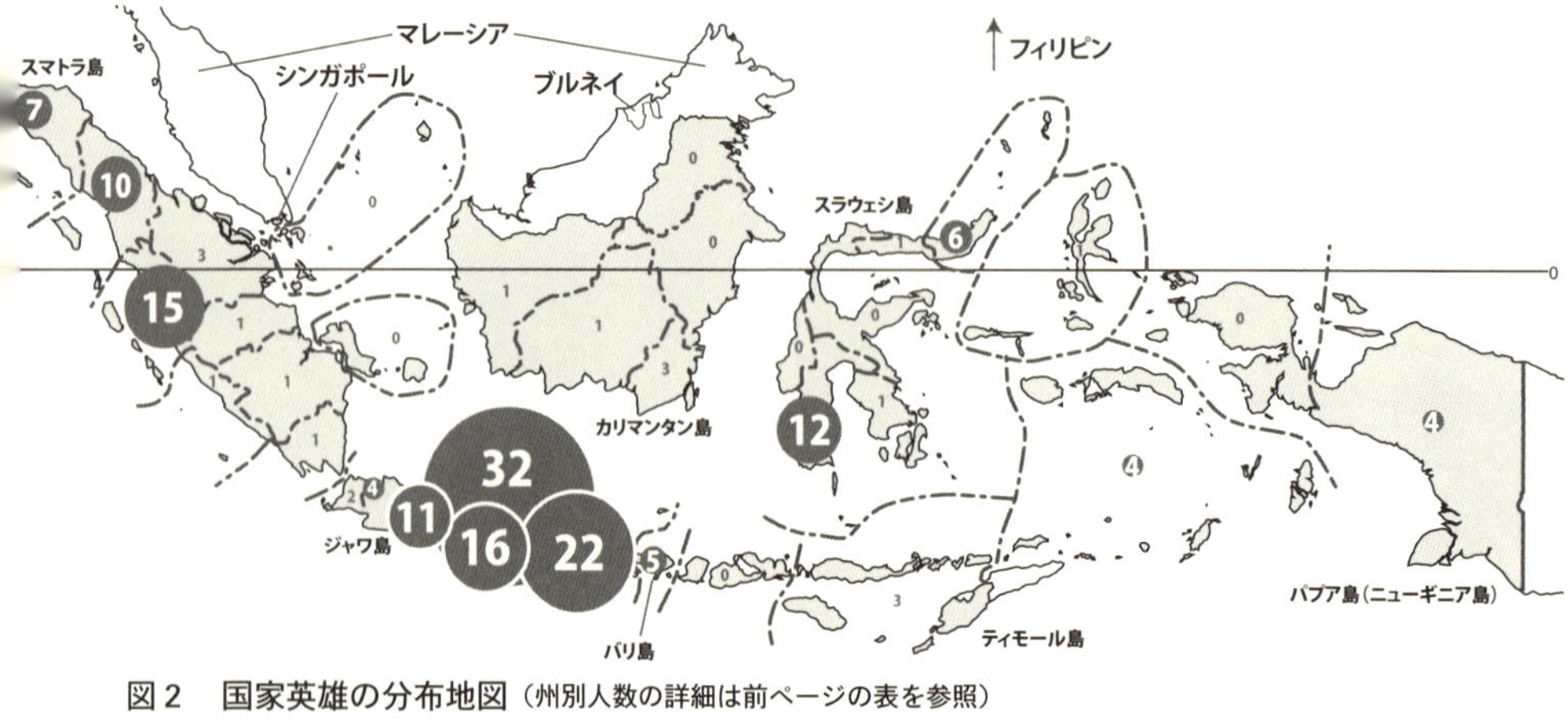

図2　国家英雄の分布地図（州別人数の詳細は前ページの表を参照）

3　英雄大国インドネシア――本書のねらい

ここで本章冒頭の、もうひとつの引用文に注目したい。これはセントヘレナ島に流刑になった、かのナポレオンが、晩年側近に語ったとされる「英雄待望論」である［井上 1987(1957): 53］。それによると漠然とした社会不安があるとき、社会は救世主を希求し英雄を生み出すという。この言葉を参照しながら桜井は、長く比較的安定した歴史を続けてきたアジアにおいてもまた、近代に安定を喪失していく過程で人々は英雄を捜し求め「つくりだした」と述べて、アジアの社会不安と英雄の誕生を四つの時代に分けて考察している［桜井 1993］。

第一の不安とは、伝統文化が西洋文化に屈する時代、すなわち、西洋列強によってインドや東南アジアが植民地化され、中華帝国が消滅した時代である。そうした不安のなかでフィリピンのホセ・リサールやインドのガンディー、ベトナムのホー・チ・ミン、そしてインドネシアのスカルノといった民族主義の英雄たちが誕生した。二〇世紀初頭の世界大恐慌で帝国主義の安定が一気に失われると、彼らアジアの英雄は民族の理念や民族固有の文化のなかに西洋に優越する文化的価値を見いだし、解放の鍵を見つけようとした。第二の不安は「建国の明日が見えない時代」の不安である。一九四〇年代に第二次世界大戦の流血を経て民族独立が現実のものとなった一方で、東西冷戦の拡大のなかで、インドのネルー、ビルマのアウン・サン、そして第一期に続きホー・チ・ミンやスカルノのような建国の英雄がより明確に作り上げられた。さらに一九五〇年代はアジア・アフリカ非同盟会議の開催によってアジアは躍進をとげ、「アジアの英雄達が世界の英雄達になった時代」［桜井 1993: 15］である。第三の不安は、一九六〇年代のアジアが貧困にあえいだ時代をさし、経済的な繁栄を求めて新たな英雄が希求されるなかで、フィリピンのマルコス、インドネシアのスハルトなどの「ドルの英雄」が誕生した。そして四つ目の時代は、一九七〇年代と一九八〇年代において、それまでの三つの時代に人々が希求した英雄が消え去り、もはや「英雄のいらない時代」の始まりをさしている。

本書がより中心的に注目するのは、この四つ目の、もはや「アジアで英雄が生まれない時代」にあたり、そのなかで英雄をめぐりインドネシアで起こっている社会・文化・政治的動態である。インドネシアにおいて、英雄認定が今日でも一定の魅力をたもち、人々の関心を集める制度でありつづけている理由は、ひとつにはやはり国家英雄がこの国の栄典制度の最高位の栄誉だからであろう。またひとつには、民主化や地方分権化に伴う地方や民族集団のアイデンティティの高揚があり、その背景にはさらに中央と地方のあいだや、地方社会間の歴史的競合関係やそれにかかわる威信の回復などの動機が横たわっている。たとえば、インドネシアのナショナリズムにおいて、当初「外来東洋人」として「バンサ・インドネシア」から除外された華人系やインド系、アラブ系住民は、独立後のスク・バンサ（民族集団）のカテゴリーからもこぼれ落ちていた。彼らがそれぞれまっとうなスク・バンサとしてみなされるようになったのはスハルト政権崩壊後であり、端的には二〇〇〇年の人口センサスで、一九三〇年の調査以来初めてスク・バンサを尋ねる項目が盛り込まれた際に、「華人（Tionghoa）」や「アラブ（Arab）」が他の土着のスク・バンサと同等のカテゴリーとして登場したときである。さらに二〇〇六年には国籍法が改正されたのに伴い、「バンサ・インドネシア」概念につきまとっていた旧来の土着主義的ニュアンスは法令上払拭された。こうしたなかで、グローバルな民主化動向を受けた言論や社会活動の自由化を追い風にして、「華人の国家英雄」も誕生している［津田 2016］。インドネシアは国内諸民族集団（スク・バンサ）の文化的自意識が生成し発露する「民族大国」［鏡味（編著） 2012］の様相を呈している。今日の各地方や国内諸民族集団主導の英雄推戴運動はこうした動向と連動して展開しており、結果として毎年コンスタントに英雄を生み出している。これらの意味で、インドネシアは今まさに「英雄大国」でもあるのだ。

本書の構成と概要

今日すでに認定されている国家英雄や、各地で展開している個々の英雄推戴運動を仔細に観察すると、民主化・地方分権化の枠組みや、国民形成や国民統合という中央政府の元来の意図を超えた多様な特徴を示していることがわかる。それらは先立つ時代との連続性と変化、そして事例間のさまざまな社会・歴史的条件の類似性と差異を視野に入れた考察を要請する。それこそが本書で取り組む主題であるが、以下にその特徴を、各章の概要とともに挙げたい。

まず特徴のひとつには、今日、英雄候補がある地方や民族集団の総意であり代表として推戴される過程で、しばしばその推戴する「地方」や「民族集団」の一体性のほころびや虚構性が露呈することが挙げられる。I章で山口が報告する東南スラウェシ州は、産業や自然資源に乏しい政治・経済的周辺社会であるとともに、いまだ地元から国家英雄を輩出していない全国でも稀有な州である。そこでは、州内の民族集団間の歴史的軋轢を如実に反映して、統一候補の擁立を断念し、ふたりの候補者が異なる民族集団（トラキ人とブトン人）によって競合するように推戴されている。これに対し、II章の森田の対象地域の西ティモールが属する東ヌサ・トゥンガラ（NTT）州は、いっそうの低開発によって特徴づけられるが、すでに三人の国家英雄を輩出している。だがそれらの英雄はいずれも、オランダ植民地期に周囲の島々から西ティモールへ移住させられてきたロテ人やサブ人であり、現在でも彼らが都市部の政治経済的影響力を握っている。結果として州内で周縁化されているともいえる先住系のティモール人が、現在「ティモール人の英雄」を誕生させるべく運動を開始しようとしている。これらの多民族（集団）を特徴とするふたつの地域社会の事例は、かつてスハルト期の国民統合政策において国家の下部単位として設定された州と、それに基づく「地方社会」の枠組みが、内部に多様な構成単位を包含しながら歴史的政治過程のなかで形成された人為的なものであることを再認識させる。今日、そうした地方社会の周縁部の、国家の中心部から見れば多重の周縁性を生きる民族集団にとって、国家英雄制度は、英雄認定によって国家建設への貢献を証し自社会の周縁性や遅れを払拭するための重要な手段のひとつとなっていることが明確に見て取れるだろう[*27]。

特徴のふたつ目に、認定過程で求められる候補者の英雄的事績の物語や肖像、銅像は、しばしば既存の英雄たちのそれを参照した複製だということがある。東南スラウェシ州の事例に典型的に見られるように（Ⅰ章）、運動のなかでは英雄候補の事績が誇張され、「植民地主義への抵抗」「他の英雄と比肩しうる」といったメタな表現の反復とその上書きがなされる。その結果形作られる英雄像は、既存の英雄とよく似ており、古典的で没個性的である。これと酷似するいくつもの特徴は、西ティモールの英雄推戴運動の萌芽的状況のなかにも見て取ることができるだろう（Ⅱ章）。さらに西ティモールの人々は、神話と歴史の区別を持たず、聖書の時代から太平洋戦争とインドネシアの独立における英雄スカルノの物語をへて現在の日常にいたるまでを何の困難もなく接続した歴史の語りかたをする。森田は、この地で始まったばかりの英雄推戴運動で語られる候補者の王（ソンバイ三世）の歴史のなかにも、同様の語り口が見え隠れすることを指摘している。これらのふたつの章の事例は、従来地域内でもほとんど注目されたことがなかったり、あるいは独自の語り口のなかで形成されてきた各地の英雄候補のイメージが、国家英雄への推戴運動をとおして、形式化された語り口で語りなおされ、既存の英雄の鋳型にぴたりとはまるような相互に似通ったものになっていく過程を描き出している。

三つ目に、この高度に体系化された認定制度は、国家と地域の社会状況と相乗してさらに複雑な展開を見せ、国家英雄制度をモデルにして、州独自の栄典制度を新たに創設する事例もある。Ⅲ章で金子が報告するランプン州の事例は、国家英雄制度の地方縮小版のような地域称号制度を創設し、「地域英雄（Pahlawan Daerah）」や「地域要人（Tokoh Daerah）」を定期的に認定している。これにより、教育、経済、社会、芸術、文化、宗教など、従来の国家英雄制度が想定してきたよりもはるかに幅広い分野で活躍する、軍人のみならず多数の文民を含む多様な人物が認定されている。その地域英雄・要人のラインナップは、民族集団構成やそれに基づく文化・社会的多様性こそを特徴とする同州の新たな地域像の表明となっている。のみならず、国家英雄制度やインドネシア・ナショナリズムが従来依拠してきた反植民地武装闘争と独立という出来事が過去のものとなり、その後に多方面で推進されている開発のほうがより現実的な「闘い」となっている現代において、この地域称号制度のありようそのものが、今後のインドネシア・ナショナリズムおよび国家英雄制度が進む変化の方向を指し示すひとつの指標になりうると金子は見通している。

国家英雄制度の利用は、地域の実情に即したカスタマイズの方向に展開するのみならず、国家や国民＝民族《バンサ》のありかたそのものへの問い直しの手段として活用されることもある。津田は、スハルト体制によって歪められた国史を「まっすぐに正すこと」を課題として掲げるある歴史家が、国家英雄制度をとおして積極的にその目的を達成しようとしている様を描いている。そこでは、土着性のニュアンスが依然つきまとうバンサの一員に、たとえばこの地で世代を重ねてきた外来系の華人を位置づけようとすること、あるいは陸軍を主体とした武力闘争偏重で語られてきたバンサの歴史に、幅広いアクターを参入させることで多様化・多声化することが企図されている。つまり、これらのいわばナショナル・ヒストリーのリバランスないしリヴァイズが、国家英雄に特定の属性を持った具体的人物をノミネートすることにより象徴的に達せられると考えられており、実際に画策されてもいるのである（Ⅵ章）。

四つ目に、上述のような英雄とその物語の創造性や構築性は、ポスト・スハルト期のみに特有の特徴ではない。それはインドネシアという国が自らの歴史を創出する際に用いてきた作法と連続するものであることを、Ⅳ章で横山は、独立戦争期の「総攻撃」と称されるある戦闘に対する評価の変遷をたどるなかで論証している。そこでは、前出の「九月三〇日事件の収拾」と並んで、「英雄的行為」として賞賛される「総攻撃の発案者」としてのスハルトの評価が、まさにスハルト政権期に形成されたこと、そしてスハルト退陣後にその評価が否定されていく過程が跡付けられている。さらに、スハルトの役割をめぐるこうした議論そのものをとおして、「総攻撃」という出来事自体が、インドネシア史のなかで実際以上の意味を帯びていく過程を明らかにしている。

V章でファジャールが中心的に扱うムハマッド・ヤミンもまた、一四世紀にマジャパヒト朝の宰相を務めたガジャ・マダを過度に理想化して描き出し、そのイメージを定着させたことなどから、厳密な歴史学の立場からすれば批判が多い人物である。植民地期末期のエリートとして西スマトラに生まれ、西洋式の高等教育を受けつついにしえのジャワの精神世界にも心惹かれていたヤミンは、ロマン主義的な文筆活動を通じてインドネシア・ナショナリズムを鼓舞し、また独立後は法務大臣や教育・指導・文化大臣などの要職を重ねたことから、のちに国家英雄に認定されてもいる。このように、ナショナル・ヒストリーの構築に直接的にかかわると同時に、死後自らが国家英雄ともなったヤミンは、その生い立ちのなかでいかなる世界と切り結んできたのだろうか。これを丁寧に追うことで、ファジャール（奇しくも彼はヤミンの異母兄の孫にあたる）は、ヤミンがガジャ・マダなどに託して物語った「偉大なるインドネシア」という理想像の源流が奈辺にあるのかを、再コンテクスト化する作業を試みている。

本書をとおして示される「歴史創造」やそのなかで英雄が誕生する過程は、インドネシアのみならず、他の新たな国民国家における動向とも共通性を有している。たとえば帯谷[2002; 2004]が報告するウズベキスタンでは、一九九一年のソビエト連邦の解体とともに独立したあと、「脱ソビエト」と「旧ソ連の他の中央アジア諸民族からの差異化」志向が隆盛している。このウズベキスタンの国民創生の過程では、ソ連史学によらない新しいウズベキスタン国史が必要とされ、その編纂過程では旧来ソビエトから否定的評価を受けた歴史的人物を英雄として再評価をする動きが現れた。そこで注目されたのが、より古くから今日のウズベキスタンの地に根を下ろしたティムール朝（一四～一五世紀）を創設したティムールなる人物であった。「ティムールの日」を制定して生誕祭を開催し、カリモフ大統領（当時）[*28]によく似た肖像画を創作するといった方法で「英雄ティムール」が誕生していったのだ。本書が提示するインドネシアを舞台とする英雄とその物語の誕生のプロセスの具体的な事例は、多くの国々の国民創設と共通点を有し、それを相対化するための資料を提供するだろう。

本書の最後で加藤は、インドネシアをはじめとする第二次世界大戦後に独立した新興国にとってなぜ国民統合が重要なのかという、一見自明とも思えるものの、改めて問われると回答に窮する問題を取り上げる。先述のとおり、高度に体系化された国家英雄の推戴制度を有し、これと連動して国家英雄の数が多数に上ることにおいて、インドネシアは世界でも類を見ない。どうしてインドネシアは、異例ともいえるほどに国家英雄へのこだわりが強いのか。国民統合と英雄へのオブセッションという、本書の根幹を成すこのふたつの問いに対して、共和国成立以前にさかのぼり、「独立」「祖国」などのナショナリズムで重要性を帯びる語彙の登場と用法を検討しながら迫っている。

本章の終わりに、国家英雄にまつわるごく近年の動向に触れておこう。インドネシアの国内諸地域社会や民族集団の自意識の発露と連動して英雄がボトムアップで誕生している反面、二〇一二年にはこれに逆行するようなことも起こっている。先述のとおり、かつてスハルト大統領から「独立宣言英雄」という別枠の称号を与えられたスカルノ・ハッタ元正副大統領が、この年に他の数多の英雄たちと同格の「国家英雄」の称号で再認定を受けたのだ。この年国家英雄に認定されたのはこのふたりだけであった。このニュースが各種メディアで報道され、認定にいたるその背景についてはさまざまな憶測が飛び交ったことからは、一定の社会的関心の高さがうかがえた。[*29] 他方でふたりの認定までのプロセスの詳細は不明瞭であり、さまざまな審査の過程を飛び越えたトップダウン的な認定の様相が濃く、同時期に指摘されはじめた行政上の「再集権化」［岡本 2012］[*30] の萌芽的状況とのパラレルも見て取れる。今日の英雄推戴運動の背景には、地方社会や民族集団のアイデンティティ興隆や威信回復などがあることは先に指摘したが、あくまでも国家が認定を行うという国家英雄制度の枠内でそうした運動が盛んに行われているのを目の当たりにするとき、われわれはここに、上記のような再強化しつつある中央政府の求心力の姿を垣間見ることもできる。その意味で、今日地方社会や民族集団のアスピレーションを掲げつつなされる政治は、スヒュルト・ノルドホルトやファン・クリンケンも指摘するように「ジャカルタからの離脱ではなく、むしろ（貴重な財源である）それへの忠誠をめぐる地方間の競合」［Schult Nordhort & van Klinken 2007］なのかもしれない。

国家英雄制度は多様な性質を示しながら今まさに進行中の過程である。各地で地元の「英雄」を見いだして殿堂入りを果たそうとする運動はまだ衰える気配はない。そこから浮かび上がるのは、今日この制度が、少なくとも一年に一度ネーションやナショナリズムについて人々に再考させる機会や装置としてうまく働いており、それに地方や民族集団が決して一元的ではない方法で応答しているという様相である。本書では、運動を推進し、人々をそれへと向かわせるドライブを、国家と地方の歴史過程、民族集団の構成、宗教、地方資源と開発の状況などの諸変数を視野に検討していく。「国家英雄」への注目は、このように独立宣言から七〇年あまりを経て成熟期を迎えた多民族国家における国家と諸集団間のダイナミックで多元的な歴史的関係に迫るための参照枠組みとなる。

参考文献

Abeyasekere, Susan 1987 *Jakarta: A History*. Oxford University Press.

Adams, Cindy 1965 *Sukarno: An Autobiography, as Told to Cindy Adams*. The Bobbs-Merrill Company.

Anderson, Benedict R. O' G. 1983 "Old State, New Society: Indonesia's New Order in Comparative Historical Perspective", in *Journal of Asian Studies* 42, pp.477-496.

Barnard, Timothy P. 1997 "Local Heroes and National Consciousness: The Politics of Historiography in Riau", in *Bijdragen tot de Taal-, land-en volkenkunde*, Deel 153, pp.509–526.

BPS（Badan Pusat Statistik）(ed.) 2015 *Statistik Penduduk Lanjut Usia 2014: Hasil Survei Social Economy Nasional*. BPS.

井上幸治 1987(1957) 『ナポレオン』岩波新書

鏡味治也（編著） 2012 『民族大国インドネシア――文化継承とアイデンティティ』木犀社

Kasetsiri, Charnvit 2003 "The Construction of National Heroes and / or Heroines", in James T. Siegel and Audrey R. Kahin（eds.）*Southeast Asia over Three Generations: Essays Presented to Benedict R. O'G Anderson*, Southeast Asian Program Publications, Cornell University. pp.13-25.

加藤剛 1990 「〈エスニシティ〉概念の展開」坪内良博（編）『講座東南アジア学第三巻 東南アジアの社会』弘文堂、215-245頁

――1999 「政治的意味空間の変容過程――植民地首都からナショナル・キャピタルへ」坪内良博（編著）『〈総合的地域研究〉を求めて――東南アジア像を手がかりに』京都大学学術出版会、163-259頁

栗原俊雄 2011 『勲章――知られざる素顔』岩波新書

松井和久 n.d. 「経済苦境脱却への模索――一九八五年のインドネシア」『アジア動向データベース』（日本貿易振興機構アジア経済研究所ウェブ・ページhttp://darch.ide.go.jp/browse/html/1985/209/1985209TPC.html、二〇一六年六月三〇日ダウンロード）

帯谷知可 2002 「ウズベキスタンの新しい歴史――ソ連解体後の〈国史〉叙述のいま」森明子（編）『歴史叙述の現在――歴史学と人類学の対話』人文書院、146-169頁

――2004「英雄の復活――現代ウズベキスタン・ナショナリズムのなかのティムール」酒井啓子・臼杵陽（編）『イスラーム地域研究叢書5　イスラーム地域の国家とナショナリズム』東京大学出版会、185-212頁
岡本正明　2012「逆コースを歩むインドネシアの地方自治」船津鶴代・永井史男（編）『変わりゆく東南アジアの地方自治』アジア経済研究所、27-66頁
桜井由躬雄　1993「アジアは英雄を待っていた！」『別冊宝島EX 英雄たちのアジア』ＪＩＣＣ出版局、11-16頁
佐藤正紀　2014『新版　勲章と褒章』全国官報販売協同組合
Sartono Kartodirdjo, Marwati Dioened Poesponegoro & Nugroho Notosusanto (eds.) 1975 *Sejarah Nasional Indonesia*. Departemen Pendidikan dan Kebudayaan.
Schreiner, Kalus H. 1997 “The Making of National Heroes: Guided Democracy to New Order, 1959-1992”. in Henk Schulte Nordholt (ed.) *Outward Appearances: Dressing State and Society in Indonesia*. KITLV Press. pp.259-290.
Schulte Nordholt, Henk, H. and G. van Klinken（eds.）2007 *Renegotiating Boundaries: Local Politics in Post-Soeharto Indonesia*. KITLV Press.
鈴木恒之　2004「あるべき歴史像を求めて――独立後インドネシア歴史学会の模索」根本敬（編）『東南アジアにとって二〇世紀とは何か――ナショナリズムをめぐる思想状況（ILCAA Southeast Asian Studies No.6）』東京外国語大学アジア・アフリカ言語文化研究所、191-207頁
土屋健治　1991「国家英雄」項目、土屋健治（ほか編）『インドネシアの事典』同朋舎、171-172頁
津田浩司　2016「インドネシアの国家英雄ジョン・リー――『華人』という『主体』の物語を問う」津田浩司・櫻田涼子・伏木香織（編）『華人という描線――行為実践の場からの人類学的アプローチ』風響社、275-372頁
Wilkinson, R. J. 1943 *A Malay – English Dictionary*（Romanised）. Daitoa Syuppan.
山中元（編著）2004『サンスクリット語‐日本語単語集』国際語学社
Yamin, Muhammad 1929 *Indonésia Tumpah Darahku*. Nusantara.

——1945 *Gajah Mada: Pahlawan Persatuan Nusantara*. Balai Pusata.
吉国一郎（ほか共編） 2009 『法令用語辞典』第八版、学陽書房
【ウェブ・ページ】
Kementerian Sosial Republik Indonesia（インドネシア共和国社会省公式ウェブ・ページ、https://www.kemsos.go.id/、二〇一六年一一月一〇日最終閲覧）
Kompas 二〇一二年一一月六日 "Pemerintah Akhirnya Akui Bung Karno-Bung Hatta Pahalawan Nasional"(http://lipsus.kompas.com/topikpilihanlist/2199/1/bung.karno.bung.hatta.jadi.pahlawan.nasional?sort=desc、二〇一六年七月三〇日最終閲覧)
——二〇一二年一一月七日 "Bung Karno, Bung Hatta Jadi Pahlawan Nasional" (http://lipsus.kompas.com/topikpilihanlist/2199/1/Bung.Karno.Bung.Hatta.Jadi.Pahlawan.Nasional、二〇一六年七月三〇日最終閲覧)
——二〇一六年一一月九日 "Tokoh NU Asad Syamsul Arifin Dianugerahi Gelar Pahlawan Nasional" (http://nasional.kompas.com/read/2016/11/09/13302251/as.ad.syamsul.arifin.dianugerahi.gelar.pahlawan.nasional、二〇一六年一一月一〇日最終閲覧)
Kompasiana 二〇一四年六月六日（http://www.kompasiana.com/kdavid/bangsa-yang-besar-adalah-bangsa-yang-menghargai-jasa-pahlawannya_54f71155a333116d5a8b4f15、二〇一六年七月三〇日最終閲覧）
政府インターネットテレビ　二〇一六年一二月一日（nettv.gov-online.go.jp/prg/prg14583.himl、二〇一六年一二月三日最終閲覧）
Wikipedia Bahasa Indonesia, "Daftar Pahlawan Nasional Indonesia" の頁 (https://id.wikipedia.org/wiki/Pahlawan、二〇一六年九月三〇日最終閲覧)

註

＊1——二〇一四年時点での高齢者統計では、六〇歳以上のインドネシア国民は二〇二四万人、人口比で約八

パーセントである［BPS 2015］。

＊2――「英雄」と訳される〝pahlawan〟の語がナショナリズムの語彙になっていく過程については後述する。

＊3――現行制度の根拠法のうち、制度の名称に直接言及したものはスハルト期には発出されていないが、当時のこの制度に関するいくつかの文献は、「パラワン・ナショナル」と呼んでいる［Schreiner 1997; Barnard 1997］。このことからスハルト期には「パラワン・ナショナル」が慣例的に用いられていたことが推察される。なお、この「パラワン・ナショナル」が正式名称として法令に登場するのは、ポスト・スハルト期にはいってから栄典制度を整理して発出された「称号、勲章、褒章に関する法律二〇〇九年第二〇号」においてである。

＊4――字義どおり訳せば「スク・バンサ」は、「亜民族」となるが、本書では便宜的に「民族集団」としている。なお加藤によると、「スク・バンサ」という語がインドネシア語辞典に登場するのは一九五〇年代後半のことである［加藤 1990: 232］。

＊5――「バンサ・インドネシア」がこのような理解を基本としているため、かつて「外来東洋人」カテゴリーの主要部分を成してきた華人系の住民たちは、たとえこの地で何世代を重ねようとも、「バンサ・インドネシア」の一員として自然に受け入れられるような存在とはなかなかみなされなかった。また独立後のスク・バンサからは当初こぼれ落ちていた華人系やインド系、アラブ系住民がスハルト体制崩壊後にほかの土着のスク・バンサと並ぶ同等の地位を占めるべきものとして積極的に位置づけられていったことについては後述する。

＊6――近代国家における勲章制度の概観については、佐藤［2014: 68-75］を参照。なお、日本の栄典制度は、これまでも改正がなされてきたが、近年では時代の変化に応じる形で二〇一六年に見直しが行われた［政府インターネットテレビ 2016］。

＊7――たとえば、冒頭で言及した初代国軍司令官のスディルマン将軍や、一九世紀の反オランダ闘争である「ジャワ戦争」を指揮したディポネゴロ王子の名は、全国の多くの街々の目抜き通りに付けられている。

＊8――これは前年の一九五六年六月二一日付の「インドネシア指導者の命日記念に関する内務大臣書簡PBx．二九／一／一七」と、一九五七年一〇月二九日付の「インドネシア国家独立英雄に関する教育・指導・文化大臣書簡」の発出を受けたものである。なお本制度の創始の時期については諸説あり、たとえば土屋は「一九五九年以来大統領布告によって定められている」としている［土屋 1991: 171-172］。

＊9――ダルル・イスラーム運動とは、イスラーム法に基づく国家の樹立を目指した勢力が、一九四〇年代から六〇年代にかけて南スラウェシやアチェなど各地で起こした武力反乱である。プルメスタ（Perjuangan Semesta、全体闘争の略）は、西スマトラとそれに呼応したインドネシア東部一帯で展開された反政府運動の総称である。

＊10――国史編纂事業はその後難航し、『インドネシア国史（Sejarah Nasional Indonesia）』第一版が世に出るのはスハルト期の一九七五年まで待たねばならなかった。その緒言には、独立の翌年の一九五一年に国史委員会が結成され、一九五七年に第一回セミナーの開催を迎えるものの、その後も社会的圧力や政治的危機によって事業は困難を極めたことが記されている［Kartodirdjo, Poesponegoro, Notosusanto (eds.) 1975: 1］。緒言のなかで、編集にあたった歴史家のカルトディルジョ、プスポヌゴロ、そしてノトスサントは、それ以前のオランダ人によって書かれた歴史はすでに独立したインドネシアの社会状況にそぐわず、オランダ中心主義はインドネシア中心主義に取って代えられねばならないと述べている［Kartodirdjo, Poesponegoro, Notosusanto (eds.) 1975: 1］。このノトスサントは、のちのスハルト体制下で唯一絶対と位置づけられていった数々の公的な歴史解釈を自ら執筆するとともに、それらの解釈を支配的なものへと方向づけるのに重要な役割を担ったとされる。このように、当初はオランダ中心主義史観を正す目的で編纂され、スハルト期をとおして支配的になっていった歴史観が、今「歴史の操作」であったとして再考され「歴史をまっすぐに正す」運動の対象となっていることについては、本書のⅥ章で津田が論じている。

＊11――アンダーソンは、スカルノ体制からスハルト体制への移行を、国民参加を特徴とする「ネーション」から、国民参加を抑制して国家の権限を強化した「ステート」へのシフトとしてとらえた［Anderson 1983］。シュライナーはこの議論を敷衍させて、一九五〇年代のスカルノ期のこの制度的な英雄崇拝の開始に、同様のシフトをいち早く見て取っている［Schreiner 1997: 270］。

＊12――二〇一五年の社会大臣決定に基づき、国家英雄の遺族は年五、〇〇〇ルピア（円換算で約四〇万円弱）の遺族年金（tunjangan）を一括で受け取る。それ以前は年間二、一五〇万ルピア（円換算で約一七万円）であったが、倍増されたことになる。

＊13――ナショナリズム、宗教、共産主義という、一九五〇年代後半のスカルノ体制を支える各勢力の頭文字

をとったもので、この時代のスカルノ政権のイデオロギーを示す代名詞としても盛んに用いられた。

＊14――また別の説によると、サンスクリット語の「果実、結果」を意味するphalaに由来し、転じて正義のために身の犠牲をいとわず戦う勇者を意味するようになったという［Wikipedia bahasa Indonesia, "pahlawan" の頁、山中（編著）2004: 137］。

＊15――"tumpah darah" は字義どおりには「血がこぼれる」であるが、「生まれ落ちた土地」「祖国」を指す雅語的表現として慣用的に用いられる。なお、［Yamin 1929］についてはV章を、「祖国」などのナショナリズムの語彙の登場と用法についてはⅦ章を参照されたい。

＊16――ガジャ・マダは一四世紀ごろのマジャパヒト王国の大宰相。テウク・ウマルは一九世紀アチェ出身の反オランダ武力闘争の指導者。

＊17――J・P・クーン（一五八七―一六二八年）は、第四代および第六代オランダ東インド会社総督を務めた。

＊18――たとえば西ジャワのバンタム（のちのバンテン）湾の忠魂碑（Toegoe Peringatan Arwah Pahlawan）や、ジャカルタ市内の忠霊祠（Gedoeng Arwah Pahlawan）、「ガンビル・チモール」の忠霊堂などである［加藤 1999: 200］。

＊19――スルタン・アグン（在位一六一三～四五年）は、一七世紀ジャワのマタラム王国の第三代王で、J・P・クーンとバタヴィアの攻防をめぐって戦った。

＊20――このうちたとえば、テウク・ウマルは一九～二〇世紀におこったアチェ戦争のアチェ側の英雄であり、それ以前の通りの名「ファン・ヒューツ通り」は、同戦争でのオランダ側の英雄であった。このようにときとして新しい名称には、オランダ名の対極にあるものが選択された［加藤 1999: 212］。

＊21――開所式典は、翌一九五四年の英雄の日にスカルノによって執り行われた。最初の埋葬者は、独立闘争の闘士であり外務大臣を務めたハジ・アグス・サリムであった。

＊22――アンタサリ王子は一九世紀の抗オランダ闘士で、一九六八年に国家英雄に認定。ティアハフは一九世紀パティムラ戦争でオランダに対抗した女性闘士で、一九六九年に認定。

＊23――ここでいう五法とは、改正総選挙法、改正国民協議会・国家・地方議会議員構成法、改正政党・ゴルカル法、国民投票法、社会団体法である。

＊24――一九八五年のインドネシアの政治状況については［松井 n.d.］を参照のこと。
＊25――スハルト期に内務大臣を務めたバスキ・ラフマットを一九六九年に、またスハルトの妻シティ・ハルティナを一九九六年に、それぞれ死後即座に英雄に認定しているのが例外的である。
＊26――インドネシアの栄典制度は、従来複数の法令により規定されたものが互いに整合性・統一性を欠いたまま運用されてきたが、この「法律二〇〇九年第二〇号」によって一本化され、認定基準や授与プロセスなども再整理された。「国家英雄」は制度発足以来、事実上最高位の称号と見なされ続けてきたが、同法により改めてその地位が確認されたということになる。また同法により、英雄候補者の事績等を審査する実務を担う委員会の名称等に若干の変更があった。
＊27――国家英雄推戴運動が、主導する集団の一体性のほころびを露呈する別の事例としては津田［2016］がある。そこでは、国民統合にとって常に焦点であった「華人」の英雄推戴運動が、抑圧された者の声を包含する多声的な国史再編を目指す近年のジャカルタ発の動向とも連動し、それに利用されながら展開しつつ、その過程で候補者ならびに推戴主体の双方の「華人性」が本質化・固定化していく様が見て取れる。
＊28――くしくも二〇一六年九月二日にカリモフ大統領は死去している。
＊29――地元のメディアは、「政府はついにブン・カルノ（スカルノの愛称）とブン・ハッタを国家英雄に認定」［Kompas 二〇一二年一一月六日］、「闘争民主党――BK（ブン・カルノ）国家英雄へ、『脱スカルノ化』に終止符」［Kompas 二〇一二年一一月七日］などと盛んに報じた。それらの中では、この時期に認定に至ったことの背景として、二〇一四年の大統領選挙との関連や、今後大統領経験者をスムーズに英雄認定するための布石ではないか、といったさまざまな推測も報じられた。
＊30――たとえば岡本は、一九九九年の自治法発出以降、地方自治体組織が肥大化してきたことに対して、近年の中央政府が、自らの代理人としての州知事が県・市に対する監督役割の強化を期待する傾向にあることや、地方首長の公選制の廃止を検討する動きがあるなど、上意下達的な中央―地方関係を規定した一九七四年スキームへの逆戻りの兆候があることを指摘している［岡本 2012］。

認定年	名前	生年	没年	出身地／推薦州*
2015	Mohammad Yasin***	1920	2012	東南スラウェシ州
2015	I Gusti Ngurah Made Agung	1876	1906	バリ州
2016	KH Raden As'ad Syamsul Arifin	1897	1990	東ジャワ州

*　ここでは国家英雄の出身地ないし推薦州を挙げたが、両者が必ずしも一致しない／不詳の場合もある。

**　スカルノとハッタは1986年（独立宣言英雄）と2012年（国家英雄）の２度認定されている。

***　ムハマッド・ヤシンの生誕地は東南スラウェシとされるが、「南スラウェシ出身」ないし「東ジャワの人物として認定」という情報もあり、推薦州は不詳である。これについてはⅠ章も参照のこと。

出典

(1)インドネシア社会省公式ウェブ・ページ
（http://www.kemsos.go.id/modules.php?name=Pahlawan&opsi=mulai-1、2009年まで）

(2)Kementerian Sosial (ed.)　2011　*Wajah Dan Perjuangan Pahlawan Nasional*. Kementerian Social Republik Indonesia. p.612.

(3)Wikipedia Bahasa Indonesia,「pahlawan nasional (国家英雄)」の項、および2009年以降の新聞記事参照。

認定年	名前	生年	没年	出身地／推薦州*
2004	Maskun Sumadireja	1907	1986	西ジャワ州
2004	Raja Ali Haji	1809	1870 ?	リアウ諸島州
2005	Andi Abdullah Bau Massepe	1918	1947	南スラウェシ州
2005	Bagindo Azizchan	1910	1947	西スマトラ州
2005	Kiras Bangun	1852	1942	北スマトラ州
2006	Hamengkubuwono I	1717	1792	ジョグジャカルタ特別州
2006	Izaak Huru Doko	1913	1985	東ヌサ・トゥンガラ州
2006	Teuku Muhammad Hasan	1906	1997	アチェ州
2006	Noer Alie	1914	1992	西ジャワ州
2006	Opu Daeng Risaju	1880	1964	南スラウェシ州
2006	Pajonga Daeng Ngalie	1901	1958	南スラウェシ州
2006	Andi Sultan Daeng Radja	1894	1963	南スラウェシ州
2006	Tirto Adhi Suryo	1880	1918	中ジャワ州
2007	Adnan Kapau Gani	1905	1968	西スマトラ州
2007	Ida Anak Agung Gde Agung	1921	1999	バリ州
2007	Mustopo	1913	1986	東ジャワ州
2007	Slamet Riyadi	1927	1950	中ジャワ州
2008	Abdul Halim	1911	1988	西スマトラ州
2008	Mohammad Natsir	1908	1993	西スマトラ州
2008	Sutomo	1920	1981	東ジャワ州
2009	Achmad Subarjo	1896	1978	西ジャワ州
2009	Herman Johannes	1912	1992	東ヌサ・トゥンガラ州
2009	John Lie	1911	1988	北スラウェシ州
2010	Johannes Abraham Dimara	1916	2000	パプア州
2010	Johannes Leimena	1905	1977	マルク州
2011	Abdul Malik Karim Amrullah	1908	1981	西スマトラ州
2011	Idham Chalid	1921	2010	南カリマンタン州
2011	Ignatius Joseph Kasimo	1900	1986	ジョグジャカルタ特別州
2011	I Gusti Ketut Puja	1904	1957	バリ州
2011	Ki Sarmidi Mangunsarkoro	1904	1957	中ジャワ州
2011	Pakubuwono X	1866	1939	中ジャワ州
2011	Syafruddin Prawiranegara	1911	1989	バンテン州
2013	Lambertus Nicodemus Palar	1900	1981	北スラウェシ州
2013	Rajiman Wediodiningrat	1879	1952	ジョグジャカルタ特別州
2013	Tahi Bonar Simatupang	1920	1990	北スマトラ州
2014	Abdul Wahab Hasbullah	1888	1971	東ジャワ州
2014	Jamin Ginting	1921	1974	北スマトラ州
2014	Muhammad Mangundiprojo	1905	1988	中ジャワ州
2014	Sukarni	1916	1971	東ジャワ州
2015	Bernard Wilhelm Lapian	1892	1977	北スラウェシ州
2015	Ki Bagus Hadikusumo	1890	1954	ジョグジャカルタ特別州
2015	Mas Isman	1924	1982	東ジャワ州

認定年	名前	生年	没年	出身地／推薦州*
1975	I Gusti Ngurah Rai	1917	1946	バリ州
1975	Sultan Agung	1591	1645	ジョグジャカルタ特別州
1975	Supriyadi	1925	1945	東ジャワ州
1975	Untung Surapati	1660	1706	東ジャワ州
1977	Thaha Syaifuddin	1816	1904	ジャンビ州
1984	Mahmud Badaruddin II	1767	1852	南スマトラ州
1986	Radin Inten II	1834	1856	ランプン州
1986	Suroso	1893	1981	東ジャワ州
1986 (2012)**	Mohammad Hatta	1902	1980	西スマトラ州
1986 (2012)**	Sukarno	1901	1970	東ジャワ州
1988	Mangkunegara I	1725	1795	中ジャワ州
1990	Hamengkubuwono IX	1912	1988	ジョグジャカルタ特別州
1993	Frans Kaisiepo	1921	1979	パプア州
1993	Iskandar Muda	1593	1636	アチェ州
1993	I Gusti Ketut Jelantik	不詳	1849	バリ州
1993	Marthen Indey	1912	1986	パプア州
1993	Silas Papare	1918	1978	パプア州
1995	Nuku Muhammad Amiruddin	1738	1805	北マルク州
1995	Tuanku Tambusai	1784	1882	リアウ州
1995	Yusuf Tajul Khalwati	1626	1699	南スラウェシ州
1996	Siti Hartinah	1923	1996	中ジャワ州
1997	Raja Haji Fisabilillah	1727	1784	リアウ州
1998	Adam Malik	1917	1984	北スマトラ州
1998	Cilik Riwut	1918	1987	中カリマンタン州
1998	La Maddukelleng	1700	1765	南スラウェシ州
1998	Syarif Kasim II	1893	1968	リアウ州
1999	Abdul Kadir	1771	1875	西カリマンタン州
1999	Hazairin	1906	1975	西スマトラ州
1999	Ilyas Yakoub	1903	1958	西スマトラ州
2000	Fatmawati	1923	1980	ブンクル州
2001	Hasan Basri	1923	1984	南カリマンタン州
2001	Ranggong Daeng Romo	1915	1947	南スラウェシ州
2002	Abdul Haris Nasution	1918	2000	北スマトラ州
2002	Iwa Kusumasumantri	1899	1971	西ジャワ州
2002	Jatikusumo	1917	1992	中ジャワ州
2002	Andi Jemma	1935	1965	南スラウェシ州
2002	Pong Tiku	1846	1907	南スラウェシ州
2003	Nani Wartabone	1907	1986	ゴロンタロ州
2004	Ahmad Rifa'i	1786	1870	中ジャワ州
2004	Gatot Mangkupraja	1896	1968	西ジャワ州
2004	Ismail Marzuki	1914	1958	ジャカルタ首都特別州
2004	Andi Mappanyukki	1885	1967	南スラウェシ州

認定年	名前	生年	没年	出身地／推薦州*
1965	Pierre Tendean	1939	1965	ジャカルタ首都特別州
1965	Siswondo Parman	1918	1965	中ジャワ州
1965	Sugiyono Mangunwiyoto	1926	1965	ジョグジャカルタ特別州
1965	Supomo	1903	1958	中ジャワ州
1965	Suprapto	1920	1965	中ジャワ州
1965	Sutoyo Siswomiharjo	1922	1965	中ジャワ州
1966	Dewi Sartika	1884	1947	西ジャワ州
1966	Eddy Martadinata	1921	1966	西ジャワ州
1966	Sutan Syahrir	1909	1966	西スマトラ州
1968	Antasari	1809	1862	南カリマンタン州
1968	Harun Bin Said	1947	1968	東ジャワ州
1968	Janatin	1943	1968	中ジャワ州
1968	Wilhelmus Zakaria Johannes	1895	1952	東ヌサ・トゥンガラ州
1969	Arie Frederik Lasut	1918	1949	北スラウェシ州
1969	Basuki Rahmat	1921	1969	東ジャワ州
1969	Maria Walanda Maramis	1872	1924	北スラウェシ州
1969	Martha Christina Tiahahu	1800	1818	マルク州
1970	Supeno	1916	1949	中ジャワ州
1970	Tirtayasa	1631	1683	バンテン州
1971	Siti Walidah	1872	1946	ジョグジャカルタ特別州
1971	Wage Rudolf Supratman	1903	1938	ジャカルタ首都特別州
1972	Zainal Mustafa	1907	1944	西ジャワ州
1973	Teungku Chik di Tiro	1836	1891	アチェ州
1973	Diponegoro	1785	1855	ジョグジャカルタ特別州
1973	Hasanuddin	1631	1670	南スラウェシ州
1973	Tuanku Imam Bonjol	1772	1864	西スマトラ州
1973	Muhammad Yamin	1903	1962	西スマトラ州
1973	Oto Iskandar di Nata	1897	1945	西ジャワ州
1973	Pattimura	1783	1817	マルク州
1973	Robert Wolter Monginsidi	1925	1949	南スラウェシ州
1973	Suharso	1912	1971	中ジャワ州
1973	Teuku Umar	1854	1899	アチェ州
1973	Wahidin Sudirohusodo	1852	1917	ジョグジャカルタ特別州
1973	Yos Sudarso	1925	1962	中ジャワ州
1974	Abdul Rahman Saleh	1909	1947	ジョグジャカルタ特別州
1974	Nyi Ageng Serang	1752	1828	中ジャワ州
1974	Agustinus Adisucipto	1916	1947	ジョグジャカルタ特別州
1974	Teuku Nyak Arif	1899	1946	アチェ州
1974	Rasuna Said	1910	1965	西スマトラ州
1975	Amir Hamzah	1911	1946	北スマトラ州
1975	Halim Perdanakusuma	1922	1947	東ジャワ州
1975	Iswahyudi	1918	1947	東ジャワ州

インドネシア国家英雄一覧

認定年	名前	生年	没年	出身地／推薦州*
1959	Abdul Muis	1883	1959	西スマトラ州
1959	Ki Hajar Dewantara	1889	1959	ジョグジャカルタ特別州
1959	Suryopranoto	1871	1959	ジョグジャカルタ特別州
1960	Mohammad Husni Thamrin	1894	1941	ジャカルタ首都特別州
1961	Agus Salim	1884	1954	西スマトラ州
1961	Ahmad Dahlan	1868	1934	ジョグジャカルタ特別州
1961	Cokroaminoto	1883	1934	東ジャワ州
1961	Ernest Douwes Dekker	1879	1950	東ジャワ州
1961	Sam Ratulangi	1890	1949	北スラウェシ州
1961	Samanhudi	1878	1956	中ジャワ州
1961	Sisingamangaraja XII	1849	1907	北スマトラ州
1961	Soetomo	1888	1938	東ジャワ州
1962	Ferdinand Lumbantobing	1899	1962	北スマトラ州
1962	Gatot Subroto	1907	1962	中ジャワ州
1962	Sukarjo Wiryopranoto	1903	1962	中ジャワ州
1963	Juanda Kartawijaya	1911	1963	西ジャワ州
1963	Saharjo	1909	1963	中ジャワ州
1963	Albertus Sugiyapranata	1896	1963	中ジャワ州
1963	Tan Malaka	1884	1949	西スマトラ州
1963	Zainul Arifin	1909	1963	北スマトラ州
1964	Alimin	1889	1964	中ジャワ州
1964	Cipto Mangunkusumo	1886	1943	中ジャワ州
1964	Cut Nyak Dhien	1850	1908	アチェ州
1964	Fakhruddin	1890	1929	ジョグジャカルタ特別州
1964	Hasyim Asy'ari	1875	1947	東ジャワ州
1964	Kartini	1879	1904	中ジャワ州
1964	Mas Mansur	1896	1946	東ジャワ州
1964	Cut Nyak Meutia	1870	1910	アチェ州
1964	Muwardi	1907	1948	中ジャワ州
1964	Pakubuwono VI	1807	1849	中ジャワ州
1964	Sudirman	1916	1950	中ジャワ州
1964	Suryo	1896	1948	東ジャワ州
1964	Urip Sumoharjo	1893	1948	中ジャワ州
1964	Wahid Hasyim	1914	1953	東ジャワ州
1965	Ahmad Yani	1922	1965	中ジャワ州
1965	Donald Izacus Panjaitan	1925	1965	北スマトラ州
1965	Karel Satsuit Tubun	1928	1965	マルク州
1965	Katamso Darmokusumo	1923	1965	中ジャワ州
1965	Kusumah Atmaja	1898	1952	西ジャワ州
1965	Mas Tirtodarmo Haryono	1924	1965	東ジャワ州

I

未完のファミリー・アルバム

東南スラウェシ州の、ふたつの英雄推戴運動

山口裕子

はじめに

本章では、インドネシア東部の東南スラウェシ州を舞台にスハルト政権末期に始まり現在でも事実上継続中の、ふたつの未完の国家英雄推戴運動を考察する。[*1] これらの運動は、地方政府からの賛同と資金援助を取りつけることが不可欠となる点で、すぐれて政治的なイベントであるとともに、その展開と主導者の顔ぶれは、この州の民族集団間関係史の縮図の様相を呈している。またふたりの英雄候補者は、地元の歴史のなかでも従来からそれほど明確な「英雄的事績」が認識されている人物ではなく、その英雄像は、運動そのものをとおして他の既存の英雄の事績を参照するなかで形成されていった。この英雄像の創造的側面は、一般に歴史叙述に少なからず共通してみられる構築的な性質である。

運動の目的は、しばしば地元出身の英雄を「国家英雄のファミリー・アルバムのなかに仲間入りさせること」と表現される。地方社会のシンボルとなる人物を擁立し、国家独立や発展の功績者として正式に認定してもらう、すなわち「国家英雄のファミリー・アルバム」に仲間入りすることは、認定を目指す地元社会にとっては、それぞれによってそれぞれの地域の事情に見合った別の政治的な目的を達成するための重要な手段となっている。その目的とは、たとえば全国的に興隆している地域振興であったり、東南スラウェシ州であれば後述のとおり「歴史的な烙印」を払拭し、「自らの周辺性」を返上することなどであったりする。この章は、今日インドネシアの各地で起こっている英雄推戴運動の一種典型的な展開を仔細に観察し明らかにしようとするものである。スハルト期からポスト・スハルト期の今日まで二〇年近く認定が達成されないが、めげずに運動は続いている。その考察をとおして浮かび上がるひとつの特筆すべき特徴は、国家英雄認定はそれを目指す地方社会や民族集団にとって政治的目的達成のための手段である以上に、しばしば「ファミリー・アルバムへの仲間入り」そのものが至上の命題となるような、制度のもつ独特の求心力の存在である。

本章では、東南スラウェシ州の事例を検討することをとおして、政治経済的にも国家の周辺に位置する小地域社会が、国家英雄制度と地域政治を媒介として中央と対話を試みるなかで、自らの地方史を捉え返し、英雄を見いだしていくプロセスを、スハルト期からの連続性と差異に留意しながら捉えていく。「他の英雄と比肩しうる英雄がいる地方であることをしめすこと」への地方社会の志向性の高まりの背景には、増殖する英雄たちからなる「ファミリー・アルバム」の放つ求心力とでもいうものがあることを指摘し、そのあとで、その求心力の意味について、「改革期」に入って二〇年近くが経とうとしている現在のインドネシアの社会状況に関連づけて若干の考察を加えたい。

1　東南スラウェシ州の概要と、ふたりの英雄候補

東南スラウェシ州は、人口約二二三万人を擁し、スラウェシ島東南の半島部と島嶼部にまたがる領域（面積約三万八千平方キロメートル）と、多民族（集団）と多言語的人口構成を特徴とする。主要産業は農業、林業、漁業、鉱業などであるが、自然資源に乏しく、地域内総生産も全三三州（二〇一二年九月時点）中第二六位であり、下から数えたほうが早い。政治経済的な魅力に乏しいいっぽうで、主たる政治的係争地になったことがないという点で、中央政府からの相対的な不干渉によって特徴づけられる周辺的な地方社会である。国の建設や発展の功績者である国家英雄がこの地域生粋の人物のなかからこれまで認定されてこなかったという事実は、この州の周辺性を傍証する。

歴史的にみれば、前オランダ植民地期には、この地方にはふたつの王国があったとされる。ひとつは半島部の内陸にトラキ人を中心に九世紀頃形成されたとされるコナウェ王国（Kerajaan Konawe）で、もうひとつが島嶼部のブトン島を中心に一四世紀頃興ったブトン王国（Kerajaan Buton）である。

半島部では一九世紀になるとコナウェ王国が衰退し、隣接する南スラウェシのブギス人との混血国家ラノメエテ王国（Kerajaan Ranomeete）に取って代わられた。二〇世紀初頭、オランダ領東インド政府はラノメエテ王国を「ライウイ王国（Kerajaan Laiwui）」と名乗らせてクンダリ湾に首都をおき、そこを植民地経営の拠点とした。これが現在の州都クンダリの起源である。

いっぽう島嶼部では、一四世紀頃ブトン島に興ったブトン王国が海上交易の寄港地として成長した。王国は一六世紀にイスラームを受け入れスルタン国になったあと、初代スルタン・ムルフム（Murhum）の時代（在位一五四一～八八年）に東南スラウェシの政治的覇権を掌握した（以下、イスラーム化前後を分ける必要がない場合はブトン王国と記す）。ムルフムは、近隣の小国（コナウェ王国、ムナ小国、メコンガ小国、モロネネ小国など）の王族と姻戚関係にあり、それぞれムナ小国ではラキラポント（Lakilaponto）、トラキ人やモロネネ人の間ではハルオレオ（Haluoleo）とよばれていた。ムルフムは東南スラウェシ海域から海賊トベロ人を駆逐して域内に平和をもたらすとともに、彼の治世にブトン王国は東南スラウェシ最大の王国として、テルナテ、ゴワ、オランダ東インド会社（VOC）からの政治的干渉にも耐えた［Depdikbud (ed.) 1978/1979］。

二〇世紀に入ってオランダ領東インド政府による植民地化が本格化すると、*2 半島部と島嶼部は統合されブトン・ライウイ分州が形成された。*3 これが日本軍政期に「ブートンライウイ県」に引き継がれるとともに、今日の東南スラウェシ州の境界の基礎となった。この間、東南スラウェシ州の成立までは、この地域の政治経済的中

図1　現代東南スラウェシ州の主要民族集団

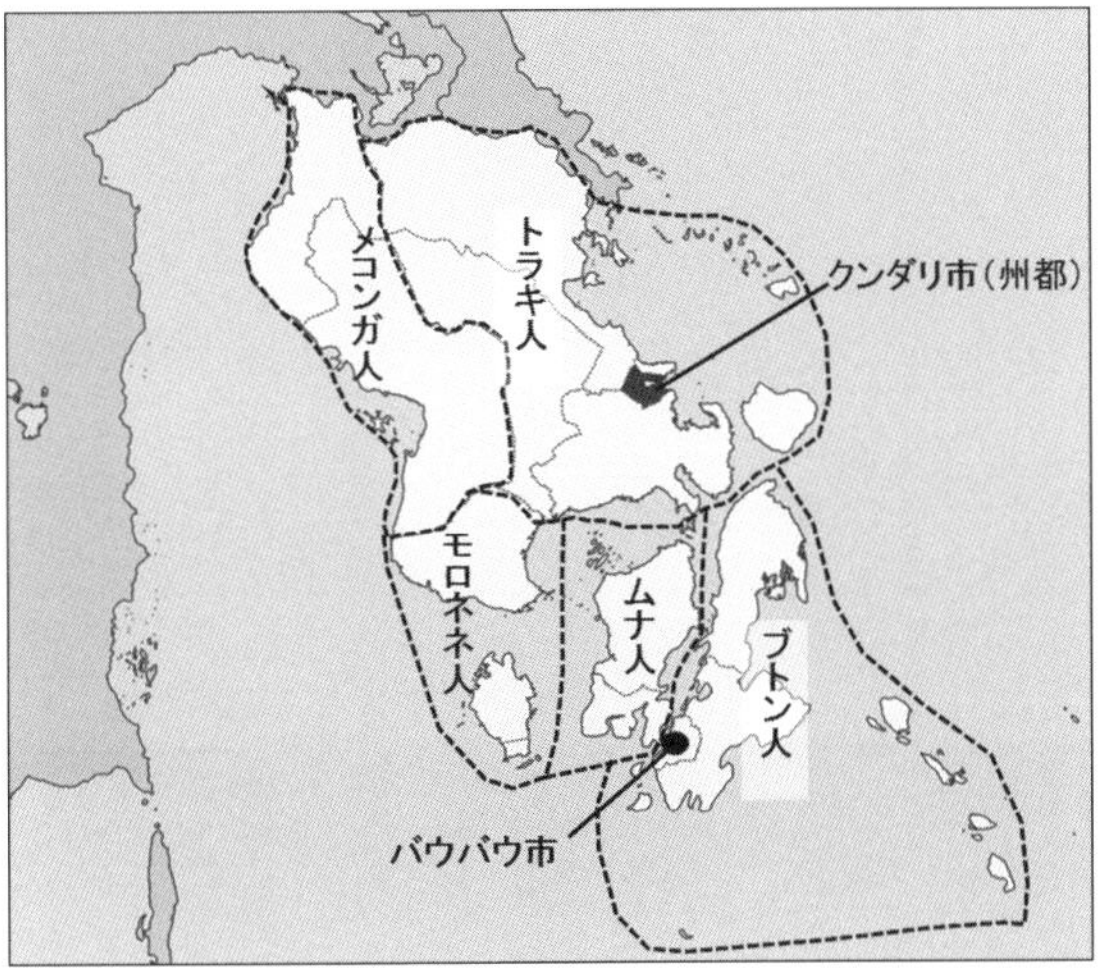

心は一貫してバウバウ港を擁するブトン島にあった。しかし一九六四年に東南スラウェシ州が成立すると、陸路による移動と統治を重視する中央政府の意向で、州都はクンダリに制定された。これにより半島部のトラキ人は一転、行政上の中心的立場になった。スハルト期の国民統合政策のなかでは州の文化や歴史を代表する民族集団として定位され、反対にブトン人は周辺化された［山口 2011: 247-282］。

以上のように、東南スラウェシ地方は植民地期にひとつの行政区分として創出された。それを踏襲した東南スラウェシ州では、従来政治的に優勢であったブトンと周辺的なクンダリの間で地位の逆転が起こり現在にいたっている。現在でもブトン人は州都クンダリを「オランダの傀儡都市」とよび、トラキ人の文化を「急ごしらえの寄せ集め」と揶揄する。

この州では現在、あるふたりの地域史上の人物を国家英雄に推戴しようとする運動が進められている。だが候補者と運動の主導者の間にはいくつかの「ねじれ」が見て取れる。候補者のひとりは、州都付近のトラキ人が主導となって推戴している「ハルオレオ」である（以下適宜「ハル」と略記）。もうひとりの候補者は、ブトン人が推戴する一八世紀のブトン

図２　分裂する国家英雄の候補者と推戴運動

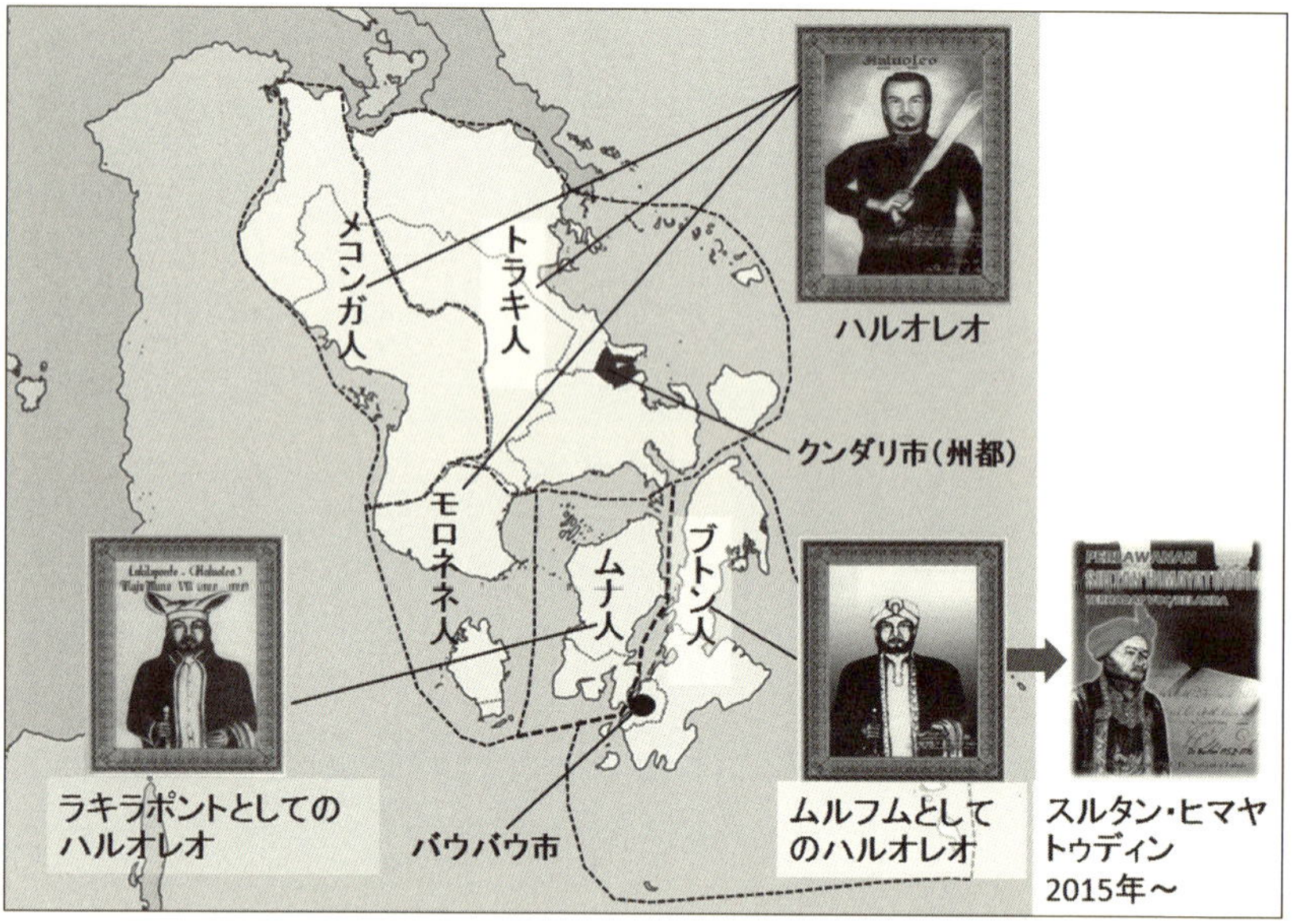

王国のスルタン「ヒマヤトゥディン（Himayatuddin）」である（以下適宜「ヒマ」と略記）。上記の東南スラウェシの前植民地期の歴史過程の記述にあたって依拠したのは、スハルト政権期に地方ごとに編纂された反植民地闘争史、『東南スラウェシ地域の民族覚醒の歴史』［Dep. DIKBUD (ed.) 1978/1979］である。[*4] そこでは半島部で英雄候補となるハルオレオについては若干の記述があるのみで、むしろ島嶼部のブトン王国の口頭伝承のなかで「東南スラウェシ地域を平定したブトン人のスルタン・ムルフム」として強調されていた。他方でブトン人が推挙する「ヒマヤトゥディン」の名は、この公定の闘争史にはまったく登場しない。この『民族覚醒の歴史』は地元のそれぞれの民族集団のインフォーマントの口頭伝承と若干の欧文資料を典拠として編纂されたものであるが、その出典を鑑みても、州内の各民族集団の歴史観から完全に自立した「客観的な」地方史ではない。だがそれゆえにこそ、上で概説したようなこのふたりの候補者の描かれ方、あるいは描かれていないとい

う事実は示唆的である。つまり今日の運動では、旧来この地方の反植民地闘争の物語のなかでほとんど注目されてこなかったふたりの人物が国家英雄に推戴されているのだ。さらに運動は、この州がたどってきた半島部と島嶼部の統合の歴史を逆戻りするかのように、当初州の統一候補として擁立した「ハル」の推戴運動から、島嶼部のブトン人が離脱して、独自候補「ヒマ」を擁立するという展開をみせている。

以下では、ふたつの運動の経緯を跡づけることによって、このふたりの候補がいかにして「英雄らしさ」を帯び、それにもかかわらずなぜ認定が達成されていないのかを、地域の社会史とともに検討していく。

2　ハルオレオ推戴運動

英雄推戴運動では、州の内外から政治家や有識者を招いてセミナーを開催して、候補者の英雄的事績について検討し合意を形成することが主要な活動のひとつとなる。その議事録や記録論集は刊行されて、そのまま地方／中央称号調査検討チームへと順次上程され、候補者の英雄としての適性を審査するための参考資料となる。

東南スラウェシ州でまず先行して開始されたハルオレオ推戴運動（以下「ハル運動」）では、筆者の確認したかぎりでは、二回セミナーが開催され計四冊の論集が刊行されている。主導したのはＲＴ氏である。彼は一九四一年生まれのトラキ人で、国立ハルオレオ大学教授や国会議員を歴任した人物である。以下ではセミナーの記録論集と、二〇一一年九月一六日にジャカルタで行ったＲＴ氏へのインタビューに基づき「ハル運動」の経緯を振り返る（資料1も参照されたい）。

一九九五年セミナー

最初のセミナーが国立ハルオレオ大学で開催されたのはスハルト政権末期の一九九五年である。一九九九年に再び同会場で開催された「ナショナル・セミナー」の記録論集の末尾には、この第一回セミナーの記録が残されている。そこからは、論集のタイトルや、編者や執筆者がともにRT氏ただ一人だったことなどがわかる。開催時期がなぜ一九九五年だったのかについてはRT氏へのインタビューからも不詳であるが、一九九〇年代には全国的にもジャワ以外からの英雄認定が相次ぎ［Schreiner 1997、本書の序章も参照］、さらに一九九五年には、東南スラウェシが行政的にも長く従属関係におかれ、歴史的因縁のある南スラウェシ州から英雄が認定されていることなども動機づけ要因になったことが推察される。*5

一九九九年ナショナル・セミナー

続いて体制移行後の一九九九年には、州外から人類学者、歴史家などを招いて規模を拡大した「ナショナル・セミナー」が開催された。特徴的なのは、同年に刊行された記録論集の冒頭に、以下の州内の主要民族集団の三パターンの慣習衣装をまとった「ハル」の肖像画が登場することである。次のようなキャプションが付されていることからは、各地で異なる名で知られる人物が同一人物のハルオレオであることを明示する意図が読み取れる（図3）。

①「コナウェ、メコンガ、モロネネの戦闘司令官としてのハルオレオ」
②「第七代ムナ王、称号ラキラポント（在位一五三〇～三八年）としてのハルオレオ」
③「第六代ブトン王となり、スルタン・カイムディン・カリファトゥ・ハミズ（在位一五三八～八七年）、またはムルフムの称号でブトンの初代スルタンに即位したハルオレオ」

図3　1999年のナショナル・セミナー記録論集で登場したハルオレオの肖像画

①ハルオレオ（半島部）　②ラキラポントとしてのハルオレオ（ムナ島）　③ムルフムとしてのハルオレオ（ブトン島）

肖像画の作者と作画の経緯については不詳だが、インタビューでRT氏は「ジャカルタのイスマイル・マルズキ公園で、[6]（一九世紀のジャワ戦争の指導者の）ディポネゴロ王子の肖像を描いたタルジョ氏という画家に会って、ハルオレオの性格などを伝えたことがある」と語っている。[7] 肖像画①の右端には、「RTと、（地元の識者である）ARTの著書にあるハルオレオの身体的特徴に基づき描いた」と記されており、この肖像画はいずれにしてもタルジョ氏なる人物による下絵やアドヴァイスを基にしたRT氏の創作であることが推測できる。この地域によって異なる呼称をもつ英雄候補を「ハルオレオ」という半島部での名で代表させることへの、ムナ島民やブトン島民の反応については、RT氏は次のように語る。つまり、セミナー開催に際して州知事でムナ人のカイムディンからも資金援助を得ており、またセミナーにはブトン社会から最後のスルタンの嫡子のラ・オデ・M（La Ode M）老の参加があったことに触れて、両集団からの合意をとりつけているというのだ。こうして州内の全主要民族集団を挙げて「ハル」を推戴したと強調した。

二〇〇四年『東南スラウェシの歴史と東南スラウェシ設立四〇周年』刊行

二〇〇一年から財政と地方自治に関する地方分権化二法が施行されると、インドネシア各地では、地域固有の政治制度や名称を復活させる「慣習復興」の動向が顕著になり、地方都市の誕生日を制定して祝ったり、地方史を再編したりする動きが加速した。東南スラウェシにおいても、二〇〇四年に「東南スラウェシの歴史と東南スラウェシ設立四〇周年」を記念した同名の刊行物が出版されている（写真1）。編者はやはりRT氏であった。本の扉を開けると上記と同じ三パターンのハルオレオの肖像画が掲載されている。後ろのページには地方行政の要人らの祝辞が続き（資料1を参照）、その後でRT氏をはじめとする州の要人や、「情報提供者」とされる外国人を含む多数の人物の顔写真が並ぶ。続いてブトン、モロネネ、クンダリ、コナウェなどの州内の代表的な地域／民族集団の区分ごとに先史時代から現代までの各地域史を概観し、その後で州の歩みを総括するという、先述の『民族覚醒の歴史』に代表される、スハルト期に編纂された地方史とよく似た構成になっている。RT氏は冒頭の謝辞で、この論集の刊行が、同州の歴史における「ハル」の重要性を示すことを目的とし、「ハル運動」の一環であることを明示している。各地域史の部分では、もれなくハルオレオ（ないしムルフムないしラキラポント）の果たした「東南スラウェシ平定」というほぼ唯一の貢献が記されている。

二〇一〇年『東南スラウェシの歴史と東南スラウェシ設立四五周年』刊行

その六年後の二〇一〇年にも記念誌が刊行されている（写真2）。そこでは前回とほぼ変わらぬ顔ぶれに新たに軍分区司令官を加えた要人の挨拶が掲載され（資料1を参照）、前回と同様の関係者の顔写真に加えて、ユドヨノ大統領（当時）がこの州を来訪した際の写真など、ハルオレオ推戴とは関連の薄い写真も追加されている（写真3を参照）。内容的には前回の記念誌と同様に、地域史が概説されたあと、より多くのページが、各州知事の在

資料1　ハルオレオ推戴運動での主要セミナーと刊行物

刊行年（セミナー実施日）	論集タイトル	編者、執筆者	特徴など
一九九五年	『国家英雄に推戴するための、東南スラウェシ地方史における〝ハルオレオ〟（一四九三―一五八七年）の役割についての科学的セミナーの記録』	編者「インドネシア独立五〇周年、およびハルオレオ大学設立一四周年記念、〝ハルオレオ〟（一四九三―一五八七年）の役割に関する科学的地域セミナー委員会」、執筆者RT氏のみ	参加者など不詳
一九九九年（八月二四〜二七日）	『発起人決定――東南スラウェシ地方史の編纂およびハルオレオ／ラキラポント／ムルフムを東南スラウェシから国家英雄に推戴するための決定に関するナショナル・セミナー』	編者「ナショナル・セミナー委員会」、東南スラウェシ州、協力ハルオレオ大学	参加者は南スラウェシ、ジャカルタから人類学者、歴史家ら。ブトンからラ・オデ・M氏。資金援助は州知事カイムディン（ムナ人）から。三人のハルオレオ肖像画掲載（図3）
二〇〇四年	『東南スラウェシの歴史と東南スラウェシ設立四〇周年』	編者RT氏、祝辞・寄稿者①RT氏、②AM氏（州知事、ブトン人）、③州議会議員、④元州知事、⑤ハルオレオ大学学長、⑥ニッケル会社A社長	冒頭に三人のハルオレオ肖像画掲載（図3）
二〇一〇年	『東南スラウェシの歴史と東南スラウェシ設立四五周年』	編者RT氏、祝辞・寄稿者①RT氏、②NA氏（州知事、トラキ人）、③州議会議長、元州知事、④第一四三軍分区ハルオレオ司令官、⑤東南スラウェシ教育局長、⑥鉱業会社B社長	肖像画からブトンの「ムルフム」ヴァージョン削除。ブトン人の参加は観察されず

任期間中の業績や各県ごとの地方開発の状況などに割かれている。特徴的なのは祝辞を送る要人のなかにブトン社会側の代表が確認できず、さらには冒頭の三つのハルオレオの肖像画から、ブトンの慣習衣装を着た「ムルフムとしてのハルオレオ」のそれが外されていることである。実はこのときすでにブトンでは別の候補者を擁立した新たな推戴運動が始動していたのだが、これについては後述しよう。

「民主的指導者ハルオレオ」——構築され上書きされる英雄像

セミナーや出版物のなかで、「ハル」を国家英雄に推挙する根拠として繰り返し主張されるその「英雄的事績」とは、「東南スラウェシ史上のカリスマ的な民主的指導者だから」［一九九九年記録論集：112など］というものである。その内容として示されるのは、「コナウェなどの諸王国では戦闘司令官ハルオレオとして、ムナ王国では第七代王ラキラポントとして、ブトンでは第六代王／初代スルタン・ムルフムとして君臨した」ことである。「英雄的事績」としてはかなり控えめかつ漫然としており、ここではそれに、ポスト・スハルト体制のキーワードである「民主的」ということばをとってつけただけのようにみえる。複数回にわたって刊行された出版物には、外部資料から写真資料などが転載されることがあるものの、それらと「ハル」との関連性は乏しく[*8]、版を重ねるごとに刊行物に新たな「功績」や「民主的」であることを裏づける情報が追加されるわけではない。その代わりに、上述のとおり、これらの刊行物では過去のセミナーの記録写真とともに、州内外の知識人や著名な政治家の顔写真を「調査チーム」「情報提供者」として掲載することで、「ハル」が州内外からアカデミックな後ろ盾を得ながら推戴されてきたことが示される。こうして数度にわたって出版された分厚い刊行物は、その存在と厚みそのものが「ハル」の「功績」の証拠として、地方と中央の称号調査検討チームでの審査に供されたのだ。

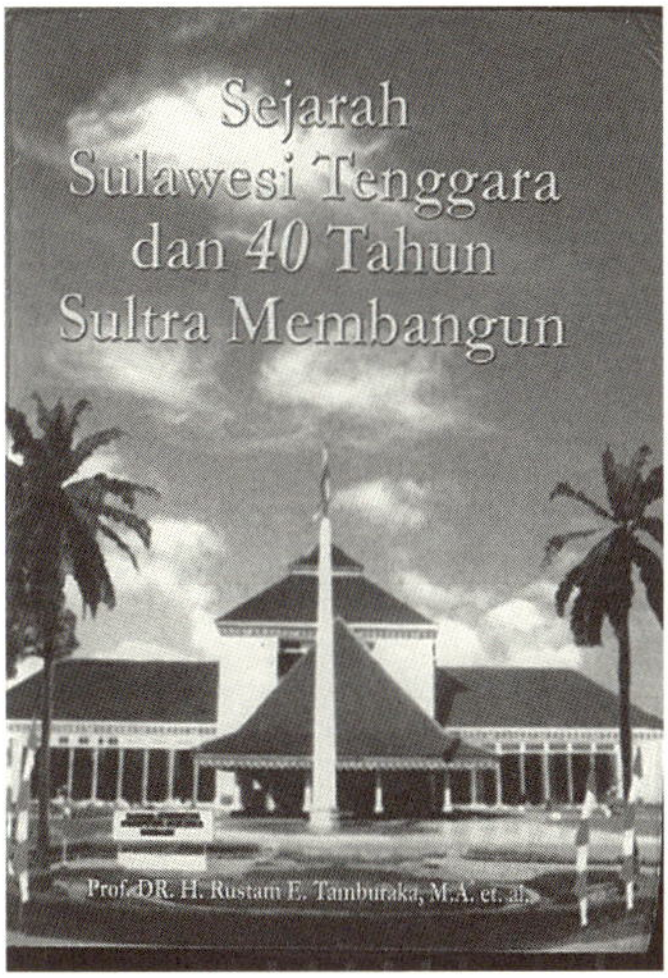

写真1　東南スラウェシ40周年記念誌

写真２　東南スラウェシ45周年記念誌

写真3　大統領夫妻を迎える州知事夫妻（左上）。1999年のナショナル・セミナーのようす（左下）。情報提供者、調査チーム一覧（一部）。人物のアイデンティティは不詳（右）。いずれも45周年記念誌より

同時期の二〇一一年には、RT氏の作画と推察される「ハル」の肖像画をかたどった銅像が、クンダリ市内のその名も「第一四三軍分区ハルオレオ」の施設の正面に建立された（写真4）。さらに同年には市の郊外に位置する空港名も、「ハルオレオ・クンダリ空港」に改称された（写真5）。創設からスハルト期までの国家英雄制度とその意義の変遷を追ったシュライナーは、『外見――インドネシア、装う国家と社会』という論集で、「国家英雄は、その銅像や記念碑が街を飾り、インドネシアの風景を〝装う〟」[Schreiner 1997: 260] と述べた。まさにこのように、州都クンダリの街は「ハルオレオ」の名前や像が複製され、さらにそこに現代に合った「民主的」というキャッチフレーズをやや唐突に付与されながら、「民主的英雄ハルオレオ」こそが国家英雄にふさわしく、彼の英雄性が既成事実であるかのような外観を帯びていったのだ。

インタビューでRT氏に一〇年以上にわたって「ハル」を推戴し続けている理由を尋ねると、氏は「民主的カリスマ的な指導者だから」というお決まりの回答をして、認定は当然である旨を繰り返した。筆者が同州から国家英雄がひとりも輩出されていないことに言及すると、RT氏は「そうだね、（隣の）南スラウェシ州にはいるのにね」と答えたあとで、「中央（称号調査検討チーム）での審査はすでに最終段階にある」と語り、「あとは一一月の大統領決定を待つだけだよ」と認定への自信をのぞかせていた。だがその年（二〇一一年）から今日に至るまで、いまだ認定は達成されていない。

「ハル運動」は上述のように、当初は州内の主要民族集団の参加に配慮しながら進められた。だが二〇〇〇年代後半から島嶼部のブトン人の参加がみられなくなった。二〇一〇年の記念誌では、ブトンの慣習衣装をまとった「ムルフムとしてのハルオレオ」の肖像は姿を消している。これと時を同じくして、ブトン人社会を中心に別の人物の推戴運動が始まっていたのだ。

写真4　クンダリ市の目抜き通り沿いの軍分区施設前のハルオレオ像。「ハルオレオ――コナウェの戦闘司令官 1493-1587」と記されている

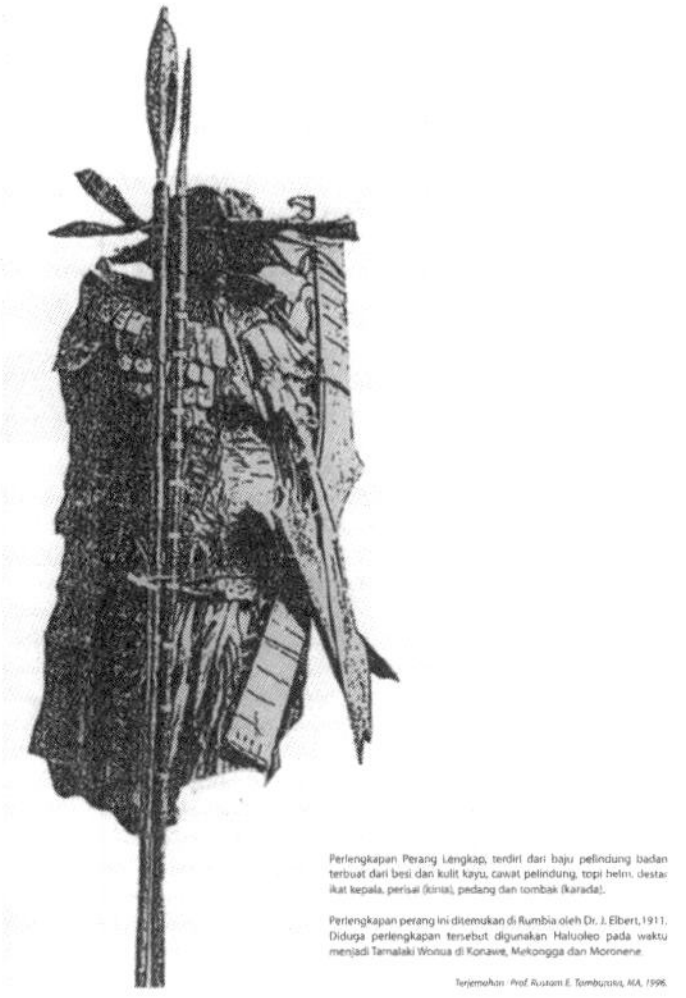

図4　註＊8で触れられた、RT氏によるキャプション「エルバートがルンビア地方で発見した戦闘用の衣類、武器ヘルメット、鉢巻き、槍と長剣」が付された図版（1999年記録論集より）

写真5　2011年に（再）改称された「ハルオレオ・クンダリ」空港

3　もうひとつの英雄推戴運動――ブトンのスルタン・ヒマヤトゥディン

ブトン人が「ハル運動」から離脱して新たに独自の英雄候補として擁立したのは、ブトン・スルタン国の一八世紀のスルタン、ヒマヤトゥディン（敬称オプタ・イ・コー、「森の王」）である。「ヒマ」は、前出のスハルト期に編纂された公定の『東南スラウェシ地域の民族覚醒の歴史』には登場しない。また筆者が日常的な文脈における歴史語りについて実地調査を行った一九九九年から二〇〇五年頃までの間に、ブトン人が自らの地域史を語るなかで「英雄」的人物として好んで言及するのは、先述のスルタン・ムルフムであり、王国の政治制度を構築しイスラーム教育を推進した一七世紀の別のスルタンであった［山口 2011: 66-77; 2012a: 231］。これに対して従来注目されてこなかった「ヒマ」が英雄候補として推戴されているのだ。

民俗史家が描くスルタン・ヒマヤトゥディン

ここではまずスルタン・ヒマヤトゥディンとはどのような人物なのかを概観する。「ハル運動」の事例からも見て取れたとおり、運動では候補者に関する乏しい資料を幾重にも参照しながら英雄像が形成される。「ヒマ」に関する資料も、すでに運動をとおして相互参照されており、「手つかずの客観的な資料」を見いだすのは困難である。そこでここでは、「ヒマ運動」より以前に、それとは別の文脈で著された『ブトン王国の歴史』［Zahari 1977: 115-118］*10 に依拠して「ヒマ」の時代とその人物像を素描する。*11 なお詳細は本章末尾の「補足資料」を参照されたい。

ヒマヤトゥディンは一八世紀に第二〇代、第二三代スルタンとして二度即位した。屈強な体躯と勇敢な貴族の資質をもち、人望も厚かった。彼は、かつて一七世紀にブトンのスルタンとオランダ総督との間で締結された、ブトンの香料樹の伐採を命じ、前者の後者への従属を決定づける条約に不満を募らせていた。

一八世紀中頃、オランダ人の元通訳がバウバウ港沖に停泊中だったオランダ東インド会社（VOC）の船「ルスト・エン・ウェルク号」を襲撃して強盗を働いた。犯人の逃亡を「ヒマ」が手助けしたことからVOCは「ヒマ」に対して損害賠償を請求した。「ヒマ」がこれに応じなかったため、VOCはブトン王国の拠点であるウォリオ王城要塞の攻撃にふみきった。スルタンや高官は当初は応戦するもやがて戦局は不利と悟り、島東部のシオンタピナ山へと退避した。この一連の戦闘と逃亡劇を「オランダ事変（ブトン島の王族貴族の言語ウォリオ語でKaheruna Walanda）」という。

地元の口頭伝承によると、その後、「ヒマ」の二度目の治世において、VOCはシオンタピナ山の居城に攻め込んだことがある。一説では「ヒマ」の軍勢は山上から降雨のごとく投石し、VOCを退散に追い込んだとのことだ。

以上のように、「ヒマ」は、ブトン史においてはマイナーだが、オランダ人と直接対決したとされる唯一のスルタンであった。そのために、第一義的には「抗オランダ闘士」を称揚する国家英雄制度の概念に最もふさわしい人物として着目されたのだ。

運動の開始と目的

「ヒマ運動」は、二〇〇五年一月に「ヒマヤトゥディンの闘争の歴史を調査し記録する」という目的で、州都クンダリのブトン人社会を中心に委員会が結成されたことに始まる（以下では「ヒマ推戴委員会」と記す）。ヒマ推戴委員会はまず、州政府、ブトン県、バウバウ市、そして一般のブトン社会から資金を調達するために非公式な会合を重ねた。運動の目的は以下のように言明される。

今日に至るまで、ヌサンタラ（インドネシアの雅称）におけるあらゆる地域出身の国家英雄がインドネシア史のページを飾るなか、東南スラウェシ地域出身者のみがいない。とりわけブトンは、VOC－オランダがマルク諸島の香料を独占しようとしたときに東部ヌサンタラにおいて戦略的立地にあったため、一七～一八世紀以降その圧制と支配の犠牲になってきた。ブトンはオランダとかつて蜜月関係にあったため「裏切り者」だという（歴史的）バイアス／烙印が与えられてきた。しかし、ブトンにも英雄にカテゴライズされるべき人物がいるはずである［二〇〇八年記録論集緒言］。

これは、運動やその記録論集でも再三にわたって主張され、また「ヒマ運動」の主導者のひとりであり、ブトン人の王族の末裔で元地方議会議員のMO氏（一九三六―二〇一六年）がインタビューで繰り返し語ったことでもある。「東南スラウェシ出身の英雄の不在」と「歴史的バイアス／烙印の払拭」が最大の動機づけとなっているが、これについては後述しよう。

二〇〇五年以降、二度のセミナーが開催され、記録論集や「ヒマ」の伝記などが計四冊刊行されている（資料2を参照）。以下ではこれらに基づき運動の展開と特徴を、特に英雄像が形成される過程に注目して検討する。

資料2　ヒマヤトゥディン推戴運動での主要セミナーと刊行物

刊行年（セミナー開催日）	セミナー・刊行物	主導者／主著者、参加者、後援者など	特徴・備考
二〇〇六年（七月二二日）	「スルタン・ヒマヤトゥディン・ムハマッド・サイディ（オプタ・イ・コー）の闘争の歴史セミナー」および記録論集	後援はバウバウ市 参加者はバウバウ市長、歴史家SZ氏、DI大学（ブトン人王族が経営）学長ラ・オデ・M氏、ブトン人民俗史家など	今後オランダの関連資料を収集することなどが課題として確認された
二〇〇八年（七月二～三日）	「スルタン・ヒマヤトゥディン・ムハマッド・サイディ（オプタ・イ・コー）国家英雄推戴ナショナル・セミナー」および記録論集	資金援助は教育文化省の州当局、ブトン県、バウバウ市 発表者はバウバウ市長、在外研究者S氏、歴史家SZ氏、社会省からの代表、地元歴史研究者Sd氏、AM氏、主導者MO氏ら	バウバウ市長は「新州分立のさきがけ」と位置づけ 外部の歴史家は「ヒマの英雄認定は『国家英雄のアルバムを充実させる』」 地元歴史家は「ヒマの闘争は国家の主権を守る闘争」 史跡の整備の必要性確認
二〇〇九年	『オランダ―VOCと戦ったスルタン・ヒマヤトゥディンの生涯と闘争の解説』（『二〇〇九年論集』）	編者はI氏（最後のスルタンの孫、医師）、MO氏、SRH氏	二〇〇八年のセミナー記録論集を紛失し、社会省からの再提出の要請に応じて再編したもの。ヒマの事績に焦点を絞った内容
二〇一一年	『一七五二～一七七六年ブトンにおけるスルタン・ヒマヤトゥディンのVOC／オランダへの対抗』	著者は歴史家SZ氏	二〇〇八年論集が社会省から差し戻され同省からの「よりアカデミックな資料による補完」の要請に応じて外部識者SZ氏に依頼して再編。内容は二〇〇九年の著作の反復

第一回、第二回セミナー

最初のセミナーは、ヒマ推戴委員会結成の翌年の二〇〇六年七月に開催された。そのようすは、その後二〇〇八年に開催された第二回セミナーの記録論集からうかがい知ることができる。それによると、第一回セミナーは（一）バウバウ市の資金援助により、同市で開催され、（二）ブトン社会の政治家や知識人に加えて、ジャカルタから招聘された歴史家のSZ氏も参加したこと、（三）今後オランダなど外部で関連資料を収集することが課題として提起されたことなどが見て取れる［二〇〇八年記録論集：2］。

第二回目のセミナーはこの二年後の二〇〇八年にバウバウ市で開催された。その目的は先の論集の総括をなぞりながら、「ヒマの二四年間（一七五二〜七六年）のVOC―オランダへの抵抗について探求し、現行の法的手続きにのっとって共和国政府によって国家英雄の称号を授与されるための適性を検討する。ヒマが、この国の他の国家英雄と同様に国民闘争を行った者の間に正当に位置づけを得られるよう推戴する」と表明された。

この論集で目を引くのは、表紙をめくると初めて登場する

図５　「スルタン・ヒマヤトゥディン・ムハマッド・サイディ（オプタ・イ・コー）――第20代、第23代スルタン・ブトン」作者不詳

「ヒマ」の肖像画であるが、作者や作画の経緯は不詳である（図5）。本書には参加者の発表原稿やフロアからの発言などが仔細に記録されており、「ヒマ運動」が盛り上がるなかで、徐々に「ヒマ」の人物像や「英雄的事績」が形成される過程をたどることができる。そこでいくつかの発表原稿やコメントをやや具体的に検討してみたい。

バウバウ市長の発表

セミナーの冒頭を飾ったのは、本運動の後援者でもあるバウバウ市長ATの発表であった。二〇〇一年に旧ブトン県から分立したばかりの同市の市長は、セミナーの開催への祝辞と参加者への謝辞のあとで次のように述べている。

> ブトン王国には二人の女王がいるように女性の地位が高い。「ヒマ」の闘争はVOCすなわちオランダを駆逐しようとするインドネシア国民＝民族《バンサ》の戦いの一部である。しかるにその闘争は東ジャワのウントゥン・スロパティやトルノジョヨの闘争[*12]、南カリマンタンのパンゲラン・アンタサリの闘争[*13]、西スマトラのイマーム・ボンジョル[*14]、中ジャワのディポネゴロ王子[*15]の闘争と比肩しうるものである。「ヒマ」の卓越した点はブトン国への愛国心だ。この「わが身よりも国家のために」という、今日でもしばしば強調されるブトン王国時代からの精神は今日の若い世代にとっても励みになるものである［二〇〇八年記録論集：6-8］。

このように、AT市長は「ヒマ」の闘争の中身にはふれることなく、それがインドネシア史上著名な闘士たちの反オランダ闘争と比肩しうるものだと主張する。当時市長は、新州「ブトン・ラヤ（Buton Raya、大ブトン）」を創設して現在の東南スラウェシ州からの分離を目指す運動を推進していた。ここでも「ヒマ」の英雄にあたう資質として「愛国心」をあげ、「ヒマのブトン・ラヤ地域への愛着はこの地域を発展させるだろう」と述べて、新州分立実現への意欲をにじませている。発表は「このセミナーに勇気づけられて、新州ブトン・ラヤを創設するという夢に祝福があらんことを」と結ばれている。[*16]

歴史家SZ氏の発表「スルタン・ヒマヤトゥディンのVOC―オランダへの対抗」

運動では、候補者の事績について外部の識者からの「アカデミック」な見解による後ろ盾を得ることが重要となる。「ヒマ運動」では、インドネシア大学元教授で、ブトン王国史に関する論文で博士号を取得し、当時国防省付き歴史家だったSZ氏が、コンサルタントとして参加している。彼の発表要旨は次のとおりである。

英雄とは本来、歴史を再構築するなかで生まれるのではなく、ある社会の価値構造のなかに存在するものである。東南スラウェシ社会は、「臆病者」「裏切り者」という歴史的汚名を付されてきたと感じている。だがブトンにもVOC―オランダに立ち向かった勇者がいた。

「ヒマ」は勇敢にもオランダとの条約を反故にし、そのために一七五五年にVOCによって攻撃された。ルスト・エン・ウェルク号襲撃事件の賠償として支払われた奴隷が年寄りや子どもであったことが、オランダには侮辱ととらえられたためだ。

ジャカルタ公文書館所蔵の「マカッサル公文書一七五五年第一六五号」には、VOCのブトンへの遠征にかかった費用が記されている。また、アブドゥル・ガニュの『色あせない衣』にも「オランダ事変」[*17]が記されている［二〇〇八年記録論集: 19］。

上記の「歴史的汚名」とは、一七世紀にブトン・スルタン国が南スラウェシやマルク諸島の諸王国からの政治的干渉に耐えるため、VOCと手を結んだことを指している。この「汚名返上」が「ヒマ運動」の背景にあることをSZ氏はここで代弁しているのだ。さらにSZ氏は公文書や写本を参照し、「オランダ事変」の史実性を主張しようとする点で、本書はいくぶん「アカデミック」な様相を備えているといえるかもしれない。SZ氏の発表は次の文言で締めくくられており、多様な地方（そこでは東南スラウェシが想定されている）からの英雄認定がインドネシアの国民統合に資すると主張されている。

「英雄」への尊敬は、本来はその共同体から発生するものである。たとえば道路や建物にその名を冠するなどの方法で行われる。インドネシアのように国民形成の途上にある社会では、あらゆる創造性を損なう従属状態から人々を解放するような闘争の価値をもつ英雄が必要となる。「インドネシア性（keindnonesiaan）」への道は、各地域の多数の英雄の思惟、行動、功績など様々な貢献の形を含みこむ包摂の過程である。インドネシア国民《バンサ》＝民族は様々な地域からの国家英雄を内包している。様々な地域からの英雄によってインドネシアの国家英雄のアルバムを充実させることで、国民統合をより強固なものとし、一九四五年八月一七日の独立宣言の理想を実現できるのではないだろうか。」

フロアからのコメント

二〇〇八年のセミナーには、英雄認定事業を管轄する社会省の代表も出席しており、英雄の公式的な定義と認定要件について確認する発表がなされた。記録論集ではつづけてフロアからのコメントが記録されており、そこからは会場の熱気が伝わってくる。いくつか紹介したい。

（一）「ブトン人文化人」とされるある男性は、「ブトンの年配者はみな『ヒマ』のオランダに対する抵抗について知っている。子どもと孫を犠牲にして人間性を高め、宗教を守った行為はたぐいまれで、われわれの模範となるものだ。よって国家英雄の称号が与えられるにふさわしい」として、民衆の間でも「ヒマ」が親しまれていることを主張している。

（二）王族出身のある大学教授は「ヒマは今日の東南スラウェシに匹敵する領土をもつブトン・スルタン国を形成した。歴史的分析からしても、国家英雄にふさわしい」と補強する。

（三）若手活動家だという青年からは、「今こそ、ブトン社会に対する歪曲された考えを払拭するときだ！」という訴えがあがっており、上述の「歴史的汚点」の考えが若者世代にも共有されていることがうかがえる。

そのほかには、「ヒマは非常に戦術がすぐれている（陸軍ブトン小分区の軍人）」というコメントや、さらに「ヒマは環境を考慮した点でも模範的だ。（彼が一時退避した）カポントリ郡には様々な自然遺産があるが、これはヒマの遺産だ（慣習的知識にたけた女性）」というように、「環境保全」といった現代的価値に照らして「ヒマ」の適性を主張するコメントもみられたのが興味深い。

地元の歴史研究者Ｓｄ氏の発表

セミナーでは、地元の歴史研究者のＳｄ氏も発表をしている。彼は欧文資料や歴史家ＳＺ氏の博士論文を参照するなど、情報の「客観性」を担保する努力をしながら、「ヒマ」の英雄としての適性として次のふたつを挙げた。

（一）二度のスルタン選出から看取される人望の厚さ、（二）王国の主権を守るために民衆を統率し、生涯オランダに抵抗した点。

Ｓｄ氏の発表で興味深いのは、「ヒマ」らが落ち延びたシオンタピナ山でのＶＯＣ撃退劇を「ゲリラ戦」と呼んで強調しているところである。本章末尾の「補足資料」でも記したとおり、従来この「戦闘」はごくまれに「地元の口頭伝承では」といった留保つきで言及されることはあるものの詳細は知られていなかった。これに対しSd氏は、ハルオレオ大学の元学生（ZK氏）が地元の口頭伝承に基づき記した卒業論文などを援用して、この「ゲリラ戦」をより具体的に描写した。それによると、「ゲリラ戦では、民衆全体を海岸線沿いに何重にも配置し、その東側をヒマは巡回して激励した。『カンピリ（註*24参照）』といわれる後方支援を用いた」という［二〇〇八年記録論集：33］。この後、「ヒマ運動」では、ZK氏の卒業論文にふれられることはなくなり、この「ゲリラ戦」のみが反オランダ闘争として繰り返し言及されるようになり、既成事実のようになっていく。[*18]

Sd氏は発表原稿で、「ヒマ」の英雄認定は「インドネシアの繁栄と安寧にとっても重要な意義をもつ」と述べ、また、ブトンにとってもそれは「ブトンとオランダは蜜月だったというこれまで捏造されてきた神話を打破する」ことになると論文を結んでおり、「歴史的烙印の払拭」が今日のブトン人の重要な関心事のひとつであることが見て取れる。

「ヒマ運動」主導者MO氏の発表

運動の筆頭主導者のMO氏は、オランダ語資料などを援用しながらふたつの条約（オランダ側の免税などを決めた一六一三年一月五日の条約、[*19] 香料樹伐採を命じた前出の一六六七年のスペールマン－ラ・シンバタ条約）の内容を精査したあとで、「ヒマ」推戴の根拠として次の四点を挙げた。

（一）条約は経済的にブトンに損害を与えるものだった。

（二）一六一三年の条約では、ブトンの女性の改宗を条件にオランダ人との結婚を認めているが、改宗の強要はムスリムであるブトン人に対する侮蔑である。

（三）奴隷貿易はブトンの哲学「ビンチ・ビンチキ・クリ（他人をつねった痛みはわが身の痛みと同じ、すなわち人間の感覚の平等性、普遍性）」に反する。この哲学はパンチャシラ（国家五原則）で「公平で礼節に富む人道主義」として記されているものと同じである。

（四）VOCに囚われた娘と孫を犠牲にしても、オランダへの抵抗を続けた。

MO氏は右の四つの点から「ヒマ」の闘争が国家英雄にふさわしいと主張した。

ここでは特に（三）で述べられており、街中の地方政府の広報の看板や政治家の演説などでも用いられることのある「ブトンの哲学」と、インドネシアのパンチャシラとの類似性が主張されているのが新たな特徴である。

生み出されるヒマヤトゥディンの人物像と事績

二〇〇八年のセミナーではその後も、ブトンの歴史と文化の研究者だというある年長者が、それまでの発表者と同様の諸点から「ヒマ」の「英雄的事績」を述べて、最後にはインドネシアの既存の英雄の名前を列挙し、「ヒマ」もこれらと並び称されるべき英雄としての資質をもつと主張した。

最後のフロアからのコメントでは、「国家の主権を守るためにオランダの圧制に対抗したヒマの闘争は中央政府によって国家英雄の称号を与えられるにふさわしい」という声が相次ぐとともに、「ヒマが逃避する際にたどったウォリオ王城要塞からシオンタピナ山までの道程を整備したほうがいい」「法令が定める英雄の要件を満たしているかもういちど確認したほうがいい」といった声もあがった。セミナーとその後の協議を経て刊行された『二〇〇八年記録論集』の最後では、「ヒマ」を推戴するための根拠となる人物像と事績は、資料3のように八点に総括されている。

ここでは新たに「ゲリラ戦」を総称して、二〇世紀にスラウェシで勃発した「全体闘争（Perjuangan Semesta）」[*20]

資料3　ヒマヤトゥディンの人物像と事績

一、第一三代スルタン・ラ・ウマティの子で、一六八七年に生まれ、一七七六年にシオンタピナで死去した。

二、生涯に二度スルタンになり、一七五二年から一七七六年の二四年間にわたってオランダの圧制からブトン人の暮らしとスルタン国の主権を護るための武装／非武装闘争を行った。

三、非武装闘争には、一六一三年と一六六七年の条約をあえて反故にした行為があたる。

四、武装闘争は一七五二年のルスト・エン・ウェルク号沈没から始まる。

五、この事件と、損害賠償として年寄りと子どもからなる奴隷を支払ったことがオランダによって「侮辱」と捉えられた。オランダは一七七五年二月二四日に王城要塞を攻撃し、ブトン側の指揮をとったのは「ヒマ」、補佐はカピタラオ、サパティなど（スルタン国の高官）だった。結果六人の高官が殉職。「ヒマ」の子どもと孫、そしてひとりの大大臣が人質としてオランダに抑留された。

六、オランダがブトンに攻撃をしかけたことの証拠は「マカッサル公文書一七五五年第一六五号」に記されているし、ブトンでは「オランダ事変」として知られている。オランダ側は、ブトンが条約の延長や更新を望まなかったので（攻撃は）やむをえなかったとしている。

七、子どもと孫が人質に取られても、「ヒマ」はオランダに降伏しようとはしなかった。東から北へと海岸線を民衆でバリケードを作らせ「全体民衆闘争」を行い、ゲリラ戦を展開した。最後は舞台をシオンタピナに移して死ぬまで戦った。

八、二度のスルタンへの選出は、王国評議会によって彼の道徳観や倫理観、献身が認められた証である。彼は王宮での暮らしではなく、森の中のシオンタピナ山頂での生活を選んだ。

を彷彿とさせる「全体民衆闘争（Perjuangan Rakyat Semesta）」という名づけが登場している。同論集の最後は、「（ヒマの）二四年間の戦いは、統一インドネシア共和国建設のためにオランダの支配から独立を勝ち取る国民＝民族《バンサ》の長い闘争史のなかで十分な価値がある。以上の諸点から『ヒマ』が国家英雄の条件を満たし称号を与えられることを望む」と締めくくられている。

さらなるふたつの刊行物の出版

●『二〇〇九年論集』

二〇〇九年には、「ヒマ」の生涯と反オランダ闘争についてのもう一冊の論集が刊行されている（資料2を参照）。共著者として名を連ねているのは、最後のスルタンの孫にあたり、「全国王宮祭[*21]」などの際には地域を代表して「ブトンのスルタン」役を務める医師のI氏と、「ヒマ運動」の主導者で前出のMO氏、そして同推戴委員会メンバーのSRH氏である。先のセミナーの記録論集刊行の翌年に本書が刊行された経緯は不詳だが、MO氏へのインタビューによると『二〇〇八年記録論集』が社会省への送付中に紛失したため、同省から再提出の要請があった。先の論集は「ヒマ」に焦点が絞りきれておらず、内容が散漫だった。これらの理由から加筆修正したものなのだという。

『二〇〇九年論集』の冒頭ではその目的が「ヒマヤトゥディンについての包括的《ホリスティック》な歴史を書くこと」と明記されている。依拠しているのはこれまでも参照されてきた文字資料と「ヒマ」の子孫や地元歴史家などの証言であり、「それらを補強するため」として要塞、武器、戦闘服、墓の写真などの視覚資料なども掲載されている。さらに、イギリスの歴史家トインビーの名や、ニュー・ヒストリーといった新たな歴史学の潮流があることにも言及したうえで、「それらの手法に基づいてトータル・ヒストリーを描く」と主張されている［二〇〇九年論集：2］。

じっさいに上記の手法に基づいているかどうかはともかく、この『二〇〇九年論集』ではブトン王国の歴史や特徴などのうち、特にスルタンに就任する前の「ヒマ」の経歴や、就任式のようすが、典拠は不明なまま、より詳細に描かれている［二〇〇九年論集：17-18］。また直接的には関連性の薄い外部資料の引用も散見される。たとえば、前出の「ブトン王国の哲学」や、歴代スルタンが王国評議会の選挙で選出されたことなどに触れて、ブトン王国は民主的であったとの主張が、インドネシアの政治体系に関する別の資料に言及しながらなされている。[*22] またMO氏は「ヒマ運動」で繰り返し参照される「スペールマンーラ・シンバタ」条約を再びとりあげ、内容的にはほとんど関連性のないスカルノ初代大統領の演説集『インドネシアは訴える』[*23]を引用しながら、「条約に記された香料伐採が史実であり、一七〜一八世紀のVOCのモノポリーがいかに強硬だったか」を述べている。このように本書は、ブトンとは関連性の乏しい外部資料を多数引用し、より大きなナショナル・レベルの政体や出来事に言及しながら、「ヒマ」の治世や事績を描こうとしているのが特徴である。

「オランダ事変」についてはVOCの攻撃を受けた際の城砦内のパニックや、王国側の反撃のようすがより劇的かつ具体的に描かれている。[*24]「ヒマは残りの兵士を元気づけながら祖国防衛のための神が定めた戦いを最後の血の一滴がしたたるまで戦った。」［二〇〇九年論集：48］というような具体性と誇張が入り混じった描写によって、戦闘の指揮をとる「ヒマ」の像がより鮮烈に浮かび上がるようになっている。二〇〇八年のセミナーで登場した「ゲリラ戦」についてはさらに具体性が増している。戦隊に対して「モバイル式軍隊」と現代的な名づけをしたり、「当時参戦したとされるラ・ブンブラ老」なる人物が登場し、「老からの伝承」として退避の行程がより詳細に描写されたりしている［二〇〇九年論集：55-58］。そして論集の末尾には「物的証拠」として、老のものとされる銃刀の写真も掲載されている（図6）。興味深いことには、さらにページを繰ると「ヒマが使用した武器」の写真も掲載されている（図7）。

図6　『二〇〇九年論集』末尾に掲載されたラ・ブンブラ老のものとされる武器の写真

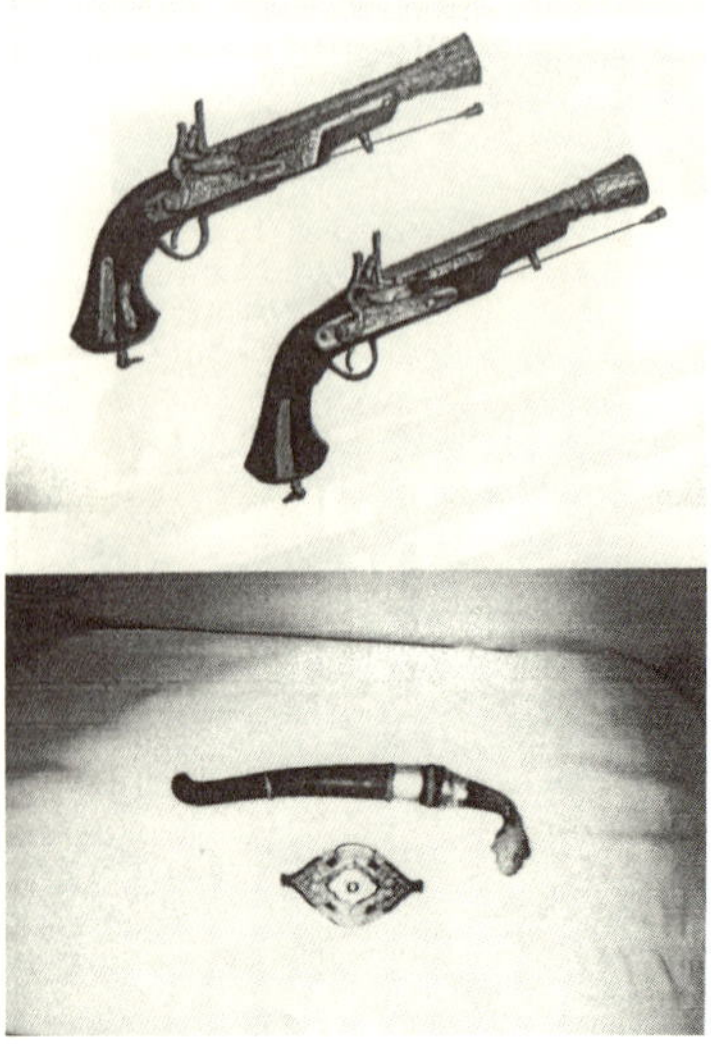

図7　「オプタ・イ・コーが使用したピストル（上）と短剣（下）」とキャプションがついた写真

この論集では、「ヒマ」の反オランダ精神は「ジハード（聖戦）」、対VOC闘争は「異教徒からアッラーの宗教を守る聖戦」だったと述べられている。さらに二〇〇八年のセミナーから登場した「ゲリラ戦」という名の戦法については、ここで明確に「スディルマン将軍の一九四五年の独立戦争での対オランダ戦の方法をほうふつとさせる」として類似性が指摘されている［二〇〇九年論集：59］[*25]。論集の最後には、「ヒマの抵抗の価値」が総括されている。その内容は『二〇〇八年記録論集』をほぼ踏襲したものだが、新たに「ヒマ」の「生命力」についての記述が加筆されており、それはインドネシアの著名な歴史家アンハル・ゴンゴンの著作とされる『ラ・ガリゴの解釈』に登場する「精神（sumangeq《ママ》）」と「命（inninnawa《ママ》）」と同じ価値をもつものと主張されている。[*26] そして最後は「今日の平和な祖国インドネシアにおけるわれわれの生活において、ヒマが二四年間のオランダへの闘争によって示した宗教心と精神性を、若い国民、とくに歴史と文化の継承者であるブトンの若者のなかに育んでいこうではないか」と高らかに謳われている。

●歴史家ＳＺ氏著『一七五二〜一七七六年ブトンにおけるスルタン・ヒマヤトゥディンのＶＯＣ／オランダへの対抗』

二〇一一年には、在ジャカルタの歴史家ＳＺ氏が外部識者の立場から総括的な著作を著し、リーフレットとして刊行した。その緒言ではそれまでの「ヒマ運動」の経緯が記されている。それによると『二〇〇八年記録論集』はすでに社会省に提出され中央の評価委員会によって審議されたが、規定の要件を満たしていないとの理由で差し戻され、「アカデミックな資料」で不足を補うことが要求された［Zuhdi 2011: 1］。その要請に応えたのが本書というわけである。本書でＳＺ氏は、オランダ人研究者スホールルによる旧来の見解、すなわち「マカッサル戦争（一六六七年）後にブトンとＶＯＣの間で締結された条約によって（インドネシア東部に）『オランダの平和』が訪れた」［Schoorl 1994］に異議を唱え、新しい歴史解釈として、ブトンとＶＯＣとのその後の闘争関係に光を

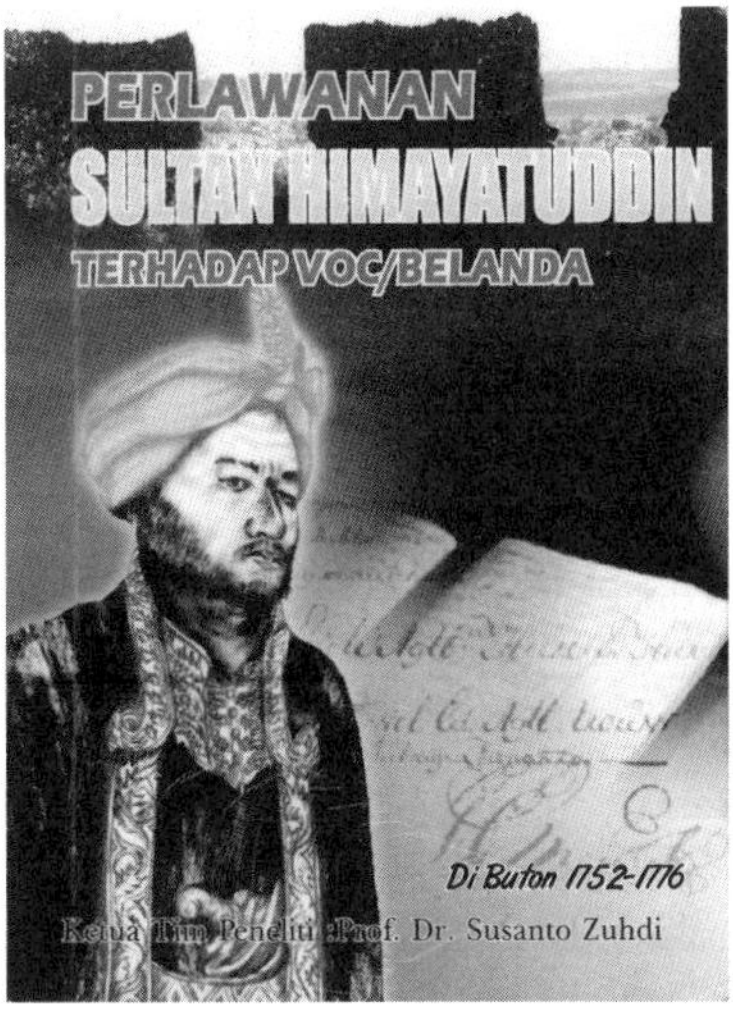

歴史家 SZ 氏著『1752 〜 1776 年ブトンにおけるスルタン・ヒマヤトゥディンのＶＯＣ／オランダへの対抗』（2011 年）

あてている。そして「ブトンのＶＯＣへの対抗を示すことは国民《バンサ》＝民族の闘争のアルバムを完成させることになる」と続けるのだ［Zuhdi 2011：4］。

本書では「ヒマ」の生涯や「闘争」については新しい情報はほとんど出てこない。その代わりにメタレベルでその英雄としての適性を訴える記述が連綿と続く。たとえば「ヒマの戦いは民衆を植民地主義的抑圧から解放するための価値と勇気を与えてくれる。つまりそれは人間としての価値を確立するための戦いでもあった」。したがって「ヒマの闘争は地域の境界を超え、その価値はインドネシア憲法の冒頭に書いてある『地上に存在するあらゆる圧制は人道主義に反する』という言葉のように、インドネシア国民《バンサ》＝民族が独立を宣言したときの主張にも重なるのである」［Zuhdi 2011：63-64］というように、である。

誇張、ナショナルな価値づけ、上書き

以上やや長くなったが、「ハル運動」から離脱して二〇〇〇年代中頃から始まった「ヒマ運動」の展開を検討してきた。運動をとおして探求され描出される「ヒマ」の人物像や「反オランダ闘争」は、従前のザハリによる公定史『ブトン王国の歴史』よりも詳細で、誇張表現や出来事への「名づけ」などの特徴が散見された。たとえば「二度の即位」「家族よりも王国を優先させたこと」などがヒマヤトゥディンの人望の厚さや愛国心の証として反復して強調された［二〇〇八年記録論集：27, 50-51；二〇〇九年論集：2, 68］。

「ルスト・エン・ウェルク号事件」や「オランダ事変」の基本的な情報は『ブトン王国の歴史』に依拠していたが、上記の出版物では版を重ねるごとに激闘ぶりやパニックのようすが誇張され、「民衆を沿岸部に配置して巡回して激励」［二〇〇八年記録論集：33］し、「神が定めた祖国防衛の戦いを最後の血の一滴がしたたるまで戦いぬいた」という「ヒマ」の勇姿がよりインパクトのある形で描かれていた［二〇〇九年論集：35-50］。また『ブトン王国の

歴史』では「一説では」と留保つきで描かれた「シオンタピナ山でのオランダ兵の駆逐」も、後の論集では戦術の巧みさとともに具体的に描かれ、当時「ヒマ」やその従者が使用したとされる銃刀類の写真がその「証拠」として掲載された［二〇〇八年記録論集; Zuhdi 2011］。

また、たとえば「ゲリラ戦」とスディルマン将軍の戦術との類似を指摘するように、インドネシアの著名な国家英雄を参照しながら、「ヒマの闘争はそれに比肩しうる」というメタな主張が、根拠が提示されることなく繰り返された。さらにはブトン王国の哲学とインドネシア国家原則パンチャシラとの、また「人権を確立し、（あらゆる抑圧から）解放する」という「ヒマ」の闘争の精神とインドネシアの独立宣言の精神とのパラレルもが主張されている［二〇〇八年記録論集: 35-39; Zuhdi 2011: 63-64］。

以上のように「ヒマ運動」では、出来事の名づけ、誇張表現、闘争がよりマクロなコンテクストで普遍的／ナショナルな価値をもつことのメタな主張などが反復され、上書きされていった。それをとおしてそれ以前はブトン社会内でも確たるイメージが共有されてこなかった「ヒマ」の人物像と「闘争」が、より明確な輪郭を結んでいったのだ。

4　未完のファミリー・アルバム

運動の顛末——英雄はいかにして生まれるのか

本章では、東南スラウェシ州の州都のトラキ人を中心とした「ハル運動」と、そこから分離して展開した島嶼部のブトン人による「ヒマ運動」の経緯と特徴を検討してきた。

「ハル運動」「ヒマ運動」の双方には、主張される動機においていくつかの共通性があった。ひとつは「全国でも稀な英雄不在の州である」という不名誉な事態である。この事実は、周辺的な地方社会やそのなかのさらに周辺に位置する民族集団が、国家への貢献に対する中央政府による認証を志向する動機として十分理解できる。また民主化によって言論や集会結社の自由が相応に認められるようになったことや、それと連動して二〇〇〇年代に全国で興隆していた地域史の掘り起こしや文化的シンボルの模索といった動向も、ふたつの運動の実施を後押ししたといえよう。

他方で、ブトン人による「ヒマ運動」には、「英雄の不在」のほかにも「ハル運動」にはないより込み入った動機があった。そのひとつは、ブトン社会に与えられた「歴史的な烙印の払拭」である。ブトン人によるとその烙印とは、一七世紀に香料交易の権益をめぐって在地の王国と欧州の勢力が群雄割拠するなかで、ブトンのスルタンが独立を維持するためにＶＯＣと条約締結をしたことに対して外部から与えられたとされる「裏切り者」の烙印である。その払拭は「ヒマ」推戴の目的として運動のなかでも繰り返し表明されてきた。

さらに筆者は当該地域の近現代史を探求するなかで、運動では直接表明されない、しかしブトン人がまた別の「烙印」とみなしているより近年のある歴史的事象に逢着している。それはブトン人いわく「共産党の拠点としてのブトン」という「烙印」であり、具体的には、スカルノの失脚を決定づけたクーデター未遂である一九六五年の「九月三〇日事件」以降、権力を奪取したスハルトが全国で行った「赤狩り」の波が、他所よりもやや遅れて一九六〇年代末にブトンに及んだ当時の状況を指している。当時、多数のブトン人政治家や知識人が「共産党員」ないしそれへの関与という理由で逮捕投獄されたり、島外への離散を余儀なくされたりしている。[*27] これらは、一九六四年の東南スラウェシ州成立時に州都がクンダリに制定されたことと併せて、ブトンの「弱体化」「脱政治化」と「誇りの喪失」を決定づけた出来事として今日ブトン人の間では認識されている［山口 2011: 278-281;

山口 2012a: 238-239〕。

今日の英雄推戴運動に目を移せば、ブトン人が「ハル運動」から離脱し、「ヒマ運動」を開始した二〇〇五年頃は、新州ブトン・ラヤの分立計画が本格化した時期である。さらに同時期にはブトンの文化と歴史の復興を謳う文芸運動も興隆していた〔山口 2011: 259-271〕。実のところこうした運動の中核にいたのは、MO氏をはじめとする「ヒマ運動」の主導者やセミナーの熱心な参加者であり、それらの諸活動で表明される目的もまた、「ヒマ運動」と同じく、「ブトンに与えられた歴史的烙印の払拭」と「誇りの回復」だった〔山口 2011: 271-283〕。そして彼らはみな、一九六〇年代末以降、共産党活動に関する嫌疑で投獄されたり離散を余儀なくされたりした者やその近親者だったのだ。インタビューの終盤で、筆者が東南スラウェシにおける国家英雄の不在について言及したときのことである。MO氏は一九六〇年代末以降の「ブトンが誇りを喪失した」時代や自らの投獄経験を短く述懐した後で次のように語っている。

私にはブトンが共産党の拠点という烙印を押されたことが痛い。本当に痛い。ブトンの歴史にもオランダに対抗した事例はある。……だが知られていない。だから私は決心した。ヒマヤトゥディンが国家英雄に認められれば、ブトン人の地位が回復すると信じている。それが私を後押ししているのだよ〔二〇一二年のインタビューにて〕。

このように「ヒマ運動」の背後には、かつてのブトン王国の覇権と栄光、一九六〇年代の東南スラウェシ州成立にともなう地域内での「中心的地位からの転落」と弱体化、それに関連する州都のトラキ人への対抗心、また「かつてVOCと与《くみ》した」「共産党活動の拠点だった」という「歴史的に付与された烙印（と彼らが認識する過去の出来事)」など複数の時間的深度をもつ過去の関係が絡み合っている。[*28] その「烙印の払拭」や「誇りの回復」が、今日の民主化や地方分権化を契機として、ブトンにおける多様な形態の地域振興の運動として顕在化しており、その動機と背景の点からは「ヒマ運動」もそのひとつに位置づけることができる。

だがここで最後に急いで二点留意を促したいことがある。そのひとつは、運動は確かにそれによって、「烙印を払拭する」「誇りを回復する」といった道具的側面をもち、「ヒマ」は当初その目的のために「見いだされた英雄候補」であった。だが同時に運動は、参加した人々自身が、それをとおして探求され反復して表出される「ヒマ」像に「英雄らしさ」を見いだし、英雄候補としての一種の確信を覚えていく過程でもあったということである。それは、上で詳述したように、運動に参加者がのめりこんでいくようすに示されている。

上述のとおり運動では、よりマクロで「ナショナルな歴史的出来事や人物との類似性の主張」「出来事の名づけ」「英雄性の適性についての誇張されたメタな描写と反復表現」とその「上書き」といった方法で英雄候補の人物像や事績が構築される。肖像画や銅像が作成され、その名を冠した通りや空港が日常風景を「装う」ことが、人物のイメージに形を与え、英雄としての適性を補強する。「ヒマ運動」にみられたこれらのプロセスは、「ハル運動」にも相当程度共通して観察された。それは全体として、「過去を現在の目的に適合させ」「ローカルな重要性をもつ人物にナショナルな認識を生み出そうとする試み」[Barnard 1997: 515]であったといえよう。さらに「(繰り返し)語ることで、過去をその語られた姿にならしめる」という物語の行為遂行性は、本書のこのあとのいくつかの章でも示されるとおり、程度の差はあれ、歴史表現に広く見いだされる基本的な特徴である。[*29] その意味でこの章で私たちは、一地域社会の過去の歴史と英雄が今まさに誕生しつつある、その現場に立ち会っているといえるのだ。

国家英雄制度の求心力のゆくえ

「ハル運動」の主導者RT氏が認定への自信をのぞかせ、また「ヒマ運動」では満を持して社会省にSZ氏による「ヒマ」の伝記本を提出して迎えた二〇一一年一一月五日、新たに七人の英雄が認定された。だが、そのなかにハルオレオの名も、ヒマヤトゥディンの名もなかった。その後今日に至るまで二人の認定が達成されたとのニュースは聞かれない。一部の関係者からは、認定に至らぬ理由は「手続き上の不備」にあり、「候補者の資質に問題はない」との声も聞かれるが、確たる理由は不詳である[*30]。それでも運動は継続中である。

ここで指摘しておきたい第二の留意点は、本章の考察をとおしてみえてきたように、英雄推戴運動は、上述のように「何か（別の）政治的目的のために認定を目指す」道具的側面と同時に、居並ぶ国家英雄の間に地元の英雄を並列させる、すなわち「国家英雄のファミリー・アルバム」に仲間入りさせることそのものが最大の目的でもあるような側面ももつことである。

国家をひとつの家族にたとえる見たては多くの社会に観察されるが、国家英雄の総体を「ファミリー・アルバム」にたとえるレトリックもこうした家族国家観と通低する。じっさいにこのレトリックはスハルト期頃から盛んに表明され[*31]、本書のⅥ章での歴史家アスヴィの事例にもみられるように、ポスト・スハルト期の今日でも知識人や政治家によってしばしば用いられる。それは国家の栄典制度の最高位に殿堂入りすることを意味するとともに、認定によって分厚い英雄総覧本やおびただしい数の英雄の肖像画が並んだポスターの一隅に文字どおり加わることを意味している。序章でもみたとおり、ポスト・スハルト期に入ってますます英雄推戴運動は隆盛し、毎年各地、各民族集団から誕生する英雄によって、英雄総覧本は分厚さを増し、ポスターは隙間なく並んだ英雄たちの肖像画で埋め尽くされている。その一つひとつの肖像画は豆粒のように小さく、シュライナー［Schreiner 1997］もいうように一見したところ相互に似通っており没個性的だ。にもかかわらず、あるいは英雄の数が増え「大家族」

になればこそ、そこに「自分たちの英雄がいない」という事実は重みを増し、そこに「居並びたい」という欲求は強化されるようである。東南スラウェシの人々にとっては「ファミリー・アルバム」は未完であり、その意味で推戴運動も失敗ではなく「未完」である。そして毎年全国各地から国家英雄が誕生していることから見て取れるのは、この英雄のアルバムに仲間入りを果たそうとする各地や民族集団からのエネルギーを吸収しながら、英雄制度は、周囲を巻き込み勢力をます熱帯低気圧のようにその求心力を増しているという状況だ。その意味で国家にとっても英雄認定は、増幅していく終わりのみえない「ファミリー・アルバム」作成の営為であるといえる。改革期に入って二〇年近くが経過しようという今日の、この地方や民族集団によるおのおのの慣習復興と並行して展開する国家英雄認定志向の盛り上がりは、「今日の地方アイデンティティ興隆運動の背後にあるのは、ジャカルタからの離脱ではなく、それへの忠誠をめぐる地方間の競合である」[Schulte Nordholt and van Klinken 2007]という指摘や、中央政府の代理としての州の権限の再強化や、地方首長の公選制の見直しなど「再集権化」の兆候の指摘[岡本 2012]を思い出させる。この「求心力」の正体は今後も注視しつづける必要がある。

参考文献

Barnard, T. P.　1997　"Local Heroes and National Consciousness: The Politics of Historiography in Riau", *Bijdragen tot de Taal-, Land-en Volkenkunde*, 153: 509-526. M. Nijhoff.

Depdikbud (Departemen Pendidikan dan Kebudayaan) (ed.)　1978/79　*Sejarah Kebangkitan Nasional Daerah Sulawesi Tenggara*. Jakarta: Balai Pustaka.

Heeres, J. E. (ed.) 1907 *Corpus Diplpmaticum Neerlando-Indicum. Deel I*. M. Nijhoff.

岡本正明 2012 「逆コースを歩むインドネシアの地方自治」船津鶴代・永井史男（編）『変わりゆく東南アジアの地方自治』アジア経済研究所、27-66 頁

Schoorl 1994 “Power, Ideology and Change in the Early State of Buton” in G.J. Schutte(ed.) *State and Trade in the Indonesian Archipelago*. Leiden: KITLV Press, pp.17-57.

Schreiner, K. H. 1997 “The Making of National Heroes: Guided Democracy to New Order, 1959-1992”, in H. Schulte Nordholt (ed.) *Outward Appearances: Dressing State and Society in Indonesia*. Leiden: KITLV Press, pp.259–290.

———2002 “National Ancestors” : The Ritual Construction of Nationhood, in Henri Chambert-Loir and Anthony Reid (eds.) *The Potent Dead: Ancestors, Saints and Heroes in Contemporary Indonesia*, Honolulu: Asian Studies Association of Australia in Association with Allen d & Unwin and University of Hawaii Press, pp.183–204; 219.

Schulte Nordholt, H. & van Klinken, G. 2007 *Renegotiating Boundaries: Local Politics in Post- Soeharto Indonesia*. Leiden: KITLV Press.

山口裕子 2011 『歴史語りの人類学――複数の過去を生きるインドネシア東部の小地域社会』世界思想社。

———2012a 「『中心』を希求する周辺社会――インドネシア東南スラウェシにおける国家英雄推戴運動から」風間計博・中野麻衣子・吉田匡興・山口裕子（共編著）『共在の論理と倫理――家族・民・まなざしの人類学』はる書房、223- 246 頁

———2012b 「王は主体か客体か――第８回クラトン・フェスティバル見聞記」『インドネシア ニュースレター81』日本インドネシアＮＧＯネットワーク（ＪＡＮＮＩ）、13–28 頁

Zahari, Abdul Mulku 1977 *Sejarah dan Adat Fiy Darul Butuni (Buton)*, II. Jakarta: Departemen Pendidikan dan Kebudayaan.

Zuhdi, Susanto 2011 *Sejarah Buton yang Terabaikan: Labu Rope Labu Wana*. Jakarta: Rajagrafindo.

【未刊行資料】

Izat, Manarfa. H. La Ode, La Ode Mane Oba, and Saraha (eds.) 2009 *Daftar Uraian Riwayat Hidup dan Perjuangan*

Sultan Himayatuddin Melawan VOC-Belanda (1752-1776).（『二〇〇九年論集』）

Panitia Seminar Nasional（ed.） 1999 *Keputusan Tim Perumus: Seminar Nasional tentang Pembahasan Buku Sejarah Daerah Sultra, serta Kpts. untuk Mengusulkan Haluoleo/ Lakilaponto/ Murhum sebagai Pahlawan Nasional dari Sultra*（『一九九九年記録論集』）

Tamburaka, Rustam E. (ed.) 2004 *Sejarah Sulawesi Tenggara dan 40 Tahun Sultra Membangun*. Unhalu Press.（『東南スラウェシの歴史と東南スラウェシ設立四〇周年』）

———2010 *Sejarah Sulawesi Tenggara dan 45 Tahun Sultra Membangun*. Unhalu Press.（『東南スラウェシの歴史と東南スラウェシ設立四五周年』）

Zuhdi, Susanto 2011 *Perlawanan Sultan Himayatuddin terhadap VOC/Belanda di Buton 1752-1776*.

【編者不詳】

2008 *Laporan Penyelenggaraan Seminar Nasional: Pengusulan Sultan Himayatuddin Muhammad Saidi (Oputa Yi Koo) sebagai Pahlawan Nasional*. Diselenggarakan: Di Bau-Bau tgl. 23 Juni 2008.（『二〇〇八年記録論集』）

【ウェブ・ページ】

Kompas 2011/11/8 “Inilah Tujuh Pahlawan Baru Indonesia”（http://nasional.kompas.com/read/2011/11/08/〟二〇一一年一一月五日最終閲覧）

Kompas 2015/11/05 “Lima Orang Dinobatkan sebagai Pahlawan” (http://print.kompas.com/baca/politik/2015/11/05/Lima-Orang-Dinobatkan-sebagai-Pahlawan〟二〇一六年一一月三日最終閲覧）

Republikasi 2015/11/12 “5 Orang Tokoh Diberikan Gelar Pahlawan Nasional oleh Presiden Jokowi” (http://www.republikasi.com/baca/2015/11/06/2769/5-orang-tokoh-diberikan-gelar-pahlawan-nasional-oleh-presiden-jokowi/〟二〇一六年一一月三日最終閲覧）

Tribunnews 2015/11/12 “Gelar Pahlawan Nasional untuk Bapak Brimob M Yasin akan Dirayakan di Cikeas” (http://www.tribunnews.com/nasional/2015/l11/12/jgelar-pahlawan-nasional-untuk-bapak-brimob-m-yasin-akan-dirayakan-di-cikses〟二〇一六年一一月三日最終閲覧）

Wikipedia Bahasa Indonesia “Muhammad Yasin” の項 (http://id.wikipedia.org/wiki/Muhanmmad_Yasin)

註

＊1――本章は、ふたつの運動のうち特に島嶼部のブトン社会の考察を中心的に行ったもの［山口 2012a］に、半島部の事例の考察を加えて全体を大幅に加筆修正したものである。なお二〇一五年に、元警察長官のムハマッド・ヤシン（Muhammad Yasin/Jasin）が、独立戦争期のスラバヤでの「特別警察」（Polisi Istimewa）の司令官としての功績が評価されて国家英雄に認定された。彼の生誕地は東南スラウェシのバウバウとされるが［Wikipedia Bahasa Indonesia “Muhammad Yasin” の項］、英雄認定を伝える各種の記事は、彼を「東ジャワの要人」［Repubulikasi 2015; Tribunenews 2015］、あるいは「南スラウェシ出身」［Kompas 2015］などと報じている。後述のとおり東南スラウェシの独立闘争史にヤシンが登場したことはなく、管見の限りでは近年同地域にて推戴運動があったことは観察されておらず推戴州も不詳である。認定に至る経緯の探求は他日を期したいが、その際には、東南スラウェシ地域の特にブトン社会において、今後ヤシンを「われわれの英雄」とみなす動向が現れるかどうかにも注目したい。

＊2――オランダ本国の弱体化にともなって一八世紀末にVOCが解散となり、いったんはイギリスに接収された現在のインドネシアが、ナポレオン戦争ののちオランダに「返還」されると、オランダはこれを「オランダ領東インド」として二〇世紀初頭から本格的な植民地経営にあたった。

＊3――この分州は、セレベス総督州および属領（一八二四～一九二四年）、つづいてセレベス理事官州および属領（一九二五～四二年）の下におかれた。

＊4――これは州内の反植民地闘争を口頭伝承と若干の欧文資料などに基づきまとめたものである。当該地域の前植民地期について記す資料は、本書を除くと極めて乏しい。

＊5――東南スラウェシ地域のなかでもブトン王国は、一七世紀頃には、香料交易の権益をかけたVOCと南スラウェシやマルク諸島の諸王国間の競合のなかで、常に南スラウェシのゴワ王国から政治的干渉を受けて独立を脅かされた［山口 2011: 95-119］。またオランダ領東インド時代には、東南スラウェシは南スラウェシを中心とする総督州／理事官州の属領であり、常に南スラウェシに対して劣位に置かれていた。なお、一九九五年に南

スラウェシから認定された国家英雄とは、一七世紀のイスラーム指導者でありVOCに対抗したとされる、ユースフ・タジュル・カルワティである。

＊6――ジャカルタ中心部にある文化センター。名称のもとになったイスマイル・マルズキは、愛国歌の作曲家であり、二〇〇四年に国家英雄に認定されている。

＊7――インタビューで、肖像画の作者がRT氏だったのかどうか、そうならばいかにイメージをしたのかを尋ねたところ、RT氏は次のように語った。「こうだよ。写真もないし、ジャカルタの……イスマイル・マルズキ公園にタルジョ（Tarjo）氏という画家がいた。ディポネゴロ（王子）を描いた人だ。一九九二年に私は彼に会って、私の地方のハルオレオを描いてくれないかと持ちかけてみた。彼は「君、その人物の性格は？」と尋ねてきた。私はクンダリに戻り、（地元の識者の）ART氏の元にいって『東南スラウェシの文化をひとつにしたい』という手紙をしたためたのだ。……」

＊8――たとえば一九九九年の記録論集では、「エルバート（Elbert）」なる人物が一九一一年に出版した書物［Elbert 1911］から引用したとされる、「エルバートが東南スラウェシ半島南端部のルンビア地方で発見した戦闘用の衣類、武器ヘルメット、鉢巻き、槍と長剣」の図版が掲載されている（図4参照）。これについてRT氏はインタビューにおいて「海賊に襲撃されたモロネネ（小国）を助けにきたハルオレオが、アッサム（タマリンド）の木につるした戦闘着の束」だと説明している。同論集にはそのほかにも、エルバート［Elbert 1911］からの引用として、「ブトンのスルタン・カイムディンとその王国」や、「メコンガ地方やコナウェ地方の慣習家屋」などのキャプションのついた写真が脈絡なく掲載されている。筆者が確認したところ、ドイツ人のエルバートによる『フランクフルト・アム・マイン地理学統計学協会のスンダ調査旅行――協会存続七五年祝典記念論文集』という書籍は存在するが（von Elbert, Johannes 1911/1912, *Die Sunda-Expedition des Vereins für Geographie und Statistik zu Frankfurt am Main / Festschrift zur Feier des 75 jährigen Bestehens des Vereins*. Minjon）、そのなかに上述の写真や図版は見当たらなかった。『一九九九年記録論集』ではこのエルバートの著作の書誌情報は示されず、上の図版や資料がキャプションどおりのものであることを裏づける決め手もないが、それらの点は推戴運動の当事者間では疑問に付されない。

＊9――旧名称の「ウォルテル・モギンシディ」は北スラウェシ州出身の国家英雄の名である。RT氏による

と、それ以前の日本軍政期の「クンダリ第二空港」という名称に代わって、一九五〇年のインドネシア共和国成立時に当時のスラウェシ州の初代知事ラトゥランギによって自身の出身地の北スラウェシにちなんで名づけられた。なお、二〇一一年の（再）改称を主導したのもRT氏だった。

＊10——著者のアブドゥル・ムルク・ザハリは二〇世紀のブトン王国末期の書記官であり、お抱え史家だった人物である。本書はザハリが地元の口頭伝承と若干の欧文資料（Ligtvoet, A. 1878 "Beschrijving en Geschiedenis van Boeton" in *Bijdragen tot de Taal- Land-en Volkenkunde* 26: 1-112. M. Nijhoff）に基づき王の治世ごとにまとめた年代記で、スハルト期の国民統合政策のなかで正式なブトン地方史として一九七〇年代に出版されている。

＊11——一部は拙稿［山口 2012a: 231-234］からの再掲である。

＊12——それぞれ東ジャワ出身の一七〜一八世紀にVOCに対抗した闘士で、前者は一九七五年に国家英雄に認定されている。

＊13——一八世紀にカリマンタンでの反オランダ反乱を指揮した王族。一九六八年に国家英雄に認定。

＊14——一九世紀初頭にスマトラのミナンカバウ地方で起こったイスラーム改革運動（パドゥリ運動）の指導者。改革派を攻撃するオランダ勢力に対して抵抗した。一九七三年に国家英雄に認定。

＊15——一九世紀のジャワ戦争における反オランダ闘争の指揮者。一九七三年に国家英雄に認定。

＊16——市長のあとには、オランダ留学経験が長く、「南—東南、および西スラウェシ地方歴史伝統的価値保存事務所」所長のS氏の発表が続いた。内容は英雄の認定要件についての一般的な解説であった。

＊17——一九世紀のブトン・スルタン国時代の宮廷史家ハジ・アブドゥル・ガニユが著した散文詩のこと。本章末尾の「補足資料」も参照のこと。

＊18——ここでは明言はされていないが、移動をしながらの「ゲリラ戦」は、インドネシア独立闘争時に、国軍総司令官だったスディルマン将軍がオランダの追撃に対して採った戦法としてよく知られている。後述のとおり、二〇〇九年の論集から、ヒマヤトゥディンのゲリラ戦とスディルマン将軍のそれとの類似性が明示されるようになる。

＊19——山口［2011: 102-103］およびHeeres［1907: 104-108］も参照されたい。

＊20――全体闘争とは、一九五〇年代に西スマトラとそれに呼応したインドネシア東部一帯で展開された反政府運動の総称である。

＊21――全国の旧王国の王族貴族などで結成される「全国王宮情報コミュニケーションフォーラム」の主催で、各地を巡回しながら開催される王族貴族の交流イベント。山口［2012b］も参照されたい。

＊22――ここで参照されているのは、Moh. Djuana & Sulwan (eds.) 1961 *Tata Negara Idonesia*, pp.26-33 であるというが、スルタン国とインドネシアの政体との関連性については具体的には何も述べられていない。

＊23――Sukarno 1985 *Indonesia Menggugat: Pidato Pembelaan Bung Karno di depan Pengadilan Kolonial Bandung*, 1930. Diterbitkan atas Kerjasama Inti Idayu Press-Yayasan Pendidikan Soekarno, Cet. 2, pp. 33-35.

＊24――「『ヒマ』は直接反撃の指揮をとり、武器をとって血の最後の一滴が終わるまで戦うよう民衆を元気づけた」「スルタン・サキウディンと家族をソラウォリオへと逃がし、そこから港のオランダ船を銃撃するよう指示した」という具合である。さらに落ち延びた先のシオンタピナ山については、「食料は森の中に建てた食糧庫に格納し、周囲には炊事道具も完備した。周囲にはジャック・フルーツ、パパイヤなど果実を植えた。この米蔵（食糧庫）を『カンピリ（Kampiri）』という。シオンタピナは防衛要塞でありロジスティックの中心でもあった」［二〇〇九年論集：58］と記されている。

＊25――註＊18も参照のこと。

＊26――ここで参照されているのはAnhar Gonggong［2003］とされるが、未確認である。

＊27――こうして逮捕投獄された者のなかには当時のブトン人の県知事ＭＫ氏も含まれる。ＭＫ氏は獄中で拷問死しており、これ以降、ブトンの地方政治の要職は南スラウェシ出身の軍人によって占められるようになる。

＊28――一九六〇年代末以降の東南スラウェシ州での共産党員やそのシンパの規模や活動については現在調査中であり、「共産党活動の拠点としてのブトン」のイメージがどの程度実相に即したものであるかは未確認である。だがいずれにしても、ブトン人に対する上述のイメージや、ブトン人自身が語るこれらの「ブトンに与えられた歴史的烙印」は、実はブトン社会外部ではほとんど知られておらず、もっぱらブトン人自身が抱き主張していることである。そしてこれは、中央政府からは不干渉にあり、外部からはほとんど（ポジティブにもネガティブにも）いかなる歴史的イメージも与えられたことがなかった周辺社会が、自らに「歴史的烙印」を与えることによっ

て現在の周辺性を説明し、それを克服しようとする、独特の転倒した歴史観であるといえる［山口 2012a］。

＊29――本章に続く森田によるII章の西ティモールでの英雄推戴運動の萌芽的事例には、すでにこの歴史語りの行為遂行的な性質の片鱗が見え隠れしているし、IV章で横山が扱う「三月一日の総攻撃の発案者」としてのスハルトの役割を強調するような歴史解釈の変遷は、この歴史の構築性を例証している。そしてVI章で津田が検討しているのは、「正しくない方向に構築された歴史を〝まっすぐに〟」しようとする歴史家たちの、それ自体が構築的な試みである。

＊30――序章でもみたとおり、今日の英雄推戴運動では、候補者の適性について一般市民から県・市、さらに州へとボトムアップ式に推戴していく間に、候補者の事績に対して合意を形成していくことが求められる。ポスト・スハルトの改革期に入って毎年認定される各地の英雄のなかには、「事績」だけを見る限り漠然としており、「ヒマ」や「ハル」と大差なく、外部の目には認定の理由について首を傾げたくなるような人物も含まれている。そう考えると、本章のふたつの事例では、候補者の事績の適否もさることながら、中央政府とのパイプの弱さや、州内部で候補者について統一見解を打ち立てられず分裂した印象を与えていることなどが、認定にいたらぬ要因として推測できる。

＊31――さらに英雄制度との関連におけるこのレトリックの使用には、次のような逸話もある。歴史家タウフィック・アブドゥラーによると、この家族アルバムのレトリックは、一九九〇年代初頭のリアウ州でのある人物の英雄認定の際にタウフィック氏自身が用いたという。その候補者とは一九世紀に反オランダ闘争を繰り広げたトゥアンク・タンブサイであるが、リアウ生まれで西スマトラで教育を受けた彼の反オランダ闘争が、スマトラ島の三つの州（北スマトラ、リアウ、西スマトラ）と深いかかわりがあったため、推戴運動ではどの州の代表とみなすかが問題となった。その際に、国家英雄の理念は州ごとに輩出した英雄の数を競うことではなく、「ファミリー・アルバムをともに作り、そこに出身地にかかわらず各地の英雄の写真を付け足していき、われわれがひとつの家族だと確かめ合うところにある」として三州の知事を説得したという。以上は加藤剛氏からのご教示による（二〇一五年六月九日の電子メールにて）。

補足資料——スルタン・ヒマヤトゥディンとその治世

●幼少期から「ルスト・エン・ウェルク号事件」まで

スルタン・ヒマヤトゥディン・ムハマド・サイディ（Muhammad Saidi）は第二〇代（在位一七五一～五二年）および第二三代（在位一七六〇～六三年）の二度スルタンの座についた。第一三代スルタン・ラ・ウマティ（La Umati 在位一六八九～九七年）の子で、第一九代スルタン・ランカリリ（Langkariri 在位一七一二～五〇年）は義父にあたる。この義父との日々の交流から多くのイスラームの教えや知識を学んだ。体格がよく、水牛（karambau）のようだったので「ラ・カランバウ（ミスター水牛）」と呼ばれた。勇敢な貴族の資質をもち、人徳もあり、幼い頃から周囲のおとなは彼が大成することを予言していた。

オランダ側の資料［Ligtvoet 1878: 73］によると、ヒマヤトゥディンはオランダ東インド会社（以下VOC）との争いの種を探していた。ヒマヤトゥディンはかつて一六六七年一月三一日にVOC司令長官スペールマンとの間で締結された「スペールマン―ラ・シンバタ条約」を、ブトン王国に対する侮辱と捉えていた。この条約は（ブトン島東部の）トゥカン・ベシ列島の香料樹の伐採を命ずるもので、事実上王国のVOCに対する従属を決定づけるものだったからである。

ブルクンバ（南スラウェシ）の元通訳だったオランダ人フランツ（F. Frans）は、一七五二年六月にバウ・バウ港に停泊中のVOC船ルスト・エン・ウェルク（Rust en Werk）号を襲撃し、乗組員を殺害したのち、（ブトン海域西部の）カバエナ島に逃げ、要塞を造って身を隠した。スルタン・ヒマヤトゥディンがその逃亡の手助けをしたため、VOCはルスト・エン・ウェルク号事件の罪をヒマヤトゥディンに帰した。この不安定な状況に鑑み、王国は協議の末ヒマヤトゥディンを退位させ、ハミム（Hamim 在位一七五二～五九年）を第二一代スルタンに即位させた［以上 Zahari 1977: 115–118］。

●「ルスト・エン・ウェルク号事件」の賠償をめぐるVOCとの交渉

上級商務員の司令官ヨハン・ボネリウスがルスト・エン・ウェルク号事件に関する資料を収集し、フランツらを捕らえるためにブトン島にやってきた。ボネリウスは到着して初めてヒマヤトゥディンがすでに王位を退きハミムに交代していたことを知った。王国側からボネリウスに伝えられた退位の理由は、ヒマヤトゥディンが「一六六七年六月二五日の条約（先のスペールマン―ラ・シンバタ条約を更新したもの）に従わなかったから」というものだった。

ボネリウスはフランツを追ってカバエナ島に向かった。（南スラウェシに位置する港市）マカッサルからボネリウスに同行したアブドゥル・カディル（Abdul Kadir）がフランツを討ち取ったものの、ボネリウスも戦死した。フランツの従者による抵抗もVOC側によって鎮圧され、フランツの要塞からは、略奪品や金銀、重要な文書、加えて三艘の船などが押収された。ブトンのスルタンに対して損害賠償を請求するふたつの条約が締結された。その直後にブトン側は七二人の奴隷と金銀を支払ったとされるが、詳細は明らかではない。

一七五三年三月七～八日および一〇日に、ブトンの使者タオ・タオがフランツの息子を含む二二人の従者を捕らえ、賠償の一部としていくばくかの金と人夫（奴隷）を（VOCに）差し出した。しかし奴隷は年寄りや子どもばかりで使い物にならず、さらにベンヤミン・ペトゾルト船長は、ブトン人が丁子やニクズクの木を秘密裏に栽培し密貿易をしているうえに王国は戦闘の準備をしているという情報をVOCに提供した。VOCはブトンに対して危機感を覚えて、直ちにルスト・エン・ウェルク号事件の賠償を完済しなければ予告なく攻撃に出るとの決断をした。

一七五四年一二月二五日タオ・タオが八〇人の奴隷をつれてウジュンパンダン（マカッサル）にやってきたが、その大部分が年寄りと子どもからなった。そのためVOCがブトンを攻撃する予定は変更されなかった［Zahari 1977: 120–123］。

●「オランダ事変」

ボンタイン（南スラウェシの地名）に静かに船と兵士が集められた。一七五五年一月三一日、レイスウィーバー船長はボンタインに到着し、米を積載した。その後のバンダへの航海に備えてブルクンバ（南スラウェシの地名）でも米を積載した後、一七五五年二月一九日にブルクンバを発ってブトン島を目指した。

二月二三日、一団がブトンに到着したときには、遠くからもブトンの城塞にオランダの旗がはためいているのがみえた。投錨前に海上から礼砲を撃ったが、ブトン側から返礼はなかった。オランダ船（ハウス・テ・マンパッド号）に、スルタン国の通訳が数人やってきて訪問の理由を尋ねた。このとき兵士と武器は船内に隠してあった。レイスウィーバー船長はマルク諸島への航行前に飲み水を調達したかったのだと伝えた。ブトン人通訳らは、スルタンへの貢物を託され退散を求められた。通訳らの退散後、船長は水夫に変装して上陸し、城塞に赴いて戦力を調査した。人口は多いが脅威となるような兵器はなかった。

深夜一二時、レイスウィーバーは上陸を命じた。兵士は隊列を組み、王国の首都であり、防衛拠点である（ウォリオ）城塞を目指した。城門に近い丘のふもとに着くと、兵を二手に分けそれぞれラント門とワンダイロロ門から侵入するよう命じた。

朝六時、（ブトン人の）門番が開門すると同時に、レイスウィーバー軍は城壁内に発砲しながら突入した。少数の門番は短刀、槍など粗末な武器しかもっておらず、応戦も撤退もできなかった。だがレイスウィーバー軍も城門近くで反撃を受けた。反撃の主は「オランダを打ち破ったカピタラオ（Kapitalao I Tembana Walanda）」との異名をもつカピタラオ（スルタン国の海事にかかわる高位の職位）だった。付近の家々でも銃撃が続き、城塞のあちこちで銃声が轟いた。家々は炎上し、子どもは泣き叫び、年寄りや女性も助けを求めて走り回った。

カピタラオが討たれてからブトン側の反撃は弱まった。守衛たちは戦ったがVOCに捕らえられた。別の場所では「大大臣」とサパティ（スルタンの補佐）も抵抗したが殉死した。双方の軍勢は勝利をかけて激しく戦ったが武力が釣り合っておらず、レイスウィーバー軍がブトンの抵抗を封じた。

この間スルタン・ハミムは家族と王国の重要な文書などを携え（ウォリオ城塞の東側の）ソラウォリオ城塞へ、ついで（ブトン島南部の）カエサブへと逃れた。ヒマヤトゥディンももはや防衛は不可能と判断し、ハミムを追ってカエサブへ、さらに（ブトン島東部の）シオンタピナ山へと逃れた。彼の娘と孫娘（Wa Ode Wakato、Wa Ode Kamali）はオランダの捕虜となった。午後四時、兵士の疲労を見て取ったレイスウィーバーは戦闘を中止し、スルタンや高官が川を隔てたソラウォリオに逃げていったことも知った。以上が、「オランダ事変の時代（Zamani Kaheruna Walanda）」と呼ばれる、ブトンにおけるVOCによる攻撃の話である。このときのようすは一九世紀にウォリオ語（王族貴族の言語）で書かれた散文詩カバンティ『色あせない衣』でも描かれている［下記資料参照］。Ligtvoet［1878: 79］によると、この戦闘の損失は次のとおりである。VOC側の死者一名（ブトン側の口承では一〇名）、行方不明者三九名、軽傷三六名。ブトン側は六名の高官が死亡し、ヒマヤトゥディンの娘と孫娘が捕虜となった［Zahari 1977: 124–127］。

ウォリオ語散文詩カバンティより『色あせない衣』に描かれた「オランダ事変」

（一九世紀宮廷詩人、H. Abdul Ganyu）

……*inda urangoya tongko bungana Waglanda*（おまえはオランダ事変のときのことを聞かなかったか）
apopasiki sabara manusia / sumere-sumbere apeelo palaisa（人々は四散し／みな助けを求めた）
apoboli-boli indaa potoku-toku / hengga anana rakanana abolia（我先にと逃げ出し／女子どもが取り残された）
inuncana koo makaa pokawa-kawa / mokokompona akoanamo irumpu（森の中でようやく再会した／妊婦は茂みで出産し）
momapiyna soa kolemo itana（病人は地べたに横たわるしかなかった）
bonto ogena sami tee sapati / tee samia kapitalao amate（ひとりの大大臣とサパティ／そして、ひとりのカピタラオが死亡）
tee sakia muya bari momatena / tee torakona incana sayeyo yiu（民衆が多数犠牲になり／その日に捕らえられた）
lakiwolio Yumane tee bawine / tee malingu sabara mangaa nana（ウォリオの王と妻／そして全ての王室は）
aposa lapa soomo aratana / mobinasana inda teyi poolina（全財産を失い／得るものなく滅び去った）

●「オランダ事変」後のVOCとブトンとの交渉と決裂

レイスウィーバーらの船団は一七五五年五月六日までブトンに滞在し、五月一一日にウジュンパンダン（マカッサル）に到着した。レイスウィーバーはブトンでの一件を報告し、さらにブトン王国のゴワ王国やボネ王国との関係がVOCの発展に対して悪影響を与えていることにも留意している。（これを受けて）ウジュンパンダンの警察委員会（Raad van Polisi）は一七五五年五月一六日にブトンのスルタンに次のような手紙を送っている。

マカッサルの総督と警察委員会より敬意を込めて閣下（スルタン）にお伝えします。ブトンで起こった残念で強欲で危険な出来事は、まるで子どもが親に対して不届きな仕打ちをするようなもので、予想だにしませんでした。あなた方の祖先は理解があり、条約もきちんと守り、ブトン国との関係は良好だった。しかし今ではけしからん子どものようなことをしている。そこで今、閣下に望みますのは、かつてのようにコンペニ（VOCのこと）と良い関係になることです。この書簡は、コンペニはまだブトンと良好な関係を回復したいという証であり、このために通訳〔中略〕を遣わし、手紙をお送りします。ブトンが病から回復するための薬として［Ligtvoet 1878: 79-80］。

手紙には、VOCはまだブトンとの関係修復を望んでいることが記されている。

いっぽう一七五五年四月二二日にボネ王に宛てた手紙では、スルタン・ハミムはVOCのブトンに対する行いへの深い遺憾の意を表明し、ついでボネ王国に対しても（VOCが襲撃の準備をしていることを）ブトンに対して注意喚起しなかったことについて不満を述べている。

一七五五年四月二八日にVOCの通訳（Bartelz）が持ち帰ったブトンのスルタンからの書簡は、スルタン国側はVOCの要請に応える気は全くないという内容だった。この通訳自身もブトン島に滞在中に、ブトン人が浜から城塞に至る道にバリケードを造って戦闘の準備をしていたことを目撃していた。この書簡と通訳からの報告をうけ（てもなお）、VOCはブトンとの関係修復する策を練った。ブトンから気をそらすために［ママ］、VOCはムナ王と条約を結び、これによってムナ小国はブトンの勢力から解放された。

一七五五年一二月三一日の決定書によってウジュンパンダンの上級庶務員にシンクレールが就任した。レイスウィーバー船長はブトンのスルタンと条約を締結しようとしていた。

一七五六年三月にレイスウィーバー船長とシンクレールらは（条約締結を目指して）ブトンに出発した。「ルスト・エン・ウェルク号事件」の賠償として一千人の奴隷の支払いを求めた条項を含む新しい条約や、コンペニの指示に従うよう諭すボネ王の書簡も持参した。（だが）一七五六年四月三〇日に何の成果もなくウジュンパンダンに帰還した［Zahari 1977: 131-132］。

損害賠償の支払いはなかったものの、常にVOCとブトンの間では書簡のやりとりがあった。一九五六年九月九日のスルタンと王国の高官からの手紙は、ジャカルタのVOCあてで、一千人の奴隷という負担が重過ぎると し、VOCのブトンへの攻撃によって王国の少なからぬ高官が犠牲になっており、それはすでにVOCがこうむった犠牲を凌駕していると訴えている。

いっぽうスルタン国内部では、VOCにそそのかされた反対勢力によって、スルタン・ハミムのふたりの息子が殺害されるなど情勢不安が続いた。一七五九年八月二九日にはハミムの死去にともない、ラ・セハ（La Seha）が第二二代スルタンに即位するが、心臓病により在位七カ月にて死去した（在位一七五九～六〇年）［Zahari 1977: 133］。

●ヒマヤトゥディンの二度目の在位と二度目の戦闘

王国評議会はかつての在位中の能力を評価し、ヒマヤトゥディンを再度スルタンに選出した。この知らせは、一七六〇年一〇月一四日にはマカッサルのVOCに伝達された。その中で、ヒマヤトゥディンは（先に反故にした）条約に従う用意があり、過去の問題はすべて解決済みであるということも伝えられた。

しかしヒマヤトゥディンの考えは変わっておらず、VOCに対して非協力の姿勢を貫いた。一説では、VOCはヒマヤトゥディンが居城を構えるシオンタピナ山のふもとまで攻め込んだことがある。しかし戦略的立地のためにVOC側の多くがそこで落命した。話によると、ヒマヤトゥディンの兵士たちは山上から降雨のごとく投石し、VOCの兵は（ブトン島東部の）カマル村付近に停泊する船に退散したという［Zahari 1977: 136］。

（シオンタピナ山の）周囲で聞くところによると、ヒマヤトゥディンの墓や居城があった所では毎年収穫後、儀礼をする［Zahari 1977: 137］。そこではヒマヤトゥディンと妻の遺志に従って、生前ふたりが好んだリンダ、アリオンダ、ンギビなどの舞踊を舞い、墓の上で傘を振る（王の就任式で行われた儀礼的行為）。儀礼は「バタタナ（batatana）」といわれる次のような言葉で締めくくられる。「えー、ご主人さま、私たちはご主人さまの遺言をお伝えします。来年も収穫が今年を凌駕しますように、病から私たちを守り、永らえますように。私たちはご主人さま、バルブ、ペロパ、デテ、カタピ（スルタン国の高位の職位）にもお願いします」。

今でもこうした儀礼は継続して実施されている。（シオンタピナ山には）宮殿の柱の跡といわれる木が現存し、水源もある。ヒマヤトゥディンの墓については、ブトン・スルタン国の（ウォリオ）城塞の住人は、自分たちの城塞内にあるといい、（シオンタピナ山近くの）ワスアンバ村の生き字引きは「最初に遺体はクラトン（ウォリオ王城要塞）に運ばれ、守衛をしていたワスアンバの使者によって七日目の夜に掘り起こされ、シオンタピナに埋葬された。代わりに（ウォリオ城塞のほうには）ヤギを埋めた」と語っている［Zahari 1977: 137–138］。

参考文献

Ligtvoet, A.　1878　“Beschrijving en Geschiedenis van Boeton”, *Bijdragen tot de Taal-, Land-en Volkenkunde,* 26: 1-112. M. Nijhoff.

Zahari, A. M.　1977　*Sejarah dan Adat Fiy Darul Butuni (Buton), II.* Jakarta: Departemen Pendidikan dan Kebudayaan.

II

新たな英雄が生まれるとき

国家英雄制度と西ティモールの現在

森田良成

1　東ヌサ・トゥンガラ州の周辺性と、英雄の「不在」

本章の舞台は、ティモール島の西側、インドネシア領西ティモールである。西ティモールは、行政上は東ヌサ・トゥンガラ（Nusa Tenggara Timur、略称ＮＴＴ）州に属している。

一九七九年にインドネシア政府主導で編集・出版された『東ヌサ・トゥンガラ地域における民族覚醒の歴史』は、この本が取り上げる問題について冒頭で次のように説明している。

> ナショナリズムの運動の展開以前に、地域の状況はどのようであったか。そこではどのような要因が、運動を活性化させたのか。（中略）そこにはどのような人物がいて、どのような役割を果たしたのか。地域におけるナショナリズムの運動は、インドネシアの国家建設にどのように影響したのか［PPPKD 1979: 1］。

同書の結論で示されたのは次のような内容だった。ＮＴＴ州は、環境の厳しさと資源の乏しさからオランダにとっての経済的な利点がなく、搾取の対象とはなりにくかった［PPPKD 1979: 88］。このために、オランダによる植民地支配が本格的に全域に及ぶようになるのもかなり遅く、西インドネシアのような抵抗運動が発生する条件が欠けていた［PPPKD 1979: 88-89］。

オランダ植民地時代のティモール島の歴史は、ほぼ同じ時期に出版された『東ヌサ・トゥンガラ地域の歴史』［PPPKD 1978］では次のように説明されている。

ティモール島における抵抗の戦いは、全体としてはどれも長くは続かなかった。当時のティモールはいくつもの小さな王国に分かれており、それらの間ではコミュニケーションが取れておらず、武器・装備も十分ではなかったことから、抵抗はオランダによってたやすく制圧されてしまった［PPPKD 1978: 78］。

ティモール島は高品質の白檀を産する島として古くから知られており、これを求めて一六世紀にポルトガルが、一七世紀にオランダが進出した。オランダ東インド会社は、一六五三年に島の西端のクパンに拠点を築いた。だが白檀貿易を独占することは難しく、クパン進出の数年後には海岸部で入手可能な白檀が減少しはじめ、「将来において、この島がわれわれにもたらすものはほとんどない」、「この地域に関しては、会社が得る利益よりもコストのほうがかさむ」という評価を下すに至った［Fox 1977: 72-73］。ティモール島の土地は、もともと乾燥が厳しく斜面も多いので、白檀に代わって利益を得られる商品作物の大規模栽培が困難であった。さらにマラリアが蔓延しており、健康的に生活していくことすら難しい場所だとされた。オランダは一八世紀に入っても、ポルトガル、現地化した「黒いポルトガル人」勢力との三つ巴の関係と、[*1] さらに中国人商人、現地の諸王国との利害関係の中で、白檀交易から十分な利益を独占して上げることができなかった。一七世紀中ごろには全島規模で減少しはじめた白檀は、二〇世紀には回復不可能なほど失われてしまった［McWilliam 2001］。こうして、利益を生まない不毛の地とされた西ティモールは、スマトラ、ジャワなどでオランダ支配に抵抗し捕えられた者たちの流刑地として活用されるのみとなった［Doko 1982: 15］。西ティモールを含むＮＴＴ州一帯は、かつてのオランダ領東インドにおいてこのような周辺的な存在であった。それからインドネシアの独立を経て今日に至るも、ＮＴＴ州は「発展から取り残された」、「国内で最も貧しい地域のひとつ」と紹介されることが多い［Ormeling 1956］。

オランダによる西ティモール支配は、拠点となったクパンとその周辺の限られた領域の外には及ばず、とりわけ内陸部には二〇世紀になるまで浸透しなかった。植民地支配が限定的で不完全であり、搾取の経験が希薄では、ナショナリズムを鼓舞するような激しい戦闘で活躍した英雄の物語は成立しにくい。現在までに国家英雄の認定を受けたNTT州出身者は三名いるが、このうち二名は第二次世界大戦前後の政治活動を、残り一名はインドネシアの医学の発展への貢献を評価されて認定を受けている。[*2] 地域の歴史を考えると無理もないことだと思われるが、独立のためにオランダと直接対決し戦闘を繰り広げた、いわゆる「独立の闘士」としての国家英雄はいない。

しかし近年になって、「独立の闘士」としての国家英雄が不在の状況に対して、異論が出てきている。西ティモールにゆかりのある研究者、ジャーナリスト、政府職員、王族の子孫らが、SNS上で活発なやりとりを行い、「西ティモールにいたはずの英雄」を論じているのだ。これらの人々が現在暮らしている場所は、ティモール島クパン市のほか、スラバヤなどの国内の他の地域やオランダなどにそれぞれ散らばっているが、彼らは互いに交流しながら、出版、講演会の開催、ブログへの投稿などをとおしてその主張を展開している。地域の新しい英雄に関心を持つこうした知識人たちによる主張の一端は、NTT州の主要メディアで大きく取り上げられている。[*3]

本章では、全国的な知名度を誇る国家英雄たちに匹敵するだけの輝かしい事績を残した人物が、これまで英雄不在とされてきたNTT州にもたしかにいたのだと主張し活動する人々の言説を追う。国家英雄制度をとおして新しい英雄を出現させることが、NTT州という周辺的な地位に置かれた地域にとって、自らの周辺性を象徴的に打破するものとして、また州内における民族集団間あるいはかつての王国間の関係の歴史を象徴的に書き改めるものとして期待される様を明らかにする。そのうえで、ごく限られた知識人が書き改めて一元化しようとするこうした新しい歴史とは重ならない、西ティモールのある村で暮らす農民たちが日常において語る歴史を紹介する。ふたつの歴史の大きな乖離を示すことで、現在のインドネシアの一地域における歴史語りの多元的な様相と、その中でもとりわけ自らが帰属する集団をより大きな集団である国家に組み込もうとして紡ぎだされていく歴史の物語の特徴とを明らかにする。

2　新たな英雄の登場

新しい英雄の登場を望む知識人たちは、かつて政府主導でまとめられた先述の史書とは異なり、NTT州、あるいは西ティモールの歴史を「戦いはなかった」、「英雄はいなかった」とは語らない。

NTTの歴史は、いまだ国史に組み込まれていない。それはなぜなのか。キ・ハジャル・デワントロが教育相だった一九四五年に、[*4]全州に対してそれぞれの土地の名士と英雄の物語を中央に提示するよう求め、それらを国史に組み込もうとしたことがあった。だがNTTは、このころまだ小スンダ州の一部であり、イ・グスティ・ングラライを英雄として送ったのだった。[*5]

しかし現在のNTT州はすでに単独の州であり、クパンはその州都である。今こそ独自の英雄の歴史を中央に送り出さなければならない［POS KUPANG　二〇一五年四月二六日］。

こうした主張では、NTTには誇るべき英雄がたしかにいたのだが、歴史の中で埋もれてしまい、これまで正当な評価がなされてこなかったとされる。すなわち、「なぜ英雄がいないのか」ではなく、「なぜ英雄が今まで認められてこなかったか」が問題として指摘される。「なぜ英雄がいないのか」という問いは、本章冒頭のような歴史・地政学的説明を求めることになるが、「なぜ認められてこなかったか」という問いは、中央と地方の関係、隣接地域間あるいは州内の政治にまつわる説明を求めることになる。

州政府に勤務する三〇代の男性は、個人として運営しているブログでNTTの歴史をいくつかの記事にまとめているが、この問題に関して、NTTがかつて大きな機会を逸してしまった無念を語っている。一九九二年に発行された新紙幣五〇〇〇ルピア札のデザインのモチーフが、NTT州に割り振られたことがあった。本来であればNTTを代表するにふさわしい英雄の肖像がこの紙幣を飾り、インドネシア全土にその名前と顔が知れ渡るはずだった。しかしNTTには英雄にふさわしい人物はいたが、その肖像画は存在しなかったため、この好機が活かされることはなかった。英雄の代わりに実際に紙幣を飾ったのは、NTT独特の文化を象徴する伝統楽器ササンドゥと絣織物イカット、もう片面は、フローレス島にある風光明媚で知られるクリムトゥ山の三色湖の風景だった[*6]（図1参照）。NTTの歴史とNTT出身の英雄は、こうした「過去の失敗と怠慢」のために、不幸にも現在に至るまで正当に評価されてこなかった。この男性の記事は、しかし今日においてNTT州の誇るべき「闘争の歴史」は広く知られ、認められなければならないと主張しており、これに賛同するコメントが記事の下には並んでいる。このような主張において英雄にふさわしい人物として名前が挙がるのが、ソンバイ王国の王であったソベ・ソンバイ三世（Sobe Sonbai Ⅲ）である。

ソンバイ王国の名が最初に記録に登場するのは一六四九年であり、このときオランダはソンバイ王国をティモール島全土を勢力下に置く巨大な王国とみなしていた。当初はポルトガルと同盟を結んだソンバイ王国は、一七世紀後半にはオランダと手を結び、ポルトガルに対抗した。一六五八年に「黒いポルトガル人」勢力との戦いに敗れると、ソンバイ王国の住民の多くがクパンに逃れてオランダ支配下に置かれ、王国は分裂した。しかし、一八世紀後半にオランダとの関係が悪化すると、住民は内陸に戻って王国を再建し、オランダと戦うようになった［Hägerdal 2012］。先述した『東ヌサ・トゥンガラ地域の歴史』では、西ティモールにおける植民地支配への抵抗の戦いを、「どれも長くは続かなかった」、「オランダに容易に制圧されてしまった」と記していた。しかし

図1　1992年発行5000ルピア紙幣。表に伝統楽器ササンドゥと絣織物イカット、裏にクリムトゥ山の三色湖が描かれている。

その文章のすぐ次の段落には、ソンバイ王国とソベ・ソンバイ三世に関する控えめな記述が続いていた。

そうした抵抗の戦いの中でも、やや大きくやや長い抵抗が、バオブ・ソンバイ、ソベ・ソンバイ二世、ソベ・ソンバイ三世に率いられたソンバイ王国によるものだった［PPPKD 1978: 78］。

別の箇所では、「ソンバイ王国の戦いは、ティモール島の抵抗運動で最も目を引くもの」であり、「オランダは卑劣な手段を用いて、ソンバイに従っていたより小さな王国がソンバイとの関係から離脱するように仕向けた」［PPPKD 1978: 75］と記されている。

『東ヌサ・トゥンガラ地域における民族覚醒の歴史』においても、「NTTには、西インドネシアのような運動が発生する条件が欠けていた」と記している一方で、わずか一〇行ほどではあるが、ソベ・ソンバイ三世について説明している。

ティモール島での最も大きな抵抗運動のひとつが、ソンバイ王国によるものだった。しかしソンバイ王国は、一九〇六年にオランダの奸計に陥り、敗れた。ソベ・ソンバイ三世は捕えられ、スンバ島に流された。ソンバイによる抵抗は、一八〇〇年よりも前から、バオブ・ソンバイ王のもとで始まっていた。ソベ・ソンバイ二世の時代には抵抗はいっそう強まった。ソンバイ王国による抵抗は、ティモールにおける最も大きく最も長いものであった［PPPKD 1979: 32］。

この二冊の出版と同じ一九七〇年代に、州都クパン市の大聖堂前のターミナルには「ソンバイ像」という騎馬像が建立された（図2参照）。この像は、現在のクパン市でランドマークのひとつとなっており、クパンに暮らす者であれば誰もがその存在と名称を知っている。台座のプレートには「英雄の像ソンバイ（MONUMEN PAHLAWAN SONBA'I）」と記されているが、建立者である当時の州知事の名前と建立年月日（一九七六年七月三一日）のほかに説明書きのようなものはないので、この像からソベ・ソンバイ三世という王の正式な名前や、彼がいつ何をなしたのかを知ることはできない。しかし、前足を高く上げた馬の背にまたがり、左手でしっかりと手綱を握り、右腕はさっそうと前方を指して、大きな口を開けて兵士たちに号令をかけているのであろう勇壮なその姿を見れば、これが「英雄」の像だと誰もが理解できるはずだ。さらに、この英雄が戦っている相手がオランダ植民地権力であるということも、インドネシアの国史の文脈から明らかであろう。たとえばＮＴＴ州南中央ティモール県の小学校の地域科目（地方語と地方文化の教育科目）用の教科書には、この騎馬像について次のような説明がある。

ソンバイ王国は、西ティモールで最大の王国だった。それは、オランダ植民地政府にとって最大の敵であっ

図2　クパン市のランドマーク「ソンバイ像」

た。ソンバイ王国の歴代の王にとって、侵略者オランダは独立を脅かす何世代にもわたる敵となった。（中略）その戦いの精神と魂は、変わらず今日まで伝えられて、人々に敬われている。大聖堂のそばにある王の騎馬像は、王を英雄として讃えるものだ［Thene et al. 2002: 29］。

新しい国家英雄の登場を期待し、NTT州の歴史の再評価とインドネシア国史への組み込みを求める一部の知識人たちは、ソベ・ソンバイ三世こそはNTT州においてその生涯の最後までオランダ支配と戦い抜いた英雄であり、全国区の知名度を誇る他州出身の英雄たちに肩を並べる傑物だとしている。

しかし、ソベ・ソンバイ三世が国家英雄に認定される日はまだ遠い。というのも認定実現のためには、本書Ⅰ章の東南スラウェシの事例がそうであったように、英雄候補者を推薦する主体となる地域においてその人物に関するセミナーが開催されて英雄としての功績が確認されていること、資料収集と研究の積み重ねによってその人物による国家の独立への貢献が確認できること、地域の住民に英雄として慕われていることなどを、決められた手続きに従って証明する必要があるからである。また彼の英雄性の証拠となるような写真または絵画の提出も、推薦の際に必要とされる。[*7] ソベ・ソンバイ三世の場合、これらの条件を満たせていない。王を英雄として支持するオランダ在住の歴史家は、ティモール島を訪問した際にすでに王の子孫に面会し、国家英雄としての認定を目指す活動について同意を取り付け、また州政府からも賛意を得たとしているが、そこから先の具体的な動きは現在のところ見られない。[*8]

推薦のための準備が整っていないことを端的に示しているのは、彼の英雄性を証するための肖像がいまだ存在していないということである。ソベ・ソンバイ三世の没年は一九二二年だが、彼の写真や絵画は残されておらず、身体的特徴についての文字記録も確認されていない。王を象った造形物としては、すでに述べた大聖堂前に一九七六年に設置された「ソンバイ像」があるのみである。しかしこの騎馬像について王の支持者たちは、「ソベ・ソンバイ三世の払った犠牲と愛国心を正しく評価しそれに敬意を表し、かつその精神を若い世代に伝えていくための像としては、適切ではない」として、作り直しを要求している。たしかに、像を支えている黒い基壇は、心無い落書きで一面埋め尽くされており、まっすぐ前に伸びているはずの王の右腕も前腕が欠けて、芯に使われている鉄筋がむき出しになったまま何年も放置されている。しかし、彼らが作り直しを求めるのにはより重要な理由がある。彼らは、この像はそもそも「本当のソベ・ソンバイ三世の姿ではない」というのだ。彼らの主張によれば、馬にまたがり戦闘を指揮する王の姿は、歴史に照らして「誤り」である。なぜならばソベ・ソンバイ三世は、移動の際には常に輿に担がれていたはずだからだ。また王は、強力な「呪術」の力を備えており、オランダとの戦争ではこの力をふるって活躍した。よって、自ら馬にまたがり、武人として前線で指揮を執ることはなかったはずであり、この像の姿はまったくの誤りなのだという。[*9]

さらに、この「不完全な」ソンバイ像は、それが「本来の」王の姿として正確ではないだけでなく、抜群の知名度を誇る他の国家英雄の有名な騎馬像を安易に模倣したものとしても批判されている。首都ジャカルタのムルデカ広場に設置されている、ジャワ戦争（一八二五～三〇年）を指揮した英雄ディポネゴロ王子の像に、ソンバイ像はたしかによく似ている。つまりソベ・ソンバイ三世の現存する唯一の造形物は、不正確というだけでなく、他の国家英雄像の粗悪な模倣品だということだ。これでは、王とNTT州の知られざる、知られていくべき「本来の」歴史を伝えるどころか、騎馬像を設置した当時の州政府の歴史に対する無知と無理解、さらにそれを今に至るまで放置している今日のNTT州の周辺性と遅れをさらすことになりかねない。これから作成されるべき新しい肖像画について、州政府職員の男性は、年齢、服装、装飾品、ひげ、髪型といった細部について専門的な時代考証を行うこと、王の子孫の協力を得て王の身体的特徴についての聞き取りをし、子孫である彼らの容姿の特徴を把握したうえで犯罪鑑識の復顔法を利用すること、さらに、肖像画家が王の物語を読み込むことで得られるインスピレーションを駆使することによって、決定版となるものにするべきだとしている。[*10]

国家英雄に関する法令では、英雄としての認定を受けるために、肖像のほかにも「全生涯にわたる客観的かつ体系的な伝記」が必要とされている。よって肖像画だけでなく、ソベ・ソンバイ三世の生涯と戦いぶりについても、限られた情報を手がかりに決定版となる物語を作成しなければならない。二〇世紀初めの西ティモールにおいて、ソベ・ソンバイ三世は、オランダにとってたしかに脅威を感じさせる存在であった。この時期までに西ティモールでオランダの支配が及んでいた範囲は、クパン湾周辺地域と島北岸にある港の周辺に限られていた。記録によれば一九〇五年八月一九日の夜、ソベ・ソンバイ三世の軍は、クパンの北西部に位置するビポロ（およびヌンクルス）を襲撃した（ビポロ戦争、Perang Bipolo）［Farram 2010: 60-73］。ビポロはもとはソンバイ領であったが、オランダに奪われ、島外からの他の民族集団の入植が進められた地域だった。ソンバイ軍は、植民地政府理事官が兵士を率いてフローレス島への遠征に出た二日後にピポロを襲い、住民三二人を殺害し六二人をさらった。これに対してオランダ軍は直ちにクパンに帰還し、ソンバイ軍を追撃した。ソンバイ王国はこの時期には弱体化していたが、他の王国と結ぶことでその抵抗がさらに激化する恐れがあると判断したオランダ側は、これを機会にソンバイ王国を壊滅させようとした。ソンバイ軍は岩の崖を利用した三つの砦を拠点として戦った。しかし砦は一一月には陥落し、ソベ・ソンバイ三世は一九〇六年二月に捕えられた。王は流刑に処され、ティモール島近くにあるスンバ島のワインガプで一年から二年を過ごした。その後ティモール島のチャンプロンに移され、監視が続いた。一九二一年、すでに八〇代の老人となっていた王は、もはや反逆の意志がないことをオランダ植民地政府に示し、故地カウニキへの帰還を求めて許可された。しかし帰還を果たしてまもなく、「会社」への反乱（「会社」とは、すでに一七九九年に解散した「オランダ東インド会社」のこと）を再度呼びかけたとして捕えられ、直ちにクパンに連行された。連行先のクパンで、一九二二年八月に王は生涯を閉じた。王の亡骸はオランダの拠点であるコンコーディア要塞そばのファトゥフェトに埋葬されたが、その正確な位置は現在不明である［Farram 2010: 60-71］。

残された歴史資料をもとに整理されたこうした情報は、ソベ・ソンバイ三世を国家英雄に推す人々によって参照され、引用されて語り直されるうちに、より強い印象を与えるものへ形を変える。王の一生は、「生涯を閉じるそのときまで、オランダ政府に対して降伏文書への調印を拒み続けたのだ」といった、英雄にふさわしい修辞を伴って語られる。*11 最後の戦いにおいて、王は「すべての住民とともに、国を奪われオランダに支配されるよりも死ぬことを選んだ」［Thene 2002: 21］のであり、王の埋葬地の正確な場所が現在確認できないことは、「墓地がティモールにおける抵抗運動の聖地になることを恐れたオランダ政府が、秘密裏に埋葬した」ためだと強調され、それほどまでオランダに恐れられ、民に慕われていた「墓のない英雄」としての王の最後がドラマティックに語られる。[*12]

国家英雄にふさわしい肖像画、オランダ植民地政府を苦しめた長く激しい一貫した抵抗の戦い、劇的な最期といった、国家英雄に備わっているべき必要な情報が、当時の文献資料に見られる断片的な記述、歴史家やその他の誰かによって整理され編集された物語、それらの引用、SNS上での関連リンクの貼り付けによる相互参照と著者には無断のコピーアンドペーストの繰り返し、個人の想像力を交えた物語の再編集といった一連の作業を経て、整えられていく。[*13] かくして、ソベ・ソンバイ三世こそは「ティモール島を支配しようとしたオランダに抵抗した人物の代表であり、その犠牲と闘争の精神は、NTT州に暮らすティモールの少年少女たちに長く伝えられなければならない」ということになるのである。[*14]

3　まだ見ぬ英雄が負うもの

ソベ・ソンバイ三世は、新しく国家英雄となることによって、NTT州の歴史をインドネシアの国史に組み込み、NTT州がこれまで帯びてきた周辺性と遅れを払拭することを期待されている。その登場は、国家とNTT州との、これまでの「適切ではなかった」関係を修正しようとするものだといえる。

新しい英雄の登場は、さらに別のふたつの関係性において大きな意味をもちうる。ひとつはティモール島における各民族集団間の関係であり、もうひとつは同じ民族集団内における旧王国の歴史理解をめぐる対立である。

ひとつ目の点は、ティモール人とロテ人の関係としてしばしば語られるものである。ティモール島の西端にあり、NTT州の政治、文化、経済の中心地である州都クパン市には、周辺の他の島々を出自とする様々な民族集団が暮らしている。このクパン市で知られている冗談がある。インドネシア語では、たとえば「東ヌサ・トゥンガラ（Nusa Tenggara Timur）」州という名称が「NTT」と略されるように、複数の単語からなる名称を略語でひと言にまとめることが多くなされる。これと同じように、ティモール島の「TIMOR」という綴りは「実はある文章の略語だ」という。省略前の文章とは、「Tanah Ini Milik Orang Rote」、すなわち「この土地はロテ人のもの」である［森田 2012: 164-165］。

ロテ人（Orang Rote）とは、ティモール島のすぐそばにある小さな島、ロテ島を出自とする人々である。ロテ人は総数としてはティモール人（Orang Timor）[*15]よりもはるかに少ない。「この土地はロテ人のもの」とは、島のもともとの住民であるティモール人がロテ人に大きく後れをとり、一方でロテ人がクパンの政治や経済など各分野ではるかに目だって活躍しているという状況を表現したものである。ティモール島におけるロテ人の歴史は、オランダ支配が展開する過程で、ロテ島からティモール島海岸部へ移住させられたことに始まる。オランダ植民地政府は、敵による攻撃から自らの居住地を守るために、ロテ島やサブ島といった近くの島からの移住者を居住地周囲に住まわせたとされる。移住者たちは新しい環境に適応し、生活を安定させ、のちには他の民族集団に先んじて高い教育を受ける機会に恵まれることになった。一九世紀後半には、多くのロテ人教員が誕生していたという［PPPKD 1979: 18-19］。また一九五〇年代のクパン市および西ティモールにおけるロテ人の存在について、次のような記述もある。「ロテ人は、経済的にも政治的にも、その人数以上の影響力をクパンで持っている。」「高い教育レベルを背景に、ロテ人は地方行政で大きな役割を果たしている。彼らは植民地時代から、現地の役所で官吏として様々な役割を果たし、経験を積んだ。」「独立後のインドネシア政府は、訓練された官吏の不足に直面して、ロテ人の経験を利用した。ティモール人の非識字を考えると、ほかに選択の余地はなかった。一九五三年の時点で、あたかもティモールは、人数としてはマイノリティであるロテ人に支配されているかのようである。」［Ormeling 1956: 223-225］。

現在ではこうした露骨な描写がされることは少なく、「昔はそうだったが、今はだいぶ状況が変わった」として語られることも多い。しかし、NTT州の歴代知事七名の顔ぶれに現在に至るまでティモール人が登場していないという事実が、ティモール人の「遅れ」を物語る「証拠」のように語られることがしばしばある。さらに、NTT州出身の国家英雄がすでに三名いると先に述べたが、ここにもティモール人はいない。三名のうち二名はロテ人で、あとの一名はオランダの政策に従ってロテ人とともにティモール島に移住したサブ人である。[*16] ソベ・ソンバイ三世は、これら先行する三名の英雄（政治家二名と科学者一名）とは性質を異にする。彼は、オランダ支配に正面から戦った武勇によって、NTT州を舞台にしたインドネシア建国史に重要な貢献を果たした。つまり彼は、インドネシアの英雄像としてはいかにもオーソドックスであり、もはや古典的でさえあるが、NTT州においてはまったく新しいタイプの国家英雄なのである。この新しい英雄がほかならぬティモール人から登場することは、クパンにおける民族集団間の関係に微妙な気持ちを抱く人々にとって、ただNTT州出身だという以上の特別な意味を持ちうる。

これとは別に、ソベ・ソンバイ三世が国家英雄になることは、ティモール島内におけるかつての王国間の関係に対しても特別な意味を持つことになる。一七世紀にオランダがティモール島に進出したとき、ティモールの諸王国の関係は、複雑な二重統治の政治構造のもとにあった。そこでは、異なる王国が政治的権力と精神的権威のそれぞれを代表していた。ソンバイの王は「農業の王」とされていたが、その権威は精神的なものであって、世俗的・政治的な権力はなかった［Fox 1977: 67-71; Hägerdal 2012: 73］。しかしオランダは、政治的権力を備えた「偉大で強力なティモールの王」のひとりとしてソンバイの王を認識し、一六五五年に協定を結んだ。実際の権力関係とは異なる形でオランダが特定の勢力の権威を承認してしまったために、ティモールの政治構造には大きな混乱がもたらされた。二〇世紀になってソベ・ソンバイ三世がオランダに敗北したことは、ティモールを代表する王国の崩壊であり、ティモールの各勢力にとってよい知らせではなかったが、とはいえそれらのすべてがオランダの行為を非難したわけでもなかった。ソンバイ王国の権威を認めていなかった王国にとっては、ソベ・ソンバイ三世の敗北は悲劇でもなければ尊い犠牲でもなかったのである［Farram 2010: 71-73］。このようなソベ・ソンバイ三世がインドネシアの国家英雄に認定されることは、ソンバイ王国の歴史がたしかに「偉大で強力なティモールの王」の歴史であったことを、オランダ植民地政府に続いてインドネシア政府が承認することだといえるのである。

4 「遅れをとった」英雄の物語

新しい英雄をめぐる歴史の物語が、都市部に暮らす知識人たちによって、インドネシア語、英語、オランダ語の資料や専門的な文献、ウェブ配信記事などを相互に参照しながら編み出されていく。彼らはここまで見てきたとおり、インドネシアにおけるＮＴＴ州あるいは西ティモールの「周辺性」を払拭したいと考えている。では、西ティモールの住民の大多数が暮らす農村部において、農民たちは自らの現在の「周辺性」をどのように考え、英雄が活躍したはずの過去の歴史をどのように語るのだろうか。ここで西ティモールのある農村で語られる、また別様の歴史の物語を紹介したい。そこでは英雄らしき先祖が登場し、物語は最終的にインドネシアの国史に連なっていく。しかし、その始まりと過程がこれまでに紹介してきた歴史とは大きく異なっている。

私が調査のために二〇〇四年から通っている農村での出来事である。南中央ティモール県に位置するこの村は、西ティモールの東西を結ぶ幹線道路から離れて、さらに悪路をバイクで二時間以上進んだところにある。西ティモールの中でも、開発はかなり遅れている。

四〇代の男性リプスは、村の色々なことをよく知っており、四人の子どもたちの教育にも非常に熱心である。彼は町に出稼ぎに出ていた経験もあり、茅葺きの木造家屋が今も大半を占めている村において、いち早くトタン屋根とセメント製の壁と床を備えた大きな家を建てた。ある晩、リプスのこの家の客間で数人の男性が集まり、ひとつのグラスで酒を回し飲みしながら、話をしていた。客間のテーブルの上には、空き缶に灯油を入れて芯を差しただけの簡素な作りのランプが置かれ、その小さな炎が隙間風に揺れていた。リプスが語った。

「年寄りたちはみんな知っている。ティモール人と日本人とは兄弟なのだと。」

私はこの村で、それまでにも何人かからこの話を聞いたことがあった。「ティモール人と日本人は兄弟なのだ」という言葉の次には、「これは歴史（sejarah）の話だ」と続くことが多かった。初めて会ったばかりの私に、村の老人がおだやかな笑みを浮かべて近づいてきても親しげに語りかけてきたり、記憶に残る日本語の歌や単語を披露しつつ、日本兵の思い出を語ったりしたことがあった。日本軍の部隊は村のそばに駐屯しており、また当時の日本軍のプロパガンダは、日本を長兄の立場に据えたうえで、日本と東南アジアを兄弟の関係で語っていた[PPPKD 1978: 112-114]。だから私は、村で初めてこの話を聞かされたとき、太平洋戦争当時のティモールと日本の関係を思い浮かべた。しかし、「ティモール人と日本人は兄弟なのだ」、「これは歴史の話だ」といった言葉の次には、私には違和感を覚える言葉が継がれることがわかった。

「聖書には、このことがはっきりと書かれている。」

村人たちは敬虔なプロテスタントであり、リプスはこの村の教会の委員を長年務めてきた。このとき私はリプスに、それが聖書のどこに書いてあるのか尋ねてみた。彼は隣の部屋から聖書を持ってきて、メガネをかけると、ランプの灯かりを頼りにしてページをめくり「ここだ」と指差した。それは旧約聖書にあるイサクの息子、エサウとヤコブの物語だった。

「エサウとヤコブという兄弟がいた。ふたりの父親は年老いて、死期が近づいていた。そこで父親は、兄のエサウに言った。狩りに出てシカを捕まえて、料理をしてくれ、祝福をおまえに授けてやるからと。エサウは言われたとおり、シカを探しに出た。しかしエサウの留守中に、弟ヤコブは繋いであったヤギを料理して、兄のふりをして父親の前に現れた。父親は目を悪くしていて、それがヤコブだとは気づかない。父親はそれがエサウかどうかを確かめようとして、その腕に触ってみた。しかしヤコブは腕にヤギの皮をはりつけていたから、父親はそれを毛深いエサウの腕だと思ってしまった。こうして父親は、エサウだと思い込んだヤコブに、祝福を授けてしまった。父親が神から授かった祝福は、本来は兄であるエサウが引き継ぐはずだった。しかしヤコブは、父をだましてそれを引き継いだ。」

『創世記』二七章の記述を、リプスは要約しながら読み上げた。こうして兄に代わって祝福を受けた弟ヤコブは、故郷を離れて、その一族は繁栄した。一方、兄のエサウは故郷に留まり、兄でありながら弟に後れを取り、一族は貧しい生活を続けた。

「弟ヤコブが日本人となり、兄エサウがティモール人となったのだ。ティモール人と日本人は兄弟であり、われわれティモールが兄、日本が弟なのだ。」

話はここで太平洋戦争当時に移る。「かつてここに、多くの日本人が来ていた。インドネシアは日本と戦い、その次にオランダと戦った。スカルノは一九四五年に独立を宣言して、オランダとの戦いを指揮した。インドネシアはこれらの戦いに勝ち、独立した。今、インドネシアと日本は仲良くやっている。だが、もしインドネシアが戦いに勝っていなかったら、俺たちも今ごろ日本人だったかもしれない。」

酒が回ったせいもあり、リプスの声が大きくなっていく。周りの男たちが、相槌を打ちながらところどころにはさむ言葉も、しだいに熱を帯びていくようだった。私は、聖書と太平洋戦争というあまりに大きな隔たりのある物語の間を埋める説明をリプスに求めた。だがリプスは、再びエサウとヤコブのやり取りを、いっそう力を込めて繰り返したのだった。私は彼らに尋ねた。

「日本人の始まりもここなのか?」「そうとも!」

「僕の祖先もここで生まれたのか?」「そうだ!　ここからだ!」

暗闇の中で、ランプの炎がリプスの顔を浮かび上がらせた。

「自分が父親からの祝福を受けられないとわかったとき、彼がどれほど泣いたことか!　どれほど悲しかったことか!」

リプスの目に涙がたまっているのがわかった。彼は、語気を強めてさらに続けた。

「ヤコブはらくな仕事をするだけだ。ちょっと話をしたり、机に座ったまま紙に何か書いたりするだけで、簡単に多くのものを手に入れる。だがエサウは、汗を流して働く。畑の土を掘り返し、草を刈り続けて、血が出るまで働く。それだけやって、ようやくちょっとだけを得る。」

うなずきながら聞いていた周りの男たちから、合いの手が入る。

「それが俺たちだ！」

「おまえも日本の年寄りたちにこの話をしてみろよ。きっと彼らは熱心に聞き入るだろう。そしておまえに言うはずだ。『そのとおりだ！』と。」

「これは歴史の話なのだ。聖書にも……」こうして、ヤコブとエサウの物語がさらに繰り返される。そこから日本軍の話へと移り、オランダとの戦いとインドネシアの独立、英雄スカルノ、そしてまた聖書へと、物語はループする。そのとき、その場にいた小学生の少年が口をはさんだ。

「違うよ。日本がここからいなくなったのは、ヒロシマとナガサキに爆弾を落とされて、戦争に負けたからだよ！」

だが、リプスたちはこれに反応しなかった。豊かな暮らしを約束されていたはずの兄は、「汗を流して働いて、ようやく食べていけるわれわれティモール人」となり、弟は、「座ったままでらくな暮らしができるおまえたち白人（日本人もここに含まれる）」となった。日本が開発プロジェクトで巨大な橋を建造したり、援助物資の食料を村々に配ったりするのはなぜか。それは故郷に留まった兄のために、富を得た弟がそれらを運んで「帰ってきた」からなのだ。*17

「今、インドネシアと日本はひとつに戻っている。おまえは帰ってきたのだ、弟として。町で店に並んでいるいろんな品物は、どこから来ている？　みんな、おまえたちの場所からだ。開発プロジェクトはどこから来ている？　日本からだ。約束で、そういうことになっているのだ。それに対して、俺たちの側からそっちに送っているものなんて、何がある？　せいぜい、白檀ぐらいさ。」

5　「神話」と「歴史」

歴史家のハゲルダルは、膨大な記録資料と口頭伝承を検討して、一七世紀から一九世紀までのティモール島の歴史を五〇〇ページの大著にまとめた［Hägerdal 2012］。ここでハゲルダルは、「ティモールの人々の思考には、『神話』という言葉はない。なぜなら、『神話』に相当するものは真実とみなされており、歴史と等しいからだ」という説明をしている［Hägerdal 2012: 74］。リプスたち村人の語る「歴史」は、聖書の記述、太平洋戦争の記憶、スカルノとインドネシア独立という国史、現在の村での日常といった、時代と次元の異なる複数の世界を直接結びつけることでひとつの物語を成していた。彼らにとって、過去の記憶、現在の経験、未来への期待といったものすべてを同時に合わせたものである「歴史」は、「神話」と同じものだった。

国家英雄制度は、インドネシアの独立と発展に尽くした英雄たちの物語を束ねて国史に統合し、同時にその英雄を輩出した地域それ自体をも国家に統合しようとする営為としての側面を持つ。しかし、すでに国史の物語は骨子が確定しており、そこで活躍した名だたる英雄も出揃ってしまっているところに、自らの地域の歴史を遅ればせながら無理なく接合し、かつ他州と比較したときに存在感あるものとしてそれを輝かせることは決して容易ではない。オランダ植民地時代から現在に至るまで周辺の地位に位置づけられてきたNTT州であれば、なおさらである。それでもソベ・ソンバイ三世を国家英雄に推す知識人たちは、王の戦いの歴史を語り、他の英雄に倣いながら、それをインドネシアの国史に位置づけようとする。彼らは先行してすでにできあがっている国史を参照し、その流れを損なうことなく、かつそれなりに重要な一部分として組み込めるように、ソベ・ソンバイ三世の物語を整えようとする。限られた資料から不足する情報を見つけ出して整理し、必要とあらば想像力で補ったりそれらしく誇張したりしながら、史実の形をとった英雄譚を仕立てあげていく。こうして国家の中心と地方の関係、地域における民族集団間の関係、同じ民族集団の内部における旧王国に連なる諸勢力間の関係を調整しつつ、それなりに合意が形成されたとき、ひとりの英雄の姿がようやく浮かび上がる。最後の段階で国家がそれを承認したときに、「こうしてこの人物は、インドネシアの独立に貢献した」という物語のお決まりの結びの言葉とともに、新しい国家英雄が誕生することになる。

一方、村でリプスたちが語っていた歴史は、神話的な要素をはるかに強く持つものだった。彼らの祖先に位置づけられた聖書の世界の人物は、弟によって厳しい苦難を負わされた。聖書の記述と、太平洋戦争の記憶と、現在の日常という、時代と次元の異なる世界が直結した物語は、現在の彼らの村とその外の世界との関係、インドネシアと日本との関係、ティモールの人間たちと日本人を含む白人たちとの関係を、その場に居合わせた者たちの情動を巻き込みつつ一挙に説明しようとした。それは「なぜ現在の世界には持つ者と持たざる者がいるのか」、「なぜ自分たちはその持たざる者の側として、このティモールにいるのか」という問いに対して運命論的に答えを与えようとするものであり、劇的なクライマックスの場面が繰り返されたり、大胆な省略がなされたりしながら、それを語り合う者たちの心情に寄り添いつつ展開していった。こうして語られた歴史は、正しい国史を強く意識し国家の承認を得ようとして語られる歴史とは、明らかに違っていた。

ＮＴＴ州の人間が誇るべきとされるソベ・ソンバイ三世のオランダ植民地支配との戦いは、村人たちの物語では語られなかった。ただし「スカルノが戦いを指揮して勝利し、インドネシアは独立した」という国史のごく一部分が、おざなりな形であるが忘れられずに語られた。村人たちが語る戦いの相手は、「日本」それから「オランダ」という順序で登場した。ここには、インドネシアの国史で中心的なテーマとして語られ、だからこそソベ・ソンバイ三世が生涯をかけて戦ったことに特別な意味が与えられる「オランダによる三〇〇年の植民地支配」の時代が、すっかり欠落していた。このことは、かつて日本軍が村の近辺までやってきたとき、まだオランダの統治が及んでいなかったこと、すなわち二〇世紀になるまでティモール島の内陸部のほとんどの地域で、オランダによる統治が一般の住民の生活に直接的な影響を及ぼさなかったことを反映しているのだろう。英雄ソベ・ソンバイ三世の物語に代表させることができず、国史にも束ねきれずに抜け落ちてしまいがちな地域の歴史を、村人たちの物語は実は語っていたと見ることができるのである。

国史と他の国家英雄の事例を参照しながら、英雄認定を目指して必要な情報が整えられていく過程で、英雄の個性はむしろ失われてしまう。最終的に国家英雄として認定を受けたときには、英雄の物語と肖像は国家公認の歴史として固定され、一見したところバラエティに富んでいながら互いにどこか似通った顔つきと物語をもつ国家英雄が新たにひとり追加されることになる。この新しい英雄の物語は、すでに一六〇人を超える各地域出身の英雄についてまとめた百科事典に、違和感なく収まるものに仕上がっているだろう。しかしここに到達するまでの過程で、西ティモールにおける歴史と現在の最もダイナミックな側面はむしろ抜け落ちてしまう。文字で記録に残されることもなく、いちいち時代考証をされることもない、農民たちがその場に集まった者同士で語り合う物語のほうに、英雄と地域の個性と歴史のダイナミズムが凝縮されたものを見ることができる。あるいはそれと同じものを、農民たちの語り口と同じく歴史と神話の境界を難なく乗り越えて語られ、そうであるがために公的に認められた英雄の物語では削除されてしまうような部分——たとえば「ソベ・ソンバイ三世は馬にまたがるのではなく輿に担がれて、武力ではなく呪術の力で戦った」というような——にこそ、見て取ることができるのである。

参考文献

Doko, I. H. 1982 *Timor Pulau Gunung Fatuleu "Batu Keramat"*. Balai Pustaka.

Farram, Steven 2010 *A Political History of West Timor 1901-1967*. Lambert Academic Publishing.

Fox, James J. 1977 *Harvest of the Palm: Ecological Change in Eastern Indonesia*. Harvard University Press.

Hägerdal, Hans 2012 *Lords of the Land, Lords of the Sea: Conflict and Adaptation in Early Colonial Timor, 1600-1800*. KITLV Press.

McWilliam, Andrew R. 2001 "Haumeni, Not Many: Renewed Plunder and Mismanagement in the Timorese Sandalwood Industry", *Resource Management in Asia-Pacific Working Paper No. 29*. Resource Management in Asia-Pacific Program, Division of Pacific and Asian History, Research School for Pacific and Asian Studies, The

Australian National University.
Ormeling, F. J. 1956 *The Timor Problem: A Geographical Interpretation of an Underdeveloped Island*. J.B. Wolters.
Proyek Penelitian dan Pencatatan Kebudayaan Daerah (PPPKD) 1978 *Sejarah Daerah Nusa Tenggara Timur*. Pusat Penelitian Sejarah dan Budaya, Departemen Pendidikan dan Kebudayaan.
——1979 *Sejarah Kebangkitan Nasional Daerah Nusa Tenggara Timur*. Pusat Penelitian Sejarah dan Budaya, Departemen Pendidikan dan Kebudayaan.
Thene, Jonas, M. Taneo, N. S. Gabriel 2002 *Sejarah Pemerintahan Adat Timor Tengah Selatan: Untuk kelas 4 SD Timor Tengah Selatan*. Pengharapan Karya Abadi.
Thene, Jonas 2002 *Pengetahuan Linkungan dan Sosial Budaya Daerah Nusa Tenggara Timur: Untuk kelas 6 Sekolah Dasar* (Catakan III). Pengharapan Karya Abadi.
森田良成 2012 「受け継がれた罪と責務――インドネシア、西ティモールにおけるキリスト教と祖先崇拝」 鏡味治也編『民族大国インドネシア――文化継承とアイデンティティ』 木犀社 159–183頁
――2016「いまとここを説明する『歴史』――西ティモールの橋と首と兄弟」SYNODOS ACADEMIC JOURNALISM（二〇一六年一一月二四日）http://synodos.jp/culture/18607

【参考ウェブサイト】
BAPPEDA Kota Kupang（二〇一二年七月一〇日）*SOBE SONBAI III*.
http://www.bappedakotakupang.info/artikel/189-sobe-sonbai-iii.html
daon lontar（二〇一三年五月三〇日）*Bagaimana Rupa Pahlawan Sobe Sonbai III ?*
http://daonlontar.blogspot.jp/2013/05/bagaimana-rupa-pahlawan-sobe-sonbai-iii.html
daon lontar（二〇一四年一〇月一四日）*Donald P. Tick, Sejarawan Pemerhati Kerajaan-Kerajaan Nusa Tenggara Timur*.
http://daonlontar.blogspot.jp/2014/10/donald-p-tick-sejarawan-pemerhati.html
KOMPAS.com（二〇一六年九月一四日）*Jokowi Teken Keppres Gambar Pahlawan Nasional pada Uang Kertas dan*

Logam.
http://nasional.kompas.com/read/2016/09/14/16024781/jokowi.teken.keppres.gambar.pahlawan.nasional.pada.uang.kertas.dan.logam
Kupang Media（二〇一六年八月二三日）*Bagaimana Rupa Pahlawan Sobe Sonbai III ?*.
http://www.kupangmedia.com/bagaimana-rupa-pahlawan-sobe-sonbai-iii/
POS KUPANG（二〇一五年四月二六日）*Situs Sejarah di Kupang, Peter Rohi: Melenceng dari Sejarah*.
http://kupang.tribunnews.com/2015/04/26/peter-rohi-melenceng-dari-sejarah
satutimor.com（二〇一四年二月九日）*Perang Bipolo, dan Nasib Sobe Sonbai III*.
http://satutimor.com/perang-bipolo-dan-nasib-sobe-sonbai-iii.php
Timor Express（二〇一六年九月一五日）*Gambar Putra NTT Dipajang di Uang Pecahan Rp 100*.
http://timorexpress.fajar.co.id/2016/09/15/gambar-putra-NTT-dipajang-di-uang-pecahan-rp-100/

註

＊1――「黒いポルトガル人」、あるいは「トパス（Topas）」は、ポルトガルを起源とするが、ティモール島およびその北にあるフローレス島で混血し現地化した人々である。彼らはポルトガル本国の決定には必ずしも従わずに自らの利益のために他の勢力と戦った。

＊2――三名の国家英雄とは、以下のとおり。①ウィルヘルムス・ザカリア・ヨハネス（Wilhelmus Zakaria Johannes　一八九五―一九五二年）。放射線医学、レントゲン技術の専門家で、インドネシアの医学の発展に貢献した。一九六八年認定。②イザアク・フル・ドコ（Izaak Huru Doko　一九一三―八五年）。ティモール青年団（Timorsche Jongeren、Pemuda Timor）を設立し、東インドネシア出身の学生を組織した。二〇〇六年認定。③ヘルマン・ヨハネス（Herman Johannes　一九一二―九二年）。科学者、政治家。イザアク・フル・ドコとともにティモール青年団を設立。①のウィルヘルムス・ヨハネスはいとこ。二〇〇九年認定。

＊3――NTT州の代表的な新聞社ポス・クパン（Pos Kupang）に、スラバヤ在住のジャーナリストによる主張が掲載された（二〇一五年四月二六日）。

＊4――キ・ハジャル・デワントロはインドネシアの初代教育相（任期一九四五年九月〜一一月）を務めた人物であり、彼自身も一九五九年に国家英雄に認定されている。

＊5――イ・グスティ・ングラライはインドネシア独立戦争での活躍を知られた軍人であり、バリ州出身の国家英雄である。現在のバリ州、西ヌサ・トゥンガラ州、東ヌサ・トゥンガラ州は、一九五〇年にインドネシア共和国に小スンダ州として合流した。現在の三州に分割されたのは、一九五八年のことである。

＊6――ブログ「ダウン・ロンタル（daon lontar）」の記事（二〇一三年五月三〇日）を参照。ただし、同じ一九九二年には六種類の紙幣が新しいデザインで発行されているが、表裏合わせて一二面あるうち英雄の肖像が採用されたのは一面だけ（一万ルピア札表面のハメンクブウォノ九世）だった。ほかはボロブドゥール寺院、大型木造船ピニシ、オランウータンなどであり、同じ時期の他の紙幣と比べて、NTT州が異例だったわけではない。なお二〇一六年九月には、紙幣と硬貨の新デザインへの切り替えが決定した（KOMPAS.com、二〇一六年九月一四日の記事参照）。切り替え後は、紙幣七種と硬貨四種のすべてを、合わせて一二名の国家英雄の肖像が飾ることになる。新デザインの一〇〇〇ルピア硬貨には、註＊2で言及したウィルヘルムス・ヨハネスの肖像が用いられることになった（Timor Express、二〇一六年九月一五日の記事参照）。

＊7――国家英雄制度と、それに従って英雄を推薦するために必要な条件等については序章を参照。

＊8――前出の州政府職員の男性とのSNSを介したやりとり（二〇一六年六月）とインタビュー（二〇一六年八月）より。彼は自身のブログにこの歴史家へのインタビュー記事を掲載し、その熱意と活動を賞賛している（ブログ「ダウン・ロンタル」、二〇一四年一〇月一四日の記事）。

＊9――前出のスラバヤ在住の歴史家の主張を掲載したポス・クパンの記事（ポス・クパン、二〇一五年四月二六日）、数名のジャーナリストたちが共同で運営し定期的に記事を投稿しているブログ「satutimor」の記事（二〇一四年二月九日）、政府職員の男性によるブログの記事（ダウン・ロンタル、二〇一三年五月三〇日）およびこの記事へのコメント欄におけるやりとりを参照。なお、もともと「ダウン・ロンタル」という個人のブログに掲載されたこの記事が、二〇一六年には現地のメディア（クパン・メディア）のウェブサイトに転載されてい

ることからも、こうした主張が一定の人々に評価されていることがうかがえる（二〇一六年八月二三日）。また、クパン市地方開発企画庁（BAPPEDA Kota Kupang）の公式サイトの記事にも、現在の「ソンバイ像」は、ソベ・ソンバイ三世の功績を讃えるものとしては不十分だと書かれている（二〇一二年七月一〇日）。なお、二〇一六年八月一七日のインドネシア独立記念日に合わせて像の基壇は再塗装が施されて、一面を覆っていた落書きが消された。

＊10――前出のブログの記事（ダウン・ロンタル、二〇一三年五月三〇日）より。

＊11――たとえば、クパン市地方開発企画庁ウェブサイトの記事「ソベ・ソンバイ三世」。

＊12――前出のブログ記事とそのコメント欄（ダウン・ロンタル、二〇一三年五月三〇日）より。

＊13――限られた情報が引用を重ねられていくうちに、英雄物語に沿うよう誇張されていく様は、Ⅱ章で山口が取り上げている東南スラウェシ州の英雄推戴運動の事例にも見られる。

＊14――前出のクパン市地方開発企画庁ウェブサイトの記事「ソベ・ソンバイ三世」より。

＊15――「ティモール人」は、アトニ・メト（Atoni Meto、Atoni Pah Meto）、ダワン（Dawan）とも呼ばれる人々である。西ティモールにおいては、島の西端のクパン市、中央部で東ティモールとの国境に接しているベル県、マラッカ県を除いて、ほとんどの地域で住民の大多数を占めている。

＊16――註＊2で名前を挙げた三人のうち、ウィルヘルムス・ザカリア・ヨハネスとそのいとこのヘルマン・ヨハネスはロテ人、イザアク・フル・ドコはサブ人。

＊17――当時村では、日本政府による無償資金協力による開発援助の一環として、近くの海岸に巨大な橋が建造されたことが話題になっていた。森田［2016］参照。

III

民族集団のしがらみを超えて

ランプン州における地域称号制度と、地域社会の課題

金子正徳

はじめに

本章が考察の対象とするのは、国家英雄制度を参考にしながら創設・運用されているランプン州における独自の地域称号制度である。この地域称号制度は、ランプン州の発展に貢献した「地域英雄（pahlawan daerah）」およびそれに準ずる「地域要人（tokoh daerah）」[*1]を州知事決定に基づきそれぞれ認定するというもので、二〇一二年の制度創設以来二〇一六年時点で五六名が認定を受けている。この制度は、本書の主題である国家英雄制度をもとに設計されたものであり、実際、かなりの連続性がある一方で、この制度を創設したランプン州が、そもそも国内の多様な地域からの移民が多数派を占める多民族集団社会であるという地域的背景を色濃く反映した制度である。地域称号制度による地域英雄・地域要人認定はまさに、インドネシアの民族集団の多様性を縮図にしたかのようなこの地域社会の現実と、そしてその多様性の中で同州が発展してきたことを再確認するものとなっている。しかもそれは、国家英雄制度のように、中央政府が用意した枠組みにのっとって州出身の英雄を量産することを志向しているわけではなく、少なくとも制度発足時の精神としては、むしろ自分たちの社会のありようを反映した地域の顔となる人物を顕彰し、それをとおして模範となる地域社会像の創造と普及を推し進めることが目指された。本章では、ランプン州で近年始められたこの地域称号制度に焦点を当てつつ、国家英雄制度と対比させながらその制度誕生の背景や意義、運用のありかたを追うことをとおして、独立後七〇年が経過した現代インドネシアの地域社会に暮らす人びとの社会をめぐる意識の変化とナショナリズムとの関係を考察する。

1　地域社会の背景

ランプンの近現代史的背景

ランプンは、歴史的には、ジャワ島西部のバンテン王国や、スマトラ島中部のパレンバン王国の政治的な影響を強く受けていた地域である。

一八〇八年にバンテン王国とともにオランダ植民地へ包摂されたが、根強い抵抗運動やヨーロッパの戦乱の影響で植民地化のプロセスが中断したため、ランプン州で植民地支配が本格化するのは、抵抗運動が完全に制圧された一八五六年以降である。ランプン出身の国家英雄ラディン・インテンⅡ世（Radin Inten Ⅱ　在位一八三四〜五六年）は一九世紀半ばごろにランプン州域における最後の抵抗運動のひとつを展開した人物といえる。

植民地期には行政領域としてランプン理事州が設置された。このランプン理事州は、オランダ植民地期の一九〇五年から、特にジャワ島中部から国内の移民を多数受け入れてきた。植民地期の一九〇五年に始まった国内移民政策により、ジャワ人を中心とする移民が入植し、かつてランプン一帯を覆っていた広大な熱帯多雨林は水田や農園へと姿を変えはじめた。今日の、移民が多数派を占める人口構成の起源は、このようにオランダ植民地期へとさかのぼることができる。

インドネシア独立以後はスマトラ島全体が一州にまとめられたが、一九四八年に北・中・南の三州に分割された際に、ランプンは南スマトラ州の一県となった。一九六〇年代にインドネシア全国では行政単位再編が進められたが、ランプンもまた、一九六四年に、オランダ植民地期のランプン理事州の州域には含まれていなかった西ランプン県を含む単独の州として再設立されて現在に至る。この行政領域の設定は、後述のように、ランプンという語が指し示す地理的な再定義だけではなく、民族集団上の範疇の再定義も意味していた。本章が対象とする地域称号制度においては、この一九六四年および州再設立運動が重要なマイルストーンとして認識されている。

すでに別稿［金子　2012］においても書いたが、ランプン州再設立の直接のきっかけとしては次のような出来事がある。当時、ランプン産の米は、南スマトラ州の州令に基づき同州の中心都市パレンバンに向けて流通させられ、ランプン地域内の需要を満たせないほどであったという。このときランプン県知事であったジャワ人のラデン・モハマド・マングンディプロジョ（地域英雄の一例として後述）はこの政策に反対し、中央政府も巻き込むさまざまなアクションを起こした。このことが、独立以後のインドネシアにおけるランプン州再設立に向けた動きを生み出し、ランプンのエリートたちは、ジャワ人やランプン人といったような出自の垣根を越えて活動した［Lampung Post (ed.) 2010 巻末］。[*2] 地域称号制度が設立された当初に、これらの人びとがまず州黎明期の先駆者や設立者として地域英雄に認定されたように、現在のランプン州における重大な転機であった。

移民について見れば、この地域は第二代大統領スハルトによる開発独裁期（以下、新秩序体制期）の一九六〇～八〇年代を中心に、国内移民政策（トランスミグラシ政策）の最初の目的地となったことで、急激な人口増加および民族集団構成の多様化を経験した。インドネシア共和国中央統計局ランプン支部が公開している数値データによると、一九六一年に一六七万人弱であった州人口は、移民第一世代やその子孫などを含め、二〇一四年現在では八〇〇万人を超えた。この過程で、先住者集団であるランプン人は少数派となった。[*3] 一九六四年の州再設立当初は二市三県で構成されていたが、二〇〇〇年以降、分県（pemekaran）が進んだことで、二〇一六年時点では二市一三県となっている。また、独立後に生まれた人は少なくとも州人口の九五パーセント以上に達しており、州再設立以後に生まれた人びともまた、州人口の八四パーセントに達している。[*4] このように、ランプン州においても、外形上、生まれながらにインドネシアがあり、インドネシア国民であることが所与の権利である者が大半を占め、また、ランプン州という行政領域が生誕時には存在していた者が大半を占めている。これはすなわち、インドネシアの縮図のような多民族集団的状況が、彼らにとっては当たり前になっているということでもある。また都市部だけでなく農村部においても、ランプン人や移民など州内の多様な出自を持つ人びとの間で、民族集団の垣根を越えた通婚が進んだ。

今日のランプンでは、いわゆる先住者集団とされるランプン人だけではなく、このような人口動態の中でランプン州へと移民し、あるいは育ってきた多様な出自や背景を持つ人びとの相互交渉によって、社会的・政治的・文化的な景観が生み出されている。そして本章が対象とする地域称号制度は、多様な民族集団がその独自性やまとまりを保ちつつひとつの地域に住む状況（古典的な比喩で言えば「サラダボウル」）の上に作られた制度ではなく、むしろ住民が個々の民族集団への帰属とともに共通の地域アイデンティティを持つ新たな地域社会を模索していく様を示す、ユニークな一例であると言えそうだ。

ランプン地域社会の建設

「ダエラ（daerah）」という言葉は、「地方」あるいは「地域」を意味するインドネシア語である。ただし、この語を日本語に訳する際には、たとえば中央との対比であれば「地方」、その地一帯を主眼とする場合は「地域」、ときには〝pemerintah daerah〟のように文字どおり訳せば「地方（自治体）」政府だが実質的に「州」政府と明示的に訳し分けるのが妥当であるように、文脈が重要である。本章では「ダエラ」を制度名に含むこのランプン州独自の栄典制度を「地域称号制度」と訳しているが、この「地域」という語が指し示す範囲は基本的には、同制度が施行・運用される範囲であるランプン「州」を意味している。

一九六四年にランプン州が再設立されて以降、ランプン人およびランプン文化を前面に押し出し、他方で移民の六〇パーセントを占めるジャワ人の文化や言語といったものは後景化する政策が推進された。たとえばランプン語の教育や、公式行事における伝統的なタピス刺繡布[*5]の着用義務化が挙げられる。また、およそ三〇年にわたって行われている地方語・地方文化教育の教科書の内容は、先住者とされるランプン人の文化を中心として、ランプン語、ランプンの慣習や昔話、そして、反植民地闘争・独立闘争をしたさまざまなランプン人の逸話などで占められる一方、移民に関する内容はほとんど取り上げられず、国史の基調である闘争に連動する内容となっていた［金子 2002、2012 等］。このような、州が、特定民族集団に対応するという構築的な「土着性」は、ランプンに限られず、タブロー（表）化した形でほぼインドネシア全州に見られた。[*6]

興味深いのはそれらの政策を推し進めていったのが、中央政府によって任命されてきたジャワ出身の歴代州知事たちであったことである。国家建設の過程で、地域間の多様性を穏当にパッケージ化するという政府の方針のもとで、上から与えられる形で社会・民族集団・文化をめぐる表象が形成されていったことはよく知られている。ランプンにおいて定着した「ランプン人のランプン文化」という表象もまた、このような背景の中で形作られたものとしての側面があった。そして、義務教育の中で体系的に教授された地方語・地方文化教育（ムアタン・ローカル、地方独自内容教育とも）は、このような開発ナショナリズムの元で生み出された知を普及し、再生産していくツールとしての役割も果たした。この状況は、地方自治や民主化、そしていっそうの世代交代が進んだ二〇〇〇年以降には変化も見られる。たとえば首長選挙で票田である移民の民族集団への帰属意識に訴えるような各候補の選挙活動として、ジャワ語を織り込んだ演説や、ジャワ風のバティックシャツを着てアピールする候補者たちの姿が、州・県の首長選挙で見られる。他方で、二〇〇五年に国内移民一〇〇周年を迎えた同州における国立政策移民博物館の設立計画では、ランプンという地域の移民性が前景化したという点で大きく変わってきたが、新秩序体制期に生み出された地域政治ツール（たとえば「ランプンの五原則」）を援用しながら社会統合を進めていく手法（もしくはそれ自体がすでに共有された当たり前の知識となっていること）は維持されている。[*7] 本章で取り上げる地域称号制度は、移民性が前景化してきた流れの中で生み出されてきた新たな社会統合のツールのひとつとして位置づけることができるだろう。

ランプン州出身の国家英雄

他州同様にランプンにも国家英雄制度において認定された英雄がひとりいる。

先述のように、ランプンにおける国家英雄は、オランダ植民地支配に武力抵抗を展開したが、オランダ側に買収された味方の手によって死んだといわれるラディン・インテンⅡ世[*8]のみで、一九八六年に認定された。序章でも述べられているように、新秩序体制下でインドネシア・ナショナリズムの時間的・空間的浸透を視覚的に表現すべく、国家英雄が文字どおり量産されたのは、一九七〇年から一九八〇年代初であったが、ランプン州からもまさにこの時期に初の認定がなされたのである。他州の例に漏れず、こうして認定された国家英雄ラディン・インテンⅡ世の名は、空港名や主要道路の名前として用いられている。いわば、ラディン・インテンⅡ世の認定によって、ランプン州もまた、武力抵抗を基盤として築かれたとするインドネシア共和国建国史の一部として、そしてその「ファミリー・アルバム」の一員として、順当に位置付けられた

ラディン・インテンⅡ世
（出典　Kementerian Sosial 2011: 422）

といえる。

しかし、このラディン・インテンII世がどういう存在であったかといえば、過去においても、現在においても、ランプン人が総意を持って推戴する人物ではないというのが実情である。というのも、今日ランプン人と総称される人びとは、アブン人やプビアン人、トゥランバワン人、プシシール人など、集団形成の核となる慣習が異なる多様な準集団（サブグループ）から成り立っているからである。このためたとえば、「ラディン・インテンII世は、（ランプン州南部の一地方である）カリアンダ出身のプシシール人だから（我々の英雄ではない）」というような語りも、州内他地域の農村などで聞き取り調査をする中では聞かれる。いまや「ランプン人」が移民も含む州全体の住民を包含する集団として語られることがしばしばだが、しかし実践レベルでのより細分化された集団帰属意識との間には、常にズレが生じうる。

他方で、多数の国家英雄を輩出している西スマトラ州やジャワ島内の各州を意識しつつ、「ランプン州にはひとりしか国家英雄がいない」という漠然とした劣等感も、同地の人びとの語りからはしばしば感じられる。国家英雄は、国が認定するものでありながら、州レベルで選出された代表という一般的な理解があり、地域（ほぼ州に等しい）アイデンティティとの親和性が高い特徴が見える。ある意味で、多数の国家英雄を輩出していることは、ナショナルなレベルでの州のステータスの高さのように認識されているといえるだろう。同時に、州の枠組内において見た場合、この国家英雄制度は、州内のいずれの地域や民族集団（／準集団）出身のだれが州の代表者たりうるかといった、地域間・民族集団間のよりミクロな競合的意識をも生み出している。このような意味で、国家英雄は単に中央対地方という対立軸の中で語りうる問題ではない。[*9] 本章が対象としている地域称号制度の場合も、同様の問題を内在している。

2　地域称号制度

地域称号制度創設の背景

歴史学者アスヴィ・ワルマン・アダムは、ポスト・スハルト期の地方自治の時代になってからますます国家英雄が氾濫している現状を踏まえ、国家レベルと地方レベルの英雄を分ける必要があるのではと述べ、後者についてはそれぞれの実情に合わせた判断基準に基づき独自の英雄を認定することもありうる、と指摘している［Adam 2010：47］。もっともアスヴィは、こうしたアイデアはまだまだ検討が必要な段階にすぎないと述べているが、ランプン州の地域称号制度が生み出された背景にも、このようなインドネシア社会における意識の変化があったのかもしれない。いずれにしても以下に見るように、ランプン州では他州に先行する形で地域独自の英雄や要人を認定しているのである。

ランプン州の地域称号制度は、二〇一二年に創設された。制度設立を主導したのは、ランプン人の準集団のひとつであるプビアン人の名家出身のシャフルディン元州知事（Drs. H. Sjachroedin Z. P.　在任期間／第一期二〇〇三年六月二日～二〇〇八年六月二日、第二期二〇〇九年六月二日～二〇一四年六月二日）である。

地域称号制度の目的は、公式には、地域英雄・地域要人を認証することである。地域要人はそれぞれの分野においてランプンの発展に寄与した人物という位置づけである。地域英雄はこれに加えてナショナルなレベルでの貢献が重要な認定要件となっており、認定者の中から新たな国家英雄候補を推薦し、中央政府の認定を目指すことが、制度設立時の目的として述べられている。つまり、この制度により選定される地域英雄とは、そもそも国家英雄制度を強く意識しつつ、それに準じたものとして設定されたことが分かる。地域称号制度設立に関する関係者への聞き取りからは、州都バンダルランプン市内の好立地にありながら、実質的に軍人しか埋葬できなかったことから空きの目だつ広大な英雄墓地に、この制度を通じて新たに称号が与えられる人たちにも墓地区画を割り当て、有効に活用することも制度設計当初から意図されたという。このようなローカルな事情も制度立ち上げの際に少なからず働いたことがうかがわれる。*10

二〇一一年一一月の新聞記事に、地域称号制度制定および運用に深く関与していた人物アンショーリ・ジャウサル（Ansholi Djausal）のインタビューが掲載されている。この記事では、制度発足前の時点ですでに、英雄とは戦闘行為に参加して独立を維持した人びとだけでなく、地域社会へ貢献した女性の要人、教育の要人、医療の要人などもまた英雄なのだ、と述べられている［Lampung Post 二〇一一年一一月九日付］。二〇一二年に初めて地域称号を授与するに際しても、シャフルディン州知事（当時）は、当時州内で発生した乱闘事件にからめ、ランプンの人生訓のひとつとされる「ピール（piil、ランプン語で「自尊心」）」とは、乱闘（tawuran）で右や左の敵をなぎ倒すことで示されるようなものではなく、関係のない争いに参加することや悪事を恥じる意識である、という趣旨の発言をしたと報じられている［Lampung Utara News Online 二〇一二年一一月一三日付］*11。国家英雄が基本的には敵に対する闘争という価値を中心に据えていることを踏まえれば、この新たに創られた地域称号制度が掲げる英雄（pahlawan）あるいは要人（tokoh）の価値は当初から、戦闘的な英雄像を修正ないしそこから脱却しようと志向しているのが特徴というべきだろう。英雄にまつわるこのような拡張された価値に支えられた地域称号制度について同州知事は、別の機会に、若者たちはいま、芸能人などをよく知っていてもランプン州の発展に貢献してきた人びとのことを知らないため、地域英雄・地域要人の認定を通じ、このような人びとをよりよく知って欲しい、と述べたともいう。

筆者による関係者への聞き取り調査でも、暴力的な抵抗をイメージしやすい「英雄（pahlawan）」の再定義を進めること、あるいは英雄の功績に付随する「勇敢さ（berani）」を暴力性と同義として捉えるような短絡的理解が少なくともランプンではまだ一般的である状況において、上記のような、地域の発展に貢献してきた多様な分野の文民、それに民族集団の違いを超えた多様な背景を持つ人びとに主眼を置くことが、本制度のコンセプトとして繰り返し述べられた。

二〇一二年以来数名ずつの認定が続いたのに続き、二〇一五年には一気に三〇名が認定され[*12]、地域英雄・地域要人は合計五六名となっている。この地域英雄・地域要人の中には、興味深いことに、他州出身でありながらランプンでの功績が評価されて認定を果たした者もいる。また、たとえば二〇一二年に地域英雄に認定されたラディン・モハマド・マングンディプロジョ（Raden Mohamad Mangoendiprodjo）の例のように、ランプン州からの推戴ではないものの中ジャワ州から同地ゆかりの国家英雄としてのちに推戴され、認定された人物もいる。その国家英雄認定に際しては、ランプン州で同人を地域英雄とするにあたって作成された調査資料の内容も用いられたという。

地域称号制度を作るもうひとつのきっかけとしては、『ランプンの一〇〇人、国家栄光の一〇〇年』（以下、『ランプンの一〇〇人』）という本の出版が挙げられる。地元紙ランプンポストが編集し二〇〇八年に出版した、ランプンにとって重要な人物を列記紹介した本である[*13]。が、この本は、同地において大きな社会問題となった。その大きな理由は、人選の問題であった。ランプンを代表する一〇〇人の中に本来入るべき人物が入っていない、あるいはなぜ自分が入っていない、などといった不満が、地元の実力者、あるいはそう自認する人びとから上がってきたのだという。民族集団としてのランプン人は特に社会的地位や体面を過度に重視することを他の民族集団からステレオタイプ的に指摘されることが多い。地域称号制度設立の背景には、この本の出版を契機に高まった不満を部分的に調停すべく、何らかの公的な認定・顕彰制度が求められたという、ランプンならではの事情もある。

英雄像をめぐるトラブル

地域称号制度が始まって以降も、この手のトラブルがなくなったわけではない。二〇一二年三月に、南ランプン県の県庁所在地カリアンダの市街地に、州再設立運動の主導者のひとりであり、同年に初の地域英雄のひとりに認定されたザイナル・アビディン・パガールアラム（Zainal Abidin Pagaralam）の像が建てられた。ザイナル・アビディン・パガールアラムはシャフルディン州知事（当時）の父に当たる。

この像は、シャフルディン州知事（当時）の息子で当時南ランプン県知事であったリコ・メノザ（Rycko Menoza）が、公費一七億ルピア（約一四〇〇万円）をかけて建立したものである。[*14] 限られた県の予算から立像に巨額の支出をしたことへの批判や、そもそも現在の南ランプン県に基盤を持っていた国家英雄ラディン・インテンⅡ世の像がぼろぼろのままで、かつて南ランプン県知事を務めたとはいえ、現在のランプン州プサワラン県あたりを故地とするプビアン人出身であることから同県とは縁が薄いとみなされたザイナル・アビディン・パガールアラムの像を建てることへの批判もあった。

この像は、学生を中心とする、政治腐敗を糾弾するデモ参加者たちによって四月三〇日に倒されたが、一部の学生がリビアやイラクなどでの民主化運動を模倣しただけという意見が大半で大多数の住民から共感を得ることはなく、県知事や州知事の弾劾運動などへと発展することはなかった。[*15] 結局、この破壊された像は、シャフルディン州知事の指示で再建されることはなかった。

このように、県知事弾劾などの地域の政局にからむと、ザイナル・アビディン・パガールアラムのようにランプン州レベルでだれもその威信を否定しない名士の像であっても、民族集団や地域内部のよりミクロな競合や優劣をめぐる政治的な関係性が顕在化してトラブルに巻き込まれることがある。*16

3　制度と運用

地域称号制度の詳細

地域英雄・地域要人を認定するこの地域称号制度の法的な根拠となるのは、次の知事決定と知事令三件である。

（一）ランプン州の地域称号制度研究調査チームに関する知事決定（SK Gubernur Lampung No. G/322/B.VII/HK 2012 tentang Tim Peneliti dan Pengkaji Gelar Daerah〈TP2GD〉Provinsi Lampung）二〇一二年四月四日発令

（二）ランプン州の地域称号委員会に関する知事決定（SK Gubernur Lampung No. G/324/B.VII/HK/2012 tentang Dewan Gelar Daerah〈DGD〉Provinsi Lampung）二〇一二年四月四日発令

（三）地域英雄および地域要人に対する地域称号付与の実施規定に関する知事令（Peraturan Gubernur Lampung No. 26 Tahun 2012 tentang Pedoman Pelaksanaan Pemberian Gelar Daerah kepada Pahlawan Daerah dan Tokoh Daerah Provinsi Lampung）二〇一二年一〇月一二日発令

図1は、上記（一）から（三）に基づく、地域称号制度における地域英雄・地域要人認定枠組の概略図である。基本的には、国家英雄推薦を決める州レベルの認定枠組と同じである。

二〇一二年には、実践者二名、研究者二名、歴史家一名のほか、地方政府機関や諸団体からなる地域称号委員会が設置され審査にあたることになった。このうち実践者と訳したpraktisiは、日常でも行政用語でもめったに

図1　地域称号制度における地域英雄・地域要人認定枠組

州知事

↑検討後、推薦　　↓却下

地域称号委員会（Dewan Gelar Daerah: DGD）

↑調査後、提案（セミナー・ワークショップ含む）　↓検討後、却下

地域称号調査研究チーム
（Tim Peneliti dan Pengkaji Gelar Daerah: TP2GD）

↑申請　　↓調査後、却下

申請者

※却下後、再申請も可能である

使われることがない語で、英語の"practitioner"をインドネシア語化したものである。ただし、実践者という言葉でイメージされるような儀礼や慣習を村落レベルで日常的な実践・継承を進めている人びとではなく、実際には二名ともランプン大学の元教員のランプン人で、ランプン人慣習社会における社会階梯でそれぞれ首長を意味する最高位の称号を持つ者が任命されている。研究者枠の二名もランプン大学の教員である。*17

　初年度の二〇一二年には、シャフルディン州知事（当時）の父であった第二代州知事を含む、ランプン州再設に尽力した人びとが認定された（地域英雄二名、地域要人四名）。二〇一三年には、保健衛生、インフラストラクチャー、ランプン文化保護、宗教、教育の分野から計六名が選ばれ、八月の独立記念日に認証式が行われた。認証式で知事は「本当のランプンの英雄は誰なのかを知ってもらいたい」と述べ、これらの人びとは「地域の建設に尽力し、国家英雄にもひけを取らない人びとなのだ」と述べた。また、同じ年の一一月の英雄の日には、さらに六名の軍人に対して「地域英雄」の称号が与えられたが、しかし全体として見ると、特定の民族集団に限定されない人選と、地域社会の建設に貢献した文民の顕彰が行われている点が、この制度を見る際に重要であ

る（二〇一三年の場合、結果として地域英雄六名、地域要人六名）。

上記の三つの知事決定・知事令のうち、施行細則にあたる（三）に基づきながら、地域称号制度について詳細に見ていこう。まず、ランプン州の地域称号（gelar daerah）は、「ランプン州知事により、本知事令に定められている要件を満たした人物に対して与えられる、地域英雄および地域要人という呼称の形での、地域における表彰」である（同第一章一条七項）。また、法令で用いられる用語である英雄と要人の定義は次のとおりである。英雄とは、「ランプン州の先駆者や創設者、また、特定の分野において、生涯にわたり功績があり、インドネシア国民、またはランプン州において民族と国家を守るため植民地主義に対して戦い、戦死もしくは死亡した人物、もしくは生涯にわたり、ランプン地域の進歩発展のために秀でた威信と業績を上げた人物に対して贈られる称号」である（同第一章一条一〇項）[*18]。要人とは、「生存時もしくは死後に、特定の分野において他者よりも功績がある人物である」（同第一章一条九項）。これらの人びとに称号を贈ることで、①「地域社会のさまざまな分野において自らを捧げ、高い功績を上げた、各人、各団体、各政府組織、および組織を表彰」し、また、②「英雄精神や、愛国心、そして、地域社会・民族・国家の進歩と栄光に向けた各人の奮闘を表彰」し、さらには③「人びとの模範となる態度を育み、地域社会・民族・国家の進歩のために最高の業績を生み出す努力を後押しする」ことである（同第二章三条）。この定義を見ると、特に地域英雄については、独立に至る抵抗史の中で闘争に伴う価値をひとつの大きな柱とする国家英雄の定義に準じていることが分かるが、しかしランプン地域の進歩・発展という要素がそこに付け加えられていることが注目されよう。要人については、闘争というよりはむしろ、州の再設立以後の歴史の中で、ランプン地域の進歩・発展に努めたことが評価の基準である。

この制度の独自性は、対象となる人物に関する規定にいっそう顕著である。同第二章一六条および同第二章一七条では、顕彰の対象となる者は、①「インドネシア国民、もしくは、ランプン州において活躍した人物」、②「モラルと模範性の両方を持ち合わせた人物」、③「ランプン州にとって功績をあげた人物」、④「よい行いをした人物」、⑤「民族および国家に対して忠実で、裏切らない人物」、⑥「刑事事件によって裁判所による五年以上の投獄の判決を受けていない人物」といった諸要件を満たさねばならない、とされている。おおむね国家英雄の認定要件を踏襲しているようだが、しかし①にあるように、国籍規定を設けていないところが目を引く。つまりこの規定によれば、将来的には外国人も認定されていく可能性があるということだ。ただしこれは、制度創設のプロセスにおける何らかのタイミングで当初の議論よりも対象を広げたものであることがうかがえる。実際、この知事令の前に作成された準備チームのプロポーザルを見ると、当初は対象者がランプン州住民（warga Lampung）に限られていた［Tim Peneliti 2012］。

また、顕彰の対象となる貢献分野や活躍分野についても、①「ランプン州の教育、経済、社会、芸術、文化、宗教、司法、医療、農業、海洋、環境、かつ／またはその他分野において、先駆的な、あるいは、進歩発展に貢献した人物」、②「ランプン州における科学技術の発見や発展に秀でた業績をあげた人物」、③「ランプン州における開発分野で秀でた業績をあげた人物」、④「教育、科学、技術、スポーツ、芸術、文化、宗教、かつ／またはその他の分野において、ランプン州の名を高める功績をあげ、威信を高めた人物」、⑤「ランプン州における平和、外交、友好、友愛において優れた功績をあげ、威信を高めた人物」とされている。

このように地域称号制度では、国家英雄制度における英雄の概念と比べ、明らかに広範かつ多様な分野で、ランプン州の発展に寄与する模範的な人物が、軍人のみならず文民にも重点を置いて認定・顕彰される。

もうひとつの特徴は、国家英雄が原則として故人を認定対象とするものであり、地域英雄も同様であるが、地域要人には、存命中の者も認定対象に含まれる点である。このため、生存中に地域要人に認定された場合、この認定要件にそぐわない事態が生じたら、称号を剥奪されることがあるとの規定も設けられている（同第一一章

表1　地域称号認定者に対する栄誉

地域英雄	地域要人
ランプン州国家英雄墓地への埋葬	ランプン州国家英雄墓地への埋葬
州政府による埋葬等の費用負担	州政府による埋葬等の費用負担
州葬	州葬
地位・階級の特進	地位・階級の特進
認定者もしくはその遺族に対する金銭の贈呈	認定者に対する、一括または分割での金銭の贈呈
認定者の名前を、道路、建造物、その他の施設名に命名	認定者の名前を、道路、建造物、その他の施設名に命名
ライフヒストリーは本・ビデオ・パンフレット、もしくはその他の形態で記録	ライフヒストリーは本・ビデオ・パンフレット、もしくはその他の形態で記録
	公式行事・州の行事における栄誉礼

二四条)。また地域称号制度では、国家英雄では必須とされる「当該国家英雄候補の闘争の記録となる写真／絵画」が要件に含まれていない。

地域英雄・地域要人に与えられる栄誉については、同第一〇章二三条において、金銭の贈呈、州葬の権利、英雄墓地への埋葬許可、道路や主要な建物にその名を用いること、本やビデオ、パンフレットの形でその栄誉を後世に伝えていくことなどが決められている（表1参照）。

地域英雄の栄誉

この地域称号制度設立にかかわったランプン大学の教員によれば、先述のように、地域英雄・地域要人認定の規定には国籍条項がないため、「そのうち外国人もこの地域英雄に認定される可能性もあるのだ」という。これに加えて、国家英雄とその制度的な重なりがあるとはいえ、地域称号制度がそれと大きく異なるのは、ランプン州の発展に重点が置かれ、また以下のように運用面や、その位置づけが大きく異なる点である。

表1は、地域称号認定者に対する栄誉をそれぞれ書き出したものである。この表を見ると、一見両者にはさほどの違いがな

いように見えるが、地域英雄は死後認定が要件であり、まさに州を代表しうる人物が選ばれるのに対して、地域要人は分野ごとに活躍・貢献した生者・故人の両方を認定していくもので、現状ではむしろ生者が多く認定されている。

地域英雄を生み出すプロセスと社会的合意形成

すでに述べたように、ランプン州は民族集団構成上多様性に富んでいるが、その多様性の内実は、県（kabupaten）や郡（kecamatan）、村（desa）などのより下位の自治体レベルでかなり様相が異なる。たとえば、特定の民族集団が集住しているような自治体もあれば、あるいは州北東部のメスジ県のように、多様な住民を束ねて「メスジ人」という新たな地域アイデンティティを県が主体となって生み出していこうとする動きが見られる自治体もある。このように、社会のありかたやその表象をめぐるベクトル自体が、多様な方向を向いているのだ。このような諸社会を包含しているがゆえに、全体社会（この場合、州）の安定と協調のためには何らかの共有認識や、求心的な理想像が必要となる一方で、トップダウン的な手法は長期的には奏功しない。そのため、個々の民族集団ごとの慣習（adat）にとらわれない、ワークショップやセミナーという、いわばモダンな寄合（mushawalah）の形式で合意形成を行うことが、重要な政治過程となる。この合意形成という方法自体は、新秩序体制期に醸成されてきた手法であると思われるが、地域英雄・地域要人の認定でも同様の形式性が必要とされている。上述した『ランプンの一〇〇人』の場合、こういった点が不十分であったため、各方面からの不満が噴出したと見られる。

国家英雄制度が持つ主たる特徴のひとつが、反植民地闘争と建国に関するナショナリズムの歴史への地方の包摂であるが、州設立を基点とする地域称号制度は、州という枠組みの中へ、州内の多様な集団・地域を包摂していくものである。『ランプンの一〇〇人』が政治焦点化したことで、現在のランプン州における多様な集団・地域を包摂していく新たな政治的枠組みの不足が浮かび上がったともいえるだろう。

認定された人物の例

これまで認定された五六名の説明を見ると、認定の分野やカテゴリには次のようなものがある。音楽芸術分野、教育分野、行政分野、経済分野、芸術文化分野、スポーツ分野、政治分野、退役軍人、独立の闘士、民族集団調和分野、ランプン州開発先駆者、ランプン州設立者、ランプン州先駆者、一九四五年時点で公職にあって独立に貢献した者、といった内容である。認定においては、ランプン州における功績でその認定分野が決定されるため、必ずしもその人物が国や世界レベルで成し遂げてきた業績とは重ならないこともある。武装闘争にかかわった独立の闘士や軍人があげられる一方で、制度の設立意図のとおり、多様な分野の文民が認定されていることが分かる。このうち、ランプン州開発先駆者、ランプン州設立者、ランプン州先駆者という説明がされている人びとは、一九六四年のランプン州設立に尽力した人物である。[*19]

以下、具体的にどのような人物が選定されているのか、幾人か取り上げて見ていくこととしよう。

①ザイナル・アビディン・パガールアラム（Zainal Abidin Pagaralam　一九一六―八九年）

ザイナル・アビディン・パガールアラムは、「ランプン州先駆者・設立者・開発先駆者」として、二〇一二年に最初に「地域英雄」に認定されたランプン人エリートの代表格である。彼は、先住者カテゴリとしてのランプン人に含まれる下位集団のひとつプビアン人の有力な家の出である。ヨーロッパ人下級学校、オランダ語原住民師範学校を経て、ジャワ島西部のバンドゥンにあった原住民中堅官吏養成学校を卒業して、日本統治下の

年	名　前	カテゴリ	説　明
2015	H.M. Harun Muda Indrajaya	地域要人	マス・メディア分野
2015	Abdullah RM	地域要人	青少年育成分野
2015	Bambang Eka Wijaya	地域要人	マス・メディア分野
2015	Ardiansyah, SH	地域要人	マス・メディア分野
2015	Hj. Utiah Helmi, SH	地域要人	行政/政治/女性社会進出分野
2015	Rizani Puspawijaya, SH	地域要人	教育・文化分野
2015	Drs. Hi. Husin Sayuti	地域要人	教育分野
2015	Prof. Hilman Hadikusuma, SH	地域要人	教育・慣習法分野
2015	Mr. Gele Harun Nastion	地域英雄	ランプン地域英雄
2015	K.H. Achmad Hanafiah	地域英雄	ランプン地域英雄
2015	Batin Mangunang	地域英雄	ランプン地域英雄
2015	Hi. Achma Idris	地域英雄	ランプン地域英雄
2015	R. Soedarsono	地域要人	1945年時点で公職に就いており、独立に貢献した者
2015	A. M. Choesneon	地域要人	1945年時点で公職に就いており、独立に貢献した者
2015	Takwin Herdjani	地域要人	1945年時点で公職に就いており、独立に貢献した者
2015	Dewi Ronimah Sukirman	地域要人	1945年時点で公職に就いており、独立に貢献した者
2015	Cicih Djuarsih	地域要人	1945年時点で公職に就いており、独立に貢献した者
2015	Achmad Sanoesi PPA	地域要人	政治分野
2015	Drs. H. Dailami Zain	地域要人	教育分野
2015	Salimi. M	地域要人	退役軍人
2015	Karmidin	地域要人	退役軍人
2015	Sugiono	地域要人	退役軍人
2015	S. Rusman	地域要人	退役軍人
2015	Iskandar Adam	地域要人	退役軍人

※2016年は、現在、国家英雄に推薦中の２名が認定されるよう限られた予算を用いる、との理由から、地域英雄および地域要人はいずれも認定されなかった。

表2　ランプンの地域英雄・地域要人

年	名　前	カテゴリ	説　明
2012	Raden Mohamad Mangundiprojo	地域英雄	ランプン州先駆者
2012	Zainal Abidin Pagaralam	地域英雄	ランプン州先駆者・設立者・開発先駆者
2012	Nawawi Tuan Raja	地域要人	ランプン州設立者
2012	H. Kamarudin	地域要人	ランプン州設立者
2012	Mayor Inf. Syohmin	地域要人	ランプン州開発先駆者
2012	Komisaris Besar Polisi A. Somad	地域要人	ランプン州開発先駆者
2013	H. Abu Bakar Sidiq	地域英雄	独立の闘士
2013	Achmad Akuan	地域英雄	独立の闘士
2013	Aripin R. I.	地域英雄	独立の闘士
2013	Zainaboen Djajasinga	地域英雄	独立の闘士
2013	H. Alimuddin Umar, SH	地域英雄	独立の闘士
2013	Alfoncus Sahala Sormin	地域英雄	独立の闘士
2013	H Abdoel Moeloek	地域要人	保健衛生
2013	Ir. H. Achmad Zulkifli Warganegara	地域要人	インフラストラクチャー
2013	Masnuna	地域要人	ランプン文化保護
2013	K.H. Ghalib	地域要人	宗教分野
2013	Dra. Laila Hanoum Hasyim MA	地域要人	教育分野
2013	Raden Oedjik Tirtohadikusumo	地域要人	教育分野
2014	Drs. Tursandi Alwi	地域要人	行政分野
2014	Ir. Marjoeni Warganegara	地域要人	スポーツ分野
2014	Ir. Aburizal Bakrie	地域要人	経済分野
2014	Prof. (Emeretus) Dr. Ir. Sitanala Arsyad	地域要人	教育分野
2014	Angga Kusuma	地域要人	船舶分野
2014	Abdul Muis	地域要人	芸術文化分野
2014	Sutan Syahrir Oelangan, SH	地域要人	民族集団調和分野
2014	Naning Widayati, S.Pd.M.Pd.	地域要人	音楽芸術分野
2015	Poeti Alam Naisjah Moeloek	地域要人	出産（女性／医療）
2015	Prof. Rasjid Machsus Akrabi, SH	地域要人	教育分野
2015	Muhtar Hasan, SH	地域要人	行政分野
2015	Drs. H. M. Syarief Hidayat	地域要人	青少年育成分野
2015	Drs. Hi. Rohimat Aslan	地域要人	青少年育成分野
2015	DR. Siti Nurbaya Bakar, M.Sc.	地域要人	行政／女性分野

一九四三年に政治キャリアを積みはじめ、ランプン各地の地方首長を歴任した。後述のラデン・モハマド・マングンディプロジョやグレ・ハルン・ナスティオンを含む地域エリートたちとともにランプン州設立の中心となった。彼らの働きかけにより一九六四年三月一八日にランプン州は再度設立されたが、内務省から派遣された初代州知事についで、ザイナル・アビディン・パガールアラムが第二代の州知事（在任期間一九六六〜七三年）となった。新秩序体制期にランプン州知事となった唯一のランプン人でもある。また彼は、地域称号制度創設当時の州知事シャフルディンの父でもある。

②ラデン・モハマド・マングンディプロジョ（Raden Mohamad Mangoendiprodjo　一九〇五—八八年）

ラデン・モハマド・マングンディプロジョは、ランプン州の初代州知事で二〇一二年に「ランプン州先駆者」として認定された「地域英雄」である。中ジャワ州生まれで、独立闘争の端緒となったスラバヤの戦いにも参加した独立の闘士のひとりである。ヨーロッパ人下級学校、原住民官吏養成学校を卒業したのち、日本統治下で形成された郷土防衛義勇軍の兵士として訓練を受けた経歴を持つ、内務官僚であった。

一九八八年に死去し、ランプン州国立英雄墓地に埋葬されている。二〇一四年には東ジャワ州から推挙され「国家英雄」として認定されたが、この認定に当たっては先述のように、ランプン州で彼を地域英雄に認定するに際して作成された調査資料が援用されたという。

③グレ・ハルン・ナスティオン（Mr. Gele Harun Nasution　一九一〇—七三年）

グレ・ハルン・ナスティオンは、二〇一五年にランプン州先駆者として「地域英雄」に認定された、ランプン育ちのバタック人である。ライデンの高等法曹学校[*20]に学んで法学学士を取得した弁護士であったが、一九四五年にインドネシア独立闘争に参加した。一九四七年にはインドネシア政府により、パレンバンに設置された軍事裁判所長に任命されたものの、パレンバンがオランダに占領されたため、家族とともにランプンへと逃げ帰った。一九四八年には再び武装闘争に参加したものの、ランプン主要地がオランダにより占領され、自身も捜索を受けたため、内陸後背地のプリンセウ地域へと逃亡した。逃亡先のプリンセウで設立された臨時県政府においてランプン県知事代行に選出された。逃亡と抵抗は一九四九年一二月二七日の、インドネシアとオランダの停戦協定まで続いた。一九五〇年には、いったんランプン地方裁判所長に任命されたが、ついでランプン県知事に再度任命され、一九五五年まで在職した。

④マルユニ・ワルガヌガラ（Ir. Marjoeni Warganegara　一九三四年―）

マルユニ・ワルガヌガラは二〇一四年に、スポーツ分野の「地域要人」に認定されたランプン人である。国策製鋼会社である国営クラカタウ・スチール社の初代代表取締役を務めた（一九七〇～七五年）。失脚を狙う誹謗中傷にさらされたことや、意図せぬ配置替えが行われたことなどから、官僚であることに疲れ、退職。ランプンにおいて、畜産分野のジャカ・ウタマ社を設立した（一九七五～九〇年）。彼のスポーツ分野での貢献としては、インドネシア・セパタクロー協会[*21]の会長となったことが挙げられる。ランプン外の業績が多い人物であるが、州都バンダルランプン市内の競技場建設にかかわったことから、前記の会長職も含めスポーツ分野で顕著な貢献を果たしたとして「地域要人」認定されたのであった。彼は、ランプンの社会文化分野での振興を目的とする団体ランプン・サイ（Lampung Sai）の設立にかかわった人物でもある。

⑤トゥルサンディ・アルウィ（Drs. Tursandi Alwi　一九五〇年―）

内務省官僚出身で、副大統領秘書やランプン州の暫定知事を歴任した人物である。二〇一四年に行政分野の「地域要人」として認定された。

⑥アブリザル・バクリ（Ir. Aburizal Bakrie　一九四六年―）

新秩序体制末期に伸長した財閥バクリ・グループの総帥で、ユドヨノ政権下で国民福祉担当調整大臣や経済担当調整大臣を務め、ゴルカル党の第九代党首でもある。彼はまだ一線で活躍中だが、経済分野の「地域要人」として選ばれた。

なお、ここに挙げた人物は、『ランプンの一〇〇人』でも取り上げられている人物であり、現在のランプンを作り上げた重要人物としておそらく異議の出ない人びとであろう。二〇一三年には、反植民地闘争と独立に尽力したガリブ（K. H. Ghalib　一八九九？―一九四九年）、ランプン州における医療の発展に貢献したアブドゥル・ムルック（H Abdoel Moeloek　一九〇五―七三年）、それにインフラ整備・開発分野で活躍したアフマド・ズルキフリ・ワルガヌガラ（Ir. H. Achmad Zulkifli Warganegara　一九二〇年―）など、この『ランプンの一〇〇人』でもすでに取り上げられ、当初から地域称号制度の候補者として呼び声があった地元では著名な人物が、地域英雄や地域要人に認定された。*22

これらの人物をつぶさに見ていくと、たとえば④のマルユニ・ワルガヌガラのように、ナショナル・レベルで社会的に優れた功績を挙げた人物であっても、それがランプン州外での業績であるときには、その人物の主たるキャリアとは異なる分野で認定されることもある。あくまでもランプン州における活躍・貢献を評価することに主眼が置かれており、どのような分野で認定するかも含め、決定に至るまでにはプロポーザルの提出やセミナーの開催などの手順を踏むことが求められる。

しかしこのことは、ランプン州外出身者の認定を妨げるものではない。むしろ実際には、多くの地域英雄・地域要人が、ランプン州外出身者や、州外を拠点としている人物なのである。いうなれば、ランプン州を中心に人びとのつながりを再定義するような地域史観が新たに生み出されている過程である。中央の歴史と対立するものでも、分離主義的なものではない他の解釈を生み出し、独自にランプン州域内で共有されていくものであるといえる。

他方で、州独自の価値を模索しているかに見えるこの称号制度だが、国家英雄と全く断絶しているわけではない。実際、二〇一五年に地域英雄として認定されたグレ・ハルン・ナスティオンおよびアフマド・ハナフィアの二名が、ランプン州からそのまま国家英雄の候補として推薦された。*23

国家英雄候補の場合は、どうしても抵抗史・独立史に沿う人物が優先されていくが、このように地域称号制度のもとで選ばれる英雄が国家英雄との連続性を志向する傾向が今後も強まるのだとしたら、ランプン州における地域英雄の候補選定においても、国家英雄への推薦を前提に、いわゆる闘争にまつわる価値を体現した人物が増えていくことになるのか。それとも、現在のところは地域要人の認定理由となっている開発や社会分野の貢献が今後も引き続き焦点となるのだろうか。このことは、ランプンにおける地域称号制度の運用の行方にとってのみ重要なのではない。かつて闘争の結果として勝ちえた権利としての「国民であること」が、現在の大方の世代にとっては所与の権利となっている今、国家英雄のありかたそのものに一地方レベルからの再考を促す契機にもなっているのだ。人口流動化が他地域に先んじて進んだランプン州では、民族集団という、インドネシアにおいて、いまだ重要な帰属の枠組みを超えた社会統合が求められている。この中で、このような国民像の問い直しにもつながる英雄をめぐる価値の再定位が出てきたことは、示唆的である。

4 地域称号制度と代表性のポリティクス

ところで、二〇一五年に一挙に三〇名が地域英雄・地域要人に認定されていることは、本制度が発足当初より整い、一定の要件を満たせば認定されるようになってきたことを示す一方で、選定される候補が多様化し、国家英雄よりも無制限に増加していく様相を呈してもいる。そして、二〇一三年に当初の制度設計や初期の認定にかかわった大学教員たちが事故や留学によって抜け、また、二〇一四年には知事が任期満了で替わったことなど、制度の中心となる人びとが変わってきている。主体となる人びととの交替は今後、この制度が継続的に運用されていく過程においては地域英雄・地域要人のありようを変えていく主要因となる。現在は依然として、地域の発展に貢献した文民の顕彰を主眼に置いているものの、むしろ官僚や政治家、伝統的な支配層の子孫など、地域エリートの分布をマッピングするものになっていく萌芽も見られる。その場合、研究者にとって見れば、ランプン州における地域称号制度は、当該の地域社会における政治動態を浮かび上がらせる重要な指標のひとつとなる。

地域称号制度は、特定の個人を多数の住民から抽出し、特別な栄誉／栄典を与え代表性を持たせることに特徴があるが、それゆえに、運用の仕方によっては、誰がランプンを代表するのか、そしてそれを誰が認めるのかという代表性のポリティクスへと巻き込まれていく危険性がある。『ランプンの一〇〇人』への批判は、まさにこの代表性をめぐる地域内部の政治に火をつけたわけだが、それへの部分的応答として制度化された地域称号制度も、このポリティクスから自由ではない。特に生者を認定する地域要人の場合、このような側面が色濃く反映されている。[*24]

このような厄介な側面も持つ制度の現実的運用においては、認定基準を明確化した上での人物の厳選という方向性と、逆に認定上の社会的バランスに配慮した網羅性を志向する方向性とが選択肢となりうる。くしくも二〇一〇年には、ランプンポスト紙が『ランプンの一〇〇人』の後継版ともいえる『ランプンにおける五五〇人の社会代表紹介』[*25]という本を出したが、地域称号制度を介した認定においても特に生者を対象とする地域要人に関して、この本と同様に、無制限に認定者の数が増えていく傾向が、現州知事就任以降見受けられる。ちなみに「ランプンにおける五五〇人」には、さらに多様な分野で活躍中の三〇代、四〇代のランプン出身者が取り上げられているが、この人数拡充の当然の帰結として、一見して掲載された人物が何をどのように代表しているのかという価値が希薄化し、ひいてはそこにノミネートされること自体の価値低下ももたらしている。

ランプンポスト紙はさらに二〇一五年には、ランプンポスト賞（Lampung Post Award）という新たな賞を設け、同年に地域要人にも選ばれている慣習法研究・ランプン文化研究者のヒルマン・ハディクスマ（Hilman Hadikusuma　一九二七―二〇〇六年）に同賞を授与している。この例のように、ランプン州では、地域称号制度とは別の形での新たな栄誉が出現している。ランプンポスト紙がこのように地域に貢献した人物の顕彰に積極的な理由については、『ランプンの一〇〇人』序文では、「マス・メディアによって再生産された多様な像があふれる中で、社会を成り立たせる要因（lantaran masyarakat）がわからなくなっている日々の生活の中における鏡像のようなものを与えるために、要人たちを取り上げたい」［Lampung Post 2008：xxii］と述べられている。また、二〇一五年のランプンポスト賞授賞式において、同紙編集長イスカンダル・ズルカルナイン（Iskandar Zulkarnain）は、「ランプンポスト紙はランプンの発展を先導し、社会を壊すような諸問題を防ぎ続ける」［Lampung Post 二〇一五年一一月三日付］と述べたと報じられている。こういった意思表明の端々に、ランプン州の言論を先導する古参メディアとしての自負がうかがわれる。

ようやく軌道に乗ったように見える地域称号制度を継続していくことは、ランプン大学のある若い教員が制度の基本設計を担当した際に条文の端々に込めたように、文民を中心とし、民族集団のしがらみを超えた多元的な社会という、ランプン州における地域社会の理想像を作り上げていく作業を推し進めていくことである。その努力は、代表性のポリティクスにとらわれた無制限な認定や、特定の政治会派に偏った認定が進むとき、その秘めた改革の力を失うことだろう。このような意味で、制度の主体となっていく人びとの力量もまた、大きく問われる制度である。

たとえば、元世銀専務理事でフォーブス誌の「世界でもっともパワフルな女性たち」のひとりとして選ばれたこともあるスリ・ムルヤニ・インドラワティ（Sri Mulyani Indrawati）財務大臣のように、よりグローバルに活躍する力を持つランプン出身の著名人や、あるいは、ランプン州の社会・経済・文化などの発展に貢献した諸外国の人びとも選ばれていくのか、もしくはより細分化した地域内部の「要人」だけが選ばれていくのかによって、この制度が未来志向的に地方から中央を変えていく力を持つものになるのか、あるいは地域内部の政争に拘泥する閉ざされた社会を反映したものになるのかが、大きく分かれていく。このような観点からすれば、やはり無制限な適用拡大をせず、また、設立当初の意図のように、文民を主とし、特定の民族集団への帰属にとらわれない制度運営を進めることこそが、劇的な変化を短期で生み出すものではないにしても長期にわたり影響を及ぼし、多様な指向性を持つ社会における、民族集団のしがらみを超えた多元的で調和的な地域社会の構築を実現させていく鍵となると思われる。[*26]

おわりに

独立後七〇年が経過し、国民の大半が独立闘争の記憶を、教科書やメディア、伝聞を通じて受容し再生産する現状がある。国家英雄やインドネシア・ナショナリズムが依拠してきた反植民地主義における武装闘争と、独立という出来事がもはや歴史となり、その後に進行している多分野での開発のほうが、現代インドネシアの人びとにとっては実感しうる「闘い（perjuangan）」となっている。本章で紹介した地域称号制度は、現代のランプン州の人びとが持つ実感を汲み上げて作られた制度と見ることもできるのであり、今後のインドネシア・ナショナリズムおよび国家英雄制度が進む変化の方向を指し示す先行指標のようにも感じられる。つまり、この地域称号制度を見るとき、今後、インドネシア・ナショナリズムは、グローバルな協調における文民主義的なナショナリズムへの展開がありうるのではないかという予想もできる。その場合、ランプン州の地域称号制度は、制度運営上生じたさまざまな問題も併せて、先行的な実践事例として国家英雄制度、ひいてはインドネシア・ナショナリズムのありようへと大きな影響を与えうる。このような認識の下で、同制度や国家英雄制度、そしてインドネシア・ナショナリズムの、今後の中長期的な展開を見守っていきたい。

参考文献

Adam, Asvi Warman　2010　*Menguak Misteri Sejarak*, Penerbit Buku Kompas.
Kementerian Sosial　2011　*Wajah Dan Perjuangan Pahlawan Nasional*, Kementerian Sosial Republik Indonesia: 612
Lampung Post (ed.)　2008　*100 Tokoh Terkemuka Lampung : 100 Tahun Kebangkitan Nasional*, Bandarlampung ; Lampung Post : 430
——2010　*Apa dan Siapa 550 Wakil Rakyat Lampung*, Lampung Post : 616

金子正徳　2002　「インドネシア新秩序体制下における「地方」の創造――言語・文化政策とランプン州の地方語教育」『東南アジア研究』40（2）、141-165頁

――　2012　「コラージュとしての地域文化――ランプン州に見る民族から地域への意識変化」　鏡味治也（編著）『民族大国インドネシア――文化継承とアイデンティティ』　木犀社、185-220頁

【統計】

Badan Pusat Statistik　2015　*Statistik Penduduk Lanjut Usia 2014*, Badan Pusat Statistik

【報告書等】

Tim Peneliti　2012　"Study Pelacakan dan Pengkajian Pahlawan serta Tokoh Daerah Pendiri Provinsi Lampung (Proposal)"

Tim Peneliti dan Pengkaji Gelar Daerah (TP2GD) dan Dewan Gelar Daerah (DGD) Provinsi Lampung　2013　"Sekilas Riwayat Tokoh-Tokoh Daerah Provinsi Lampung yang Memperoleh Penghargaan Lampung dalam Rangka Peringatan HUT RI ke-68 (17 Agustus 2013)"

【政令】

SK Gubernur Lampung No. G/322/B.VII/HK 2012 tentang Tim Peneliti dan Pengkaji Gelar Daerah (TP2GD) Provinsi Lampung (tanggal 4 April 2012)

SK Gubernur Lampung No. G/324/B. VII/HK/2012 tentang Dewan Gelar Daerah (DGD) Provinsi Lampung (tanggal 4 April 2012)

Peraturan Gubernur Lampung No. 26 Tahun 2012 tentang Pedoman Pelaksanaan Pemberian Gelar Daerah kepada Pahlawan Daerah dan Tokoh Daerah Provinsi Lampung (tanggal 12 Oktober 2012)

【新聞】

Antara

Harian Pilar

Lampung Post

Lampung Utara News Online

註

＊1――「tokoh」という語は、日常的な文脈ではたとえば地域の慣習に精通した人物を「tokoh masyarakat（社会的に卓越した人物）」、歴史をよく知る人物を「tokoh sejarah」と呼ぶように多義的であり訳しづらい語である。佐々木重次編『最新インドネシア語小辞典』一・四版では、人物、名士、要人、有力者といった語が訳語として挙げられている。本章では基本的に、「要人」として訳語を統一する。

＊2――独立闘争における対オランダのゲリラ攻撃など、それまでにも民族集団の垣根を越えて、「インドネシア」を実現する運動の中でともに戦った経験を共有する機会があったという背景も考慮すべきだろう。

＊3――二〇〇〇年の民族集団別統計では先住者集団であるランプン人は州人口の約一一パーセントであった（インドネシア中央統計局からのデータ）。

＊4――二〇一四年の年齢層別人口構成で、六五歳以上人口は四・八パーセントである。また、五〇歳未満人口は八三・七パーセントである［Badan Pusat Statistik 2015］。

＊5――タピス刺繍布（kain tapis）は、ランプン人の伝統的な縫い取り刺繍布で、金糸やスパンコールで装飾したもので、主として儀礼／儀式用途で用いられる。腰布（sarung）として用いられるほか、肩帯（selendang）や、男性の縁無し帽（kopiah）として用いられる。

＊6――後述するように、本章が取り扱う地域称号制度の場合、地域英雄・地域要人の要件としては意図的に国籍や出身地、出身民族集団などが規定されていない点が先端的な特徴である。

＊7――「ランプンの五原則」は、金子［2012］でも書いたように、ランプン州の第五代知事プジョノ・プラニョト（Poedjono Pranyoto、在任期間一九八八～九七年）が創り出した新しい伝統である。（一）誇りや体面、自尊心（piil pesenggiri）、（二）伝統の維持（bejuluk beadok）、（三）謙譲（nemui nyamah）、（四）友好的な社会関係（nengah nyappur）、（五）相互扶助（sakai sambayan）の五つで構成され、「ランプン人の人生哲学」として示されることもある。内容としては、他の民族集団でも持ちうる道徳的な価値観であるが、現在もさまざまな場面で、道徳的

な戒めの際に引用されている。なお、地元の文化人イワン・ヌルダヤ・ジャファール（Iwan Nurdaya-Djafar）は、この五原則のうち、特に（三）謙譲と（五）相互扶助を通じて、民族集団間の文化の違いを超え、相互に学び、信頼し、協調し、敬意を持ちつつ、未来志向でランプン州の発展を進めていくことを提唱している［Lampung Post 二〇一四年八月二三日付］。

＊8――国家英雄制度を掌理する社会省資料ではRadin Inten IIと書かれ、本章でもこちらに表記を合わせているが、ランプンではRaden Intan II（ラデン・インタンII世）と書かれることも多い。

＊9――本書I章の東南スラウェシ州、II章の東ヌサ・トゥンガラ州は、このような競合意識の存在や、中央対地方という対立軸では説明できない地域社会ならではの言説のありようを端的に示す例である。

＊10――制度設立にかかわった関係者への聞き取りによる。

＊11――地元の文化人イワン・ヌルダヤ・ジャファールによれば、piil もしくは piil pesenggiri という言葉が公的な文書の中で示されたのは、州の徽章の解釈について述べた一九七一年の文書（Perda Provinsi Lampung No. 01/Perda/I/DPRD/71-72 tentang Bentuk Lambang Daerah Provinsi Lampung）であるという。また、彼は、piil がもともとは、品行を表わすアラビア語の fiil を外来語として取り入れたものであると述べている［Lampung Post 二〇一四年八月二三日付］。

＊12――独立記念日（八月一七日）と英雄の日（一一月一〇日）にそれぞれ一四名、一六名が認定された。

＊13――このような本が出てくること自体、ランプン州における出版事情が売り手・買い手ともに質的に高まってきた証左として私は捉えている。

＊14――参考までに、二〇一二年の県予算は一兆二七億ルピア（約八三億円）であったので、立像の建設費は県予算の〇・一七パーセント程度である。

＊15――州都バンダルランプン市内の主要道路にはザイナル・アビディン・パガールアラムの像がひとつ建てられていたが、こちらは何の被害も受けていない。なお、その後この南ランプン県知事は、任期満了前に公金の不正や麻薬がらみの疑惑が持ち上がり、失脚した。

＊16――二〇一六年三月の時点でも、まだこの立像建設にかかった公金を返納するよう求める学生運動家も存在する［Harian Pilar 二〇一六年三月二六日付］。

＊17――この事例に限られたことではなく、インドネシアにおける大学は、しばしば学術研究組織としての顔のほかに、さまざまな政治・社会実践に積極的に関与する人材バンクのような役割を果たしてもいる。
＊18――入手した資料ではpejuang（闘士）と書かれているが、文脈からは英雄（pahlawan）を指している。
＊19――認定の内容を端的に示すべき「説明」に「ランプン地域英雄」としか記されていない者もいる。
＊20――複数の資料にあたったが、ライデンにおける高等法曹学校（sekolah hakim tinggi di Leiden）といったインドネシア語による一般的な記載で、執筆時点では具体的な学校名を確認できなかった。
＊21――セパタクローとは、二チームでネット越しに藤球を蹴り合い勝敗を競う東南アジア起源のスポーツである。
＊22――たとえばアブドゥル・ムルックの名は、シャフルディン州知事（当時）の専門補佐官のひとりで地域称号制度立ち上げを中心となって進め、地域称号委員会の一委員でもあったアンショーリ・ジャウサルが、これから作り上げていく地域称号制度で認定されるべき要人の一例として制度施行以前にすでに言及していた［Lampung Post 二〇一一年一一月九日付］。
＊23――この両候補とも、二〇一五年時点では依然として国家英雄には認定されていない。
＊24――このような政治的な側面があることを理由に、地域称号調査研究チーム（ＴＰ２ＰＤ）の元メンバーのひとりは聞き取り調査に応じてくれなかった。
＊25――なお、二〇一五年に同著は『ランプンにおける七一七人の社会代表紹介』へと拡充されている（傍点はいずれも筆者による強調）。
＊26――たとえば、ランプン州における地方語・地方文化教育（地方独自内容／ムアタン・ローカル）制度は、さまざまな問題を抱えつつ、すでに二〇年以上続いてきた。結果として、州人口の半分が、想像された「地域（ほぼ州に相当する）」とその文化・社会・歴史をすでに学び、共有している。このように継続していくこと自体が、ゆっくりと、しかしながら重要な社会変容の方向性を生み出していく。

Ⅳ

「創られた英雄」とそのゆくえ

スハルトと一九四九年三月一日の総攻撃

横山豪志

はじめに

二〇一六年五月一六日、バリ島で開催されていたゴルカル党の臨時党大会で、この党大会をもって辞任することが決まっていたアブリザル・バクリ（Aburizal Bakrie）総裁[*1]が、演説の中で「かつてゴルカル党はスハルトを国家英雄にすることを提案したが、いまだに成果をあげていない。改めてスハルトを国家英雄にすることを提案したい」と突如発言した［*Kompas.com* 二〇一六年五月一六日］。この発言はその後、ゴルカル党の枠を超えて賛否両論が巻き起こり、大きな反響を呼ぶことになった。

そもそもゴルカル党は、スハルト政権期に制度化され政権を支えた翼賛団体ゴルカル（職能集団）が民主化の過程で政党化した組織であるため、スハルトを国家英雄に推す動きがあっても不思議ではない。政党でいえば、スハルトの元娘婿で軍人だったプラボウォが党首を務めるグリンドラ党からも、スハルトの国家英雄推戴におおむね同意する声が上がった。これに対してスハルト政権期の野党であり抑圧されてきた経験を持つ、開発統一党や闘争民主党（スハルト政権期は民主党）などからは反対意見が上がった。また、いくつかの人権団体からも、スハルトの国家英雄推戴に強く反対する意見表明がなされた。ある人権団体関係者の言葉を借りれば「スハルトは貢献（jasa）も大きいが、罪（dosa）も大きい」のがその理由である［*Kompas.com* 二〇一六年五月二五日］。

スハルトは「開発の父（Bapak Pembangunan）」と呼ばれ、インドネシアの経済発展に貢献してきたとの評価があるいっぽう、数々の人権侵害を行ったことから、その罪に対する批判も根強い。[*2]スハルトによる人権侵害として最も悪名高いものが、一九六五年の九月三〇日事件にかかわる大量虐殺である。九月三〇日事件の始まりは、一部の国軍部隊によるクーデタ未遂事件であったが、スハルトはこの事件を受け、陸軍の実権を掌握した上で、クーデタの首謀者は共産党であると主張して、共産党とその関係者とみなした数十万におよぶ人々を粛清していった。またクーデタの鎮圧と治安維持を名目に、スハルトは一九六六年にはスカルノから大統領権限を委譲され、六八年には正式に第二代大統領となった。

九月三〇日事件に関する一連の出来事の真相は、いまだ不明な点も多いが、過去の人権侵害を解明し和解するために、二〇一六年四月一八日から一九日にかけて「一九六五年の悲劇を検討する――歴史的アプローチ」というシンポジウムが開催された。このシンポジウムには、政治法務治安調整相、司法人権相、内相、警察長官らが参加するなど、政府が積極的にかかわった。スハルトの責任論も再燃しつつあったことから、冒頭のアブリザル・バクリの発言は、こうした動きへの反発とも考えられる。

実はスハルトを国家英雄に推戴すべきか否かの論争の中で、スハルトの国家英雄認定については、国家英雄制度を管轄する社会省内での行政手続きはすでに終え、栄典審議会で審議中であることが明らかになった［*Kompas.com* 二〇一六年五月二三日、六月二二日］。少なくとも二〇一六年に国家英雄に認定されることはなかったが、今後とも認定されないことが確定したのか、いまだ審議途中であるのかは不明である。

いずれにせよスハルトの功罪、とりわけ「罪」の部分については今日に至るまでさまざまな議論がある。よく知られているように、スハルト政権下では自由な議論が封じられ、政権に都合がいいように事実が歪曲されることも多かった。スハルト退陣以降、こうした言論操作、歴史の歪曲は批判に晒されてきたが、[*3] その際には九月三〇日事件に関する一連の出来事に焦点が当てられることが多い。これらは、スハルト政権下では、共産党のクーデタ未遂による国家の危機をスハルトが救ったものと位置づけられ、スハルトの「英雄的行為」として語られてきたものであった。

これに対し本章では、同様にスハルト政権下ではスハルトの「英雄的行為」として称賛されながら、スハルト退陣以降その見直しが叫ばれることになった出来事である、一九四九年三月一日の総攻撃 Serangan Oemoem 1

Maret 1949（以下「総攻撃」と略記[*4]）に着目してみたい。「総攻撃」とは、一九四九年にオランダ占領下のジョグジャカルタ市に対してなされた総攻撃であり、国際社会にインドネシア共和国がいまだ消滅していないことを示した戦闘として知られている。

「総攻撃」の前後史を簡単に確認しておこう。一九四五年八月一七日にインドネシア共和国が独立宣言して以降、インドネシアの再植民地化を目論むオランダとの間で独立戦争が起こった。首都ジャカルタがオランダの攻撃を受けたため、一九四六年一月に内陸のジョグジャカルタが共和国の臨時首都となった。その後二回の停戦合意を挟んで一九四八年一二月にオランダが第二次軍事攻撃を行い、ジョグジャカルタもオランダ軍の占領下に入った。「総攻撃」はそのオランダ軍に対し、共和国軍が実施したゲリラ作戦の一環であった。その後五月のルム・ロイエン協定や八月以降のハーグ円卓会議といった外交交渉を経て、一九四九年一二月にインドネシアは独立することになった[*5]。

後述のようにスハルト政権下では、この「総攻撃」の発案者はスハルトであるとして、彼自身の「英雄的行為」とみなされるようになった。しかしスハルト退陣後、一九九九年から二〇〇〇年にかけて、この「総攻撃」の発案者は誰なのかを巡り問い直しの議論が巻き起こった。そこではスハルトが発案者であるというスハルト政権期の言説が見直され、ジョグジャカルタのスルタン・ハムンク・ブウォノ九世（Hamengku Buwono IX　以下、九世）発案説が（再び）受容されることになった。

以下では四つの時期に分けて、スハルト発案説が流布していった過程、そしてそれが否定されていく過程のみならず、従来の議論では見落とされていた点、すなわち「総攻撃」におけるスハルトの役割が強調されるのに伴い、「総攻撃」自体の歴史的価値が高められていった過程も併せて検討していく。

1　同時代の位置づけ

「総攻撃」は当初からインドネシア国内ではある程度知られていた。共和国の首都を日中に一時占領したというニュースは、オランダ軍、ジョグジャカルタ周辺住民、ジョグジャカルタにいた国連関係者のみならず、インドネシア中に広がった。また「総攻撃」の目的が、国際社会に対し共和国や共和国軍の存在をアピールすることであったというのも知られていた。実際に、その後の国連等での外交交渉をどの程度後押ししたかは不明だが、少なくともインドネシア国内では政治的影響があったと当初から信じられてきた［Perkumpulan Wehrkreise III 1950: 16］。ただし、この時期「総攻撃」は独立革命期の多くの戦いの中のひとつという程度の認識であった［Kementerian Penerangan Republik Indonesia 1949; 1950］。作戦の指揮官としてスハルトも無名ではなかったが、発案者に対する関心はなかった。

ちなみに一九五一年には「総攻撃」を題材にした映画『ジョグジャの六時間（*Enam Djam di Jogja*）』が製作されている。この映画は一九五〇年に設立されたインドネシア国立映画会社の二作目の作品で、監督のウスマル・イスマイル（Usmar Ismail）はかつて国軍の諜報部に属していた人物である。『ジョグジャの六時間』には九世もスハルトも名前は出てくるが登場はせず、「総攻撃」に従事した前線の兵士や物資や密書を運んだ女性たちの活躍が中心に描かれている。

2　スハルトの功績としての「総攻撃」

一九六〇年代に入り国軍が共産党に対抗する形で政治介入するのに併せ、つまりスハルト政権成立の少し前から、独立における軍の貢献、軍と国民の一体性を強調する国軍中心史観が創造されはじめた。独立革命については「外交と闘争」のうち闘争が強調されるようになり、この傾向はスハルト政権期になると拍車がかかった。「総攻撃」とそこでのスハルトの貢献がクローズアップされることになるのもこの時期であるが、一定の歯止めも存在した。

たとえば、情報省が出版した一九六五年刊の『インドネシア独立二〇年(*20 Tahun Indonesia Merdeka*)』には「総攻撃」に関する記述はあるが、それよりも多くのページをスラカルタ総攻撃[*6]に費やしている[Departemen Penerangan R. I. 1965: 260-266]。これに対し一九七七年刊の『インドネシア独立三〇年(*30 Tahun Indonesia Merdeka*)』では、「総攻撃」におけるスハルトの主体性がより強調されるいっぽう、スラカルタ総攻撃の記述は削除されるなど[*7]「総攻撃」の扱いが相対的に大きくなっている[Sekretariat Negara 1980(1977): 207-208]。これに対して、スハルト政権期の歴史観を代表する著作である『インドネシア国史(*Sejarah Nasional Indonesia*)』[*8]について、一九七五年の初版と一九八四年の第四版を比べると、独立革命期全体に関する記述は四三ページから一一五ページに増えているものの、「総攻撃」そのものに関する記述は変わっていない[Notosusanto (ed.) 1975: 62-63; 1993(84): 162]。いっぽう一九七九年に製作され、スハルトを英雄として描いた最初の映画として知られる『黄色いヤシの葉(*Janur Kuning*)』では、スハルトが冒頭から主人公として登場し、「総攻撃」における彼の主体性、指導的役割が前面に描かれている。[*9] 一九八五年には同じ趣旨の漫画『闘争の街を奪取せよ(*Merebut Kota Perjuangan*)』が子ども向けに出版された。[*10]

「総攻撃」の発案者については、一九七三年にジョグジャカルタに建てられた、「総攻撃」記念碑(写真1)の除幕式の際、スハルト自身が発案者であると発言したらしいが、一般的にはスルタン・ハムンク・ブウォノ九世だと思われていたこともあり、その影響は限定的だった。もっとも九世が「総攻撃」を発案する契機となったとされる外国のラジオ放送を、スハルトも聴いたというエピソードは『黄色いヤシの葉』でも描かれており、[*11]スハルト発案説を広める素地は作られていった。
スハルトもラジオを聴き九世と同じ発想を持ったという主張は、その場にいなかった第三者が積極的に否定しづらいことは留意すべきであろう。

3　スハルト発案説の公式化

一九八五年以降、スハルト発案説が前面に押し出されると同時に、「総攻撃」自体の価値も強調され全国規模で顕彰されるようになった。一九八五年には「総攻撃」に関するいくつかの出来事があった。まず、独立四〇周年関連の英国放送協会（BBC）のラジオインタビューで、九世が「総攻撃」の発案者は自分であることを明言した[*12]。いっぽう、元ジョグジャカルタ市長が新聞紙上で「総攻撃」の発案者はいまだ不明であると発言したが［*Suara Merdeka*　一九八五年一〇月二五日］、より重要なのは、スハルトが発案者は彼自身であると反論したインタビューが全国各紙に掲載されたことである［*Kompas*　一九八五年一一月五日］。これでスハルト発案説を誰も表立って否定できなくなった。翌八六年には「総攻撃」財団が創設され、同年以降毎年三月一日にジャカルタでも「総攻撃」記念行事が開催されることになった。また開始年は不明だが、「総攻撃」関連の映画のテレビ放送も毎年恒例となった。

一九八九年に出版された『スハルト自伝（*Soeharto: Pikiran, Ucapan, dan Tindakan Saya: Otobiografi*）』では、スハルトが部下とともに外国のラジオ放送を聴き「総攻撃」の発案に至った経緯が述べられている[*13]［Dwipayana & Ramadhan 1989: 63］。とはいうものの、スハルト発案説に対する懐疑は依然として存在した。同年に陸軍戦略幕僚学校から出版された『ジョグジャカルタにおける一九四九年三月一日の総攻撃（*Serangan Umum 1 Maret 1949 di Yogyakarta*）』では、「総攻撃」に関して詳細に記述されており、まさに正史と呼びうるものであるが、ここで

写真1　「総攻撃」記念碑（ジョグジャカルタ）。1973年に建立された。

写真2　ジョグジャ帰還記念館（ジョグジャカルタ）。1989年に開館された。

は九世とスハルトの両者が発案者であると読めるよう曖昧に書かれている［SESKOAD 1989: 186-187］。さらに一九八九年にジョグジャカルタにジョグジャ帰還記念館（Monumen Yogya Kembali）が開館する（写真2）。これは、四九年六月二九日にオランダ軍がジョグジャカルタから撤退し、同市が共和国の手に戻ったことを記念する博物館であるが、「総攻撃」に関する展示も多く、「総攻撃」記念館にもなっている。興味深いのは、同館の展示レリーフでは「総攻撃」がスハルト発案であるかのように描かれているものの、一九九七年刊の同館八周年記念本では、九世とスハルト両者であると読めるような書き方になっている点である［Soerjono et al. 1997: 48, 140］。こうした「ささやかな抵抗」はみられるものの、「総攻撃」はスハルトの功績として顕彰され、スハルトは独立革命の英雄である点が強調された。また、ともすればオランダ第二次軍事攻撃とルム・ロイエン協定の間にある「総攻撃」が、あたかも劣勢であったインドネシア共和国が息を吹き返し、その後の独立へと繋がる契機となったかのような描かれ方もされた。

4　民主化後の見直し

一九九八年五月にスハルトが退陣した。退陣後、最初に迎えた一九九九年の三月一日前後、ジョグジャカルタを中心に「総攻撃」に関する討論会が盛んに開催され、スハルト発案説に対する異議申し立てが行われた。学識経験者、文化人、元軍人など多くがスハルト発案説に異を唱えたが、その中心になったのが、四九年当時スハルトの直属の部下マルスディであった。彼は上述の漫画『闘争の街を奪取せよ』のシナリオも描いており、それまでスハルト発案説支持者であったが、このときになってスハルトの「嘘」を告発した。すなわち、スハルトがスルタン・ハムンク・ブウォノ九世に会ったのは「総攻撃」の後だったと従来スハルト自身が自伝などで主張していた[*14]ことを否定し、実際にマルスディがスハルトを王宮に案内したのは「総攻撃」より前であったことを明らかにした。つまり「総攻撃」前に九世と会ったスハルトは、そこで「総攻撃」の実施を九世より提案された、という主張である。[*15] 他の論者も、国立公文書館に残っていた八五年のBBCによる九世へのインタビューの録音等に基づき、九世発案説を支持した。こうして九世発案説が有力になった。翌二〇〇〇年三月前後にも同様の議論が繰り返された後、六月二九日には王宮の一角に「総攻撃」の発案者は九世であることを記した石碑が建立された（写真3）。九世発案説を唱える書籍もいくつか出版され［Tim Lembaga Analisis Informasi 2000; Chidmad et al. 2001］、発案者は九世、スハルトは実行者＝現場指揮官という位置づけが広く受容された。また同様の内容が高校歴史教科書にも加筆されることになった。

もっとも、「総攻撃」の歴史的価値自体に関する議論はその後も生じていない。インドネシア国内への政治的影響はともかく、この「総攻撃」が国際社会、とくに国連での共和国代表の外交活動

写真3　「総攻撃」石碑（ジョグジャカルタ）。2000年に建立された。

に好影響を及ぼしたかどうかはいまだに不明である。ちなみに、オーストラリア人元外交官が書いた二〇一五年刊の『共和国の中の王子（*A Prince in a Republic*）』によれば、少なくとも彼が調べた範囲では国連安保理の議事録に「総攻撃」に関する記述は見つからなかったという［Monfries 2015: 207］。

スハルト退陣後の「総攻撃」に関する言説に関して留意したいのは、九世発案説が強く主張されたのは、この時期のジョグジャカルタの政治状況、つまり一九八九年に九世の息子であるスルタン・ハムンク・ブウォノ一〇世が州知事に就任したことや、スルタンが選挙を経ずに州知事に就任できるよう規定するジョグジャカルタ特別州法を制定しようとする運動が盛り上がっていた[*16]ことと、無関係ではなかったという点である。スハルト発案説以前からあった九世発案説の復権は、ジョグジャカルタのスルタン、さらにはスルタンを戴くジョグジャカルタ特別州の（再）承認を求める動きとも連動していた。

いっぽう言論の自由が相応に認められるようになった今日、九世発案説以外の説も存在する［Hutagalung 2010; Ridhani 2010］。二〇一三年にはスハルト発案説に基づくスハルト記念館が、ジョグジャカルタ郊外のスハルト生家跡に開館した。開館直前にスハルトの娘ティティッ（Titiek）[*17]が国会議員に立候補を表明し、選挙時には記念館前に大きな看板が掲げられていた。時代は変わったものの「総攻撃」は依然として政治利用の対象となっているといえよう。

おわりに

これまでの議論で、スハルト発案説が流布していった過程、そしてそれが否定されていく過程を明らかにしてきた。加えて注目すべきは、「総攻撃」が一九六五年の九月三〇日事件とは大きく異なる以下の点であろう。多くの流血を伴い、政権移行の引き金となった九月三〇日事件は、真相はどうであれインドネシア史にとって転換点となる重要な出来事であったことはまちがいない。これに対し「総攻撃」は、スハルト政権下でスハルトの英雄的行為として語られていく中で、「総攻撃」自体があたかも歴史上重要な出来事と位置づけられていき、さらにスハルト退陣以降スハルトの役割が見直される中でも歴史的価値に関する議論は不問のままであるという点である。

今日のインドネシアにおいて、スハルト政権期に行われたような、時の政権による露骨な形での「歴史創造」はもはや存在しない。本章が指摘した「総攻撃」の事例は、過去のものと言えるかもしれない。しかし今日各地で行われている国家英雄推戴運動の中には、その手法において、とりわけ推戴に際して必要な「当該国家英雄候補の生涯と闘争の歴史を、正確なデータに基づいて体系的に編纂し、科学的に記述した説明文」の作成については、かなり強引なケースもみられるようだ。国家英雄推戴運動が、かつて国家レベルで行われていた「歴史の掘り起こし」の名の下の「歴史の捏造」に陥らないことを望みたい。

補記——本稿は、日本インドネシアNGOネットワーク（JANNI）『インドネシア・ニュースレター』九二号（二〇一六年）に掲載された「もうひとつの『歪められた歴史』——三月一日の総攻撃を巡って」を一部改稿のうえ転載したものである。

参考文献

Atmakusumah (ed.) 1982 *Tahta untuk Rakyat: Celah-celah Kehidupan Sultan Hamengku Buwono IX*. Jakarta: Gramedia.

Chidmad, Tataq, Sri Endang Sumiyati & Budi Hartono 2001 *Pelurusan Sejarah Serangan Oemoem 1 Maret 1949*. Yogyakarta: Media Pressindo.

Departemen Penerangan R. I. 1965 *20 Tahun Indonesia Merdeka, Djilid III, Kompartimen Pertahanan /Keamanan/ Kasab*. Djakarta: Departemen Penerangan R.I.

Dwipayana, G. & Ramadhan K.H. 1989 *Soeharto: Pikiran Ucapan dan Tindakan Saya: Otobiografi*. Jakarta: Citra Lamtoro Gung Persada.

Hutagalung, Batara R. 2010 *Serangan Umum 1 Maret 1949: Dalam Kaleidoskop Sejarah Perjuangan Mempertahankan Kemerdekaan Indonesia*. Yogyakarta: LKiS.

Irawanto, Budi 1999 *Film, Ideologi, dan Militer: Hegemoni Militer dalam Sinema Indonesia*. Yogyakarta: Media Pressindo.

Kementerian Penerangan Republik Indonesia 1949 *Lukisan Revolusi Rakjat Indonesia 1945-1949*. Jogjakarta: Kementerian Penerangan Republik Indonesia.

———1950 *Beberapa Tjatatan: Detik dan Peristiwa, 17 Agustus 1945–23 Djanuari 1950 (Penerbitan Darurat)*. Jakarta: Kementerian Penerangan Republik Indonesia.

Monfries, John 2015 *A Prince in a Republic: The Life of Sultan Hamengku Buwono IX of Yogyakarta*. Singapore: ISEAS.

Notosusanto, Nugroho (ed.) 1975 *Sejalah Nasional Indonesia VI: Jaman Jepang dan Jaman Republik Indonesia*. Jakarta: Departemen Pendidikan dan Kebudayaan.

———1993(1984) *Sejarah Nasional Indonesia VI: Jaman Jepang dan Jaman Republik Indonesia*, Edisi ke-4. Jakarta: Balai Pustaka.

Perkumpulan Wehrkreise III 1950 *Buku Gerlija Wehrkreise III*. Jogjakarta: Perkumpulan Wehrkreise III.

Ridhani, R. 2010 *Letnan Kolonel Soeharto: Bunga Pertempuran Serangan Umum 1 Maret 1949*. Jakarta: Pustaka Sinar Harapan.

Sekretariat Negara RI 1980(1977) *30 Tahun Indonesia Merdeka*. Jakarta: Tira Pustaka.

SESKOAD 1989 *Serangan Umum 1 Maret 1949 di Yogyakarta: Latar Belakang dan Pengaruhnya*. Bandung: SESKOAD.

Soerjono, Soetardono, Sri Utami, Darto Harnoko, Mertopuspito & Mandayanegara (eds.) 1997 *Sewindu Monumen Yogya Kembali*. Yogyakarta: Yayasan Monumen Yogya Kembali.

Tim Lembaga Analisis Informasi 2000 *Kontroversi Serangan Umum 1 Maret 1949*. Yogyakarta: Media Pressindo.

Wild, Colin & Peter, Carey (eds.) 1986 *Born in Fire: The Indonesian Struggle for Independence: An Anthology*. Athens: Ohio University Press.

Wid NS 1985 *Merebut Kota Perjuangan: S.U.1 Maret 1949*, Jakarta: Sinar Asih Mataram.

【新聞記事（オンラインも含む）】

Kompas, 1985/11/05, “Presiden tentang Serangan 1 Maret 1949”

Kompas.com, 2016/5/16, “Munaslub Golkar Usulkan Soeharto Jadi Pahlawan Nasional”, http://nasional.kompas.com/read/2016/05/16/15501061/Munaslub.Golkar.Usulkan.Soeharto.Jadi.Pahlawan.Nasional

———2016/5/23, “Pengajuan Pahlawan Nasional untuk Soeharto Sudah Sampai di Dewan Gelar”, http://nasional.kompas.com/read/2016/05/23/07234941/pengajuan.pahlawan.nasional.untuk.soeharto.sudah.sampai.di.dewan.gelar

———2016/5/25, “Kontras Nilai Usulan Gelar Pahlawan Soeharto Dimunculkan Pihak yang Diuntungkan Orde Baru”, http://nasional.kompas.com/read/2016/05/25/08255741/kontras.nilai.usulan.gelar.pahlawan.soeharto. dimunculkan.pihak.yang.diuntungkan.orde.baru

———2016/6/22, “Pengajuan Pahlawan Nasional, Nama Gus Dur dan Soeharto Masih Diendapkan Dewan Gelar”, http://nasional.kompas.com/read/2016/06/22/22384871/pengajuan.pahlawan.nasional.nama.gus.dur.dan.soeharto. masih.diendapkan.dewan.gelar

Suara Merdeka, 1985/10/25, "Mr. KPH Soedarisman Poerwokoesoemo: Perlu Diteliti Siapa Pemberi Komando Pertama Serangan Umum 1 Maret 1949"
【映画】
Enam Djam di Jogja, 1951, Usmar Ismail
Janur Kuning, 1979, Alam Rengga Surawidjaja

註

＊1——アブリザル・バクリは、二〇一四年にランプン州の「地域要人」に認定されている。金子によるⅢ章参照。

＊2——結局、スハルトは生前訴追されることはなかった。

＊3——スハルト政権期に創られた「歪められた歴史」を問題視する動きについては、津田によるⅥ章参照。

＊4——管見の限り、一九四九年三月一日の総攻撃という固有名詞が定着するのはスハルト政権期に入ってからである。また現在のインドネシア語では総攻撃を serangan umum と綴るためスハルト政権期にはそのように表記されてきたが、後述の一九九九年以降の論争の中で、その由緒正しさを示すために serangan oemoem という旧綴りでの表記が一般的になった。このため現在の表記 Serangan Oemoem 1 Maret 1949 はかなり新しいものである。

＊5——このとき独立したのはインドネシア共和国をその一部に含む連邦国家、インドネシア連邦共和国であった。その後、他の連邦構成国がインドネシア共和国に吸収合併される形で、一九五〇年八月一七日に単一国家インドネシア共和国が誕生する。

＊6——スラカルタ総攻撃とは、一九四九年八月七日から一〇日にかけてスラマット・リヤディ（Slamat Rijadi）の指揮下、オランダ占領下にあるスラカルタ市（別名ソロ）で実施された総攻撃である。軍事的には「総攻撃」よりも規模も成果も大きかった。

＊7——スラマット・リヤディについては一九四九年一一月一四日にスラカルタが共和国の手に戻った「ソロ

帰還」の項目で、小さく扱われているだけである。

＊8――『インドネシア国史』のうち、日本軍政期から独立後の時代を編纂したヌグロホ・ノトスサント（Nugroho Notosusanto）については、津田によるⅥ章を参照。

＊9――スハルト自身が制作費の一部を出資したと言われている［Irawanto 1999: 7］。

＊10――学校での使用を認める教育文化省初等中等教育総局長決定が巻末に記されている。

＊11――このラジオ放送は、インドネシア共和国はすでに壊滅したというオランダのプロパガンダとともに、三月に国連安保理でインドネシアに関して審議される予定であるという内容を含んでいたため、共和国の存在を内外に誇示するための「総攻撃」を発案する、重要な契機となったと言われる。『黄色いヤシの葉』では、九世がラジオを聴取している場面に続き、共和国軍のゲリラ部隊が聴取している場面が描かれている。ただし英語放送のはずがインドネシア語になっている。同作品ではオランダ兵は字幕なしでオランダ語を使っており、鑑賞者の便宜を図ってインドネシア語にしたとは思えない。

＊12――このときBBCが行った一連のラジオインタビューは、一九八六年に英語で『情熱の中の誕生（*Born in Fire*）』というタイトルで出版された（同年にはインドネシア語訳も出版された）。九世自身が「総攻撃」発案者であると述べたことは、九世の七〇歳を記念して一九八二年に出版された『民衆のための玉座（*Tahta untuk Rakyat*）』にも記されている［Atmakusumah (ed.) 1982: 79］。

＊13――スハルト自身は英語ができない。

＊14――漫画にも「総攻撃」後にスハルトが九世と面会する場面が描かれている。

＊15――先述の一九八二年刊の『民衆のための玉座』にも「総攻撃」の前に九世とスハルトが会ったという記述がある。この点については第二刷の緒言で、第一刷が出た後に九世から「総攻撃」前の二月一三日ごろに会ったとの説明があったと特に言及されている［Atmakusumah (ed.) 1982: xiv, 80］。

＊16――ジョグジャカルタ市を含むジョグジャカルタ地域は、オランダ植民地期にスルタン家の王侯領全体が理事州（karesidenan）になっていたものが、独立後は州（provinsi）と同格の特別地区（daerah istimewa）、すなわちジョグジャカルタ特別州になった。他の州と異なり「特別」なのは、九世がスルタンとして同州の首長、すなわち州知事を務めていたことであった。一九九八年以降、スルタンが無条件で州知事になるという仕組みを

永続化しようとする動きが強まっていた。

＊17――本名はシティ・ヘディアティ・ハリヤディ（Siti Hediati Hariyadi）であり、一般にこの名前で知られているが、二〇一三年に国会議員に立候補した際にはシティ・ヘディアティ・スハルト（Siti Hediati Soeharto）の名前を用い、現在もこの名前で国会議員として活動している。なお本章の冒頭で述べたプラボウォは彼女の元夫である。

V

偉大なるインドネシアという理想

ムハマッド・ヤミン、タラウィの村からジャワの宮廷まで

ファジャール・イブヌ・トゥファイル

荒木亮 訳

1 ナショナル・ヒストリーとライフ・ヒストリー

ムハマッド・ヤミン（Muhammad Yamin）は現在もなお、論争の的となっている人物である。多くのインドネシア人が、インドネシアの独立革命期（一九四五年八月〜四九年一二月）およびその後の国家建設におけるヤミンの多大な政治的貢献に対して敬意を抱いている。他方で、インドネシア国家のイデオロギーであるパンチャシラ（国家五原則 Pancasila）[1]を創案したのは自身であると主張して歴史を歪曲した人物だとして、彼を嫌う者もいる。ヤミンが国政で果たした役割をめぐる称賛者と批判者との間の論争は続いており、とりわけパンチャシラの誕生を記念する六月一日が訪れるたびに盛り上がりを見せる。ヤミンの支持者は、パンチャシラはヤミンが創案したものであり、スカルノはそれを大衆に広めたにすぎないと主張する。他方、ヤミンを批判する者たちは、スカルノこそがパンチャシラの創案者なのだとして、その主張を退けるのである。

その生涯を通じて数々の論争の的となってきたものの、ヤミンが一九四五年に始まる独立革命期以来、この国において中心的かつ傑出した人物であったことはまちがいない。一九四六年にクーデター[2]を試みたことで起訴・投獄されたものの、釈放後は共和国政府における高官の地位に返り咲いた。法務大臣（一九五一〜五二年）、教育・指導・文化大臣（一九五三〜五五年）、国務大臣（一九五七〜五九年）、社会・文化大臣（一九五九〜六〇年）、さらに一九六〇年から彼が没する一九六二年までは国家企画大臣などの要職を歴任した。[3]そして一九七三年には、スハルト大統領からヤミンに国家英雄の称号が贈られている。

ムハマッド・ヤミンは、ナショナル・ヒストリーの重要性を早くから唱えた人である。だが、過去の出来事に対するヤミンの解釈は、世論の混乱を引き起こすものであった。ヤミンが著した歴史書の数々に対し、歴史家たちはすぐさま、その記述は伝説と史実を混同しているとして切り捨てた。本章では、ヤミンの歴史表象をめぐるこの論争に着目しつつ、彼のナショナル・ヒストリーに対する解釈は、彼自身が辿ってきたライフ・ヒストリーの各局面のエピソードに深く根差したものであるということを主張したい。ここでは、ヤミンの著作で言及される原典が果たして学術的検証に耐えうるものかどうかなどといった問題に答えを出すことはしない。なぜならそれは歴史の専門家の仕事だからだ。また、ヤミンがいかに歴史資料を収集し、検証し、そして解釈したか、その方法論的手続きを批判的に検討することもしない。その代わりに本章では、歴史に対する彼の解釈が、植民地期と独立後のインドネシアの変わりゆく政治情勢をくぐり抜ける中で形成された彼の主体性に根差したものであることを跡づけてみたい。ヤミンの著作を彼自身のライフ・ヒストリーにしかるべく位置づけることで、本章では、彼を単なる「ナショナリスト」へと矮小化せず、この歴史的な行為者《アクター》が折衝してきた、さまざまな物理的・倫理的側面が複雑に組み合わさった多様体（アッサンブラージュ）[4]に向き合ってみたいのだ。ヤミンの人生は非常に活動的であった。彼は頻繁に各地を転々とすることで、数多くの土地とコミュニティを渡り歩いた。それは、二〇世紀初頭のオランダ領東インドに生きた人としては稀有な経験であった。

ナショナル・ヒストリーは、物語の範疇を創り出し、ナショナリストの歴史家たちが過去を見るのに用いる解釈のレンズを固定することによってはじめて十全に機能する。著名な歴史評論家であるヘイドン・ホワイト［White 1987］によると、ナショナリストの歴史家は、史実を理路整然と展開させるために、時系列的で社会的ないくつもの枠組みを編み出してきたが、そのために残念ながら、日常生活におけるこまごまとしたありふれた事象をわきに追いやってしまった。ナショナル・ヒストリーは、その登場人物たちを、たいていが植民地支配の執行人である「抑圧者」と、たいていが非白人・非西洋人である「革命家」といった具合に、それぞれを対立的な範疇へと位置づける。このような理論的筋書きを採用することによってのみナショナル・ヒストリーは力を獲得し、正当なものとなり、植民地支配に対する革命を擁護することが可能となる。ホワイトは、歴史家たちがこれらの社会範疇を生み出し、またそれらを特定の目的のために作り出してきたことを暴き出すことで、社会範疇の二元性を批判している。このような批判のうえで彼は、歴史を、歴史上の行為者たちと彼らが置かれていたコンテクストの複雑な相互作用を掘り起こす中で結果的に生み出される物語として位置づけ直すべきこと、そして歴史家というものも、過去に対する特定の観点を作り上げそれを維持する政治的な存在として捉え直すべきことを主張している。

ヤミンの生涯が語られる際には、彼がいかにインドネシアの国家的な出来事に関与したかという点が多くの場合は列挙されるが、これによって彼の生涯はナショナル・ヒストリーの領域へとからめとられてしまうことになる。このようなナショナル・ヒストリー的な観点からヤミンの生涯が語られる際には、インドネシアの独立に備えて設立された日本人とインドネシア人からなる国家機関である独立準備調査会（Badan Penyelidik Usaha-usaha Persiapan Kemerdekaan Indonesia, BPUPKI）[5]にヤミンが参画したことがまず言及される。また、国家のイデオロギー（パンチャシラ）[6]や国章の策定にヤミンが貢献したといわれることもある。このように、多くの場合ヤミンの生い立ちに関する説明は、歴史家や国家が彼をナショナルな行為者《アクター》（その評価は分かれるところだが）として位置づけるためのツールとして用いられているのであって、そこからは、ヤミンの主体性の中からいかに彼の政治的思考や実生活上の選択肢が出てきたかというような、その細部を丁寧に追うような議論は欠落してしまうのである。

主体性を前景化することは、国家／国民《ネーション》がナショナル・ヒストリーを必要とする理由を軽視するように見えるかもしれない。もちろん、国家《ネーション》／国民にとっては、それ以上詮索してはならない終結点があり、ナショナル・ヒストリーはその議論を終結させる役割を果たす。しかしながら、まさにこの語りが閉じられる終結点においてこそ、ありえたはずの主体による説明、個人的な感情、そして曖昧な態度などの余地がすべて、言説の暴力によって消し去られてしまうのである［Butler 2005: 41-82］。歴史家はしばしば、その言説の暴力に加担するのであり、国家官僚は歴史家の後を追って、その終結点を具体的な政策に変えていく。この意味で、国家英雄の歴史とは、二重の意味で語りを閉じてしまう歴史の語り口であるといえる。なぜならばそれは、個人の歴史をナショナルな物語へと回収するばかりか、人並み外れた身体と精神を備えた人物を指すものとして「英雄」なる社会的範疇を作り上げるからだ。かくして国家英雄をめぐる言説は、別様の物語や別様の身体性のありかたがナショナル・ヒストリーの中で語られるのを排除することになる。

　植民地権力に対する革命は、その抵抗を正当化するために歴史を動員する。ナショナリストたちは、ときには捏造されたものも含む過去の出来事を掘り起こし、選別したうえで用いることで、ナショナル・ヒストリーと植民地支配の物語を言説上切り分けようとする。そうしてナショナリストたちは、自分たちの国家《ネーション》／国民の歴史は、植民地主義者のそれとは異なる時空間的連続性の中に起源を持つのだと主張する。インドネシアで展開されたオランダに対する反植民地闘争もその例外ではない。二〇世紀初頭から半ばにかけてナショナリストたちは、西洋の古物研究家《アンティクアリアン》や東洋学者《オリエンタリスト》らの手による文献を引用しつつ、インドネシアの非西洋的な過去を美化し、その文化的な特異性や個性を強調して書いていた。ムハマッド・ヤミンは自身の著作を通じて、こうしたナショナリストの想いを世に伝えた。彼は独立後の国民国家としてのインドネシアが、オランダ植民者に対抗するのに十分なレトリック上のツールとなる文化的な基盤を見いだすために、各地に伝わる伝説や古典、過去の出来事にまつわる物語を研究したのであった。

　ヤミンは自身の著作の中で、常にインドネシアの国家《ネーション》／国民について語っていた。それゆえ歴史家たちは、彼は「ナショナリスト」なのであって、根っからの「共産主義者」というわけでもなければ、明らかに「イスラーム主義者」でもない［Gunawan 2005］、と安易に評価しがちである。ヤミンはムスリムや共産主義者のグループと親交を保ったが、彼の政治的スタンスやイデオロギーがナショナリズムと社会主義から多くの影響を受けていたのは確かな事実だろう。けれども本章では、ヤミンを単に「ナショナリスト」として描き出すのではなく、彼の生涯に焦点を当てることによって、多くの歴史家が等閑視してきた側面、すなわち、彼自身の生涯の中で培われてきたイデオロギーや規範意識、社会・文化的な生活様式、そして物質的な条件によって組み上げられてきた多様体（アッサンブラージュ）こそが、ヤミンが思い描いた独立後のインドネシアの国家《ネーション》／国民像を特徴づけたのだということを示したいのである。

2　はじまりの場所――スマトラ

ムハマッド・ヤミンは一九〇三年、現在の西スマトラ州のタラウィ（Talawi）に生まれた。炭鉱で潤っていた街サワルント（Sawahlunto）近郊にあった、高地に位置する小さな村である。彼の父親であるウスマン・バギンド・カタブ（Oesman Bagindo Chatab）は、オランダ植民地政庁が運営するコーヒー貯蔵庫の検査官であった。彼の母親であるサウダー（Saudah）は、プカン・バル[7]に移住したミナンカバウ人で、ウスマンとの結婚を機にミナンカバウ地域[8]に戻ってきた。検査官の仕事のかたわら、ウスマンは西スマトラの各地にイスラームを説いて回っていたため、子どもたちの養育は妻が担った。ヤミンが幼い頃に、ウスマンとサウダーは離婚した。両親の離婚後、ヤミンの異母兄にあたるムハマッド・ヤマン（Muhammad Yaman）が、ヤミンと、腹違いの弟であるジャマルディン（Djamaluddin）およびムハマッド・アミール（Muhammad Amir）の三人の面倒をみた。三兄弟は、彼らの親代わりとなって教育の面倒もみたヤマンとともに、ミナンカバウの伝統家屋（rumah gadang）[9]で一緒に暮らした。のちにヤマンは、普通中学校（Meer Uitgebreid Lager Onderwijs, MULO）[10]の校長として、ブキッティンギ、パダン、サワルント、パレンバン、バタヴィア（現在のジャカルタ）を転々とした。そして三兄弟も、ヤマンに同行してそれぞれ赴任先の学校に通ったが、このような暮らしは異母兄のヤマンが一九五七年にバタヴィアで生涯を閉じたことで終わりを迎えた。[11]

ムハマッド・ヤミンがスマトラで過ごしたのは幼少期のわずかな期間にすぎないが、生まれ故郷の村タラウィは、彼の心象風景の中に刻み込まれた。痩せた森に覆われ岩山に囲まれたタラウィ村は、緑豊かな山岳地帯というスマトラ高地のよく知られたイメージからはかけ離れている。タラウィからほど近いサワルントには、一九二〇年代に当時オランダ領東インドでは最大の炭鉱が政庁により新たに開かれたが、[12]これによってタラウィの気候は暑く乾燥しがちなものとなり、稲作は不可能ではないものの困難となった。だが、村にはオンビリン川が流れており、村人たちはその水を炊事や飲み水に、あるいは洗濯や稲作に利用していた。竹やバナナの小さな木立が川岸に沿って生え、その脇に水田が点在するという風景は、荒れた岩がちの丘が広がる村の周囲の景観とコントラストを成していた。オンビリン川は、幼い頃のヤミンを夢中にさせる場所であった。彼は、泳いだり、魚採りをしたり、またときに水牛を洗う友だちを手伝ったりと、ほとんど毎日オンビリン川で長い時間を過ごした。タラウィの人々はオンビリン川を、生活の源や、幼少期の思い出が詰まった場所、そしてスマトラ島内陸部の素晴らしい自然環境の理想像として敬愛してきた。このオンビリン川とタラウィ村での思い出は、のちにヤミンが発表する詩や歴史、文化に関する著作物の随所に顔を出すことになる。

ヤミンが七歳になると、二級原住民小学校（Sekolah Bumi Putra Angka II）[13]に入学した。彼が学校に通いはじめた時点の教授言語はマレー語であった。けれども、彼が転校したはるかのちの一九二八年に「青年の誓い（Sumpah Pemuda）」[14]が宣言されると、ミナンカバウ語がマレー語に置き換わり、生徒たちは、マリン・クンダン（Malin Kundang）やチンドゥア・マト（Cindua Mato）といったミナンカバウの伝説的な人物[15]についてミナンカバウ語で学ぶことになった。さて、ヤミンは二級原住民小学校に数年在学した後に、南スマトラのラハット（Lahat）[16]にあったオランダ語原住民学校（Hollandsch-Inlandsche School, HIS）[17]に転校した。この学校における教授言語は、当然オランダ語であった。ヤミンがオランダ植民地政庁直轄の公立学校に転入できた理由は、彼の父親が植民地行政に雇われていたという特権的地位にあったこと、そしてミナンカバウの伝統的なエリートの家系の出であったことによる。この学校でヤミンは、世界史や外国語を学び、またヨーロッパの文献を読んでいった。一五歳で基礎教育を終えたヤミンは、ラハットのオランダ語原住民学校を後にし、異母兄を追ってジャワに赴いた。

3　ジャワでの生活とジャワ文化との出会い

ムハマッド・ヤミン、ジャマルディン、そしてムハマッド・アミールは一九二〇年代初めまでジャワの学校に通いつづけた。ヤミンはボゴールにある原住民獣医養成学校（Veeartsenijschool）に一時期在籍していたが、獣医は自分の天職ではないと感じ、すぐに退学した。彼は文化や文学、そして歴史が好きだったのだ。原住民獣医養成学校をやめてから程なくして、彼はバタヴィアから数百キロメートル東に位置するジャワ文化の中心地、ソロに移り住んだ。一九二〇年代初めのソロは、ジャワの伝統が西洋的な生活様式と混じり合う近代都市として知られており、双方の文化の影響がみられる折衷的な景観を創り出していた。西洋の技術と生活様式に魅了されたマンクヌゴロ王家[18]の王子・王女たちは、車やラジオ、電話や洋服といった西洋近代の象徴をこぞって手に入れた。他方で、ソロの進歩的で都会的な生活様式に魅了されたオランダ人東洋学者のストゥッテルハイム（W. F. Stutterheim）は、ソロに学校を設立することを思い立ち、マンクヌゴロ王家の全面的な援助のもと一九二六年に普通高等学校（Algemene Middelbare School, AMS）[19]を開校した。この学校設立は、マンクヌゴロ王家にとって、東洋学者と協力し、学校教育を通じてジャワ文化を促進していく好機となった。ジャワ文化への関心を深める機会があると知ったヤミンは、この普通高等学校に入学し、三年間ソロに滞在した。

ソロで過ごした時間は、個人として、また専門家としてのヤミンの人生にとって最も重要な経験であった。普通高等学校で彼は、ジャワの古典やサンスクリット語、ジャワ語を学び、古代ヒンドゥーや仏教の歴史を読んだ。ヤミンのソロでの生活は生産的だった。のちにインドネシアの文学界において名を馳せることになるアルメイン・パネ（Armijn Pane）[20]やアクディアット・ミハルジャ（Achdiat K. Mihardja）[21]、そしてアミール・ハムザ（Amir Hamzah）[22]といった普通高等学校の在学生たちと親交をもった。ヤミンは、同じ原住民の学友たちとマレー美術に関する議論をし、またオランダ人教員から世界の文学を学ぶことができるこの学校の恵まれた環境を堪能しながら、文学や文化、歴史に対する愛着を育んでいった。ヤミンは、ウィリアム・シェイクスピアの『ジュリアス・シーザー』やラビンドラナート・タゴールの作品を翻訳した。この著名なインド文学者の作品との出会いはのちに、彼の国民教育や文化政策に関する考え方に重要な影響を与えた。

ヤミンは、オランダ領東インドのさまざまな地域からソロへとやってきた人々と出会い、語り合った。ジュディス・バトラーがいうところの「出会いの光景」[23]［Butler 2005: 9-25］を通じて、ヤミンは、ナショナリストとしての主体性を築き上げていった。言語やそれに関するものによって媒介された「出会いの光景」が、彼のナショナリストとしての主体性を形成する決定的瞬間となった。ヤミンはジャワ語を話し、古いジャワ語のテクストを読むこともできたが、彼は、オランダ領東インドに住む人々にとって、国家が独立を成し遂げた後に容易に国語に転換可能な別の何らかの言語が必要になると確信していた。ヤミンの考えでは、ジャワ語は、オランダ領東インドの多数派の人々が用いる言語ではあったが、民主的なコミュニケーションの媒体としては有用ではなかった。というのも、ジャワ語の複雑な文法規則は、ジャワ人以外の話者が正しいジャワ語を習得する妨げとなっていたからである。加えて、会話の際には、低位・中位・高位といった階層的な言語の使い分けが必要となることから、独立後のインドネシアの目指すべき民主主義的国家や平等主義的社会といった理念からしても、ジャワ語はあまり適していなかった。タラウィから訪ねてきた親族とミナンカバウ語で会話するといったごくわずかな機会を例外とすれば、ヤミンは公式行事や家族の間でも、ほとんどの場合はインドネシア語を話していた。彼の同僚たちは、ヤミンはいかなる公式行事においても完璧なインドネシア語を話していたと証言している。

専門家としても私人としても、ソロはヤミンの人生にとって特別な場所であった。普通高等学校の生徒だったヤミンは、ソロの原住民師範学校（Kweekschool）の教員だったシティ・スンダリ（Siti Sundari）と出会い、恋に落ち、そして出会ってから三カ月後にはふたりは婚約した。だがスンダリの家族は婚約に反対だった。彼らはドゥマック（Demak）のカディラング（Kadilangu）[24]からやって来た貴族の一員であったことから、スンダリは本来であれば貴族の血を引く者と結婚しなくてはならなかった。つまり、ミナンカバウ出身で定職のない学生だったヤミンは、結婚相手候補の理想像から大きく外れていたのだ。ヤミンのミナンカバウの親族もふたりの関係には反対していたが、しかしヤミンがミナンカバウからもバタヴィアからも遠いソロに独り暮らしていたため、干渉しようがなかった。こうした双方の家族の反対にもかかわらず、ヤミンとスンダリの関係は続き、ついには一九三四年にバタヴィアで結婚した。

ヤミンがスンダリに惹かれたのは、彼女が貴族の家庭に育ったにもかかわらず、政治的に活発でモダンな女性だったからである。彼女は一九二八年に行われた青年会議でジャワ女性組織の代表として演説をした。一方、ヤミンもまたスマトラ青年同盟（Jong Sumatranen Bond）[25]の代表として同会議に出席していた。ヤミンと同様に、スンダリの人生と彼女の向上心は、親族という狭い枠の外へと彼女を連れ出すものであった。その当時、ほとんどのジャワ人貴族は、オランダ植民地行政との密接な関係を維持していたが、スンダリはナショナリストの側についていた。また、ほとんどのジャワ人貴族はイスラームやジャワ神秘主義（kejawen）[26]、ないしはこれらが混淆したものを奉じていたのだが、スンダリは仏教徒となった。スンダリは死後火葬されたのだが、一九七〇年代のジャワ人社会では珍しいことであったため、すぐに強い社会的非難が起こった。当時のジャカルタ州知事であったアリ・サディキン（Ali Sadikin）[27]によるとりなしによって、最終的に火葬は滞りなく執り行われた。

さて、ヤミンはソロの普通高等学校を卒業後、一九二七年にバタヴィアへ戻り、法科大学（Rechts Hogeschool）に入学した。ヤミンがこの学校を選択した理由には、普通高等学校の卒業生が大学レベルで勉強を継続する場合に、この学校以外に選択肢が無かったことが挙げられる。[28]彼が法学のことが好きだったり、法学者になりたかったりしたわけではないのだ。実はヤミンはオランダに行くことも検討したが、オランダの大学に進学できる者は、ヨーロッパ人、華人、そして選ばれた原住民の子弟のみが通えたエリート学校である高等市民学校（Hogere Burgerschool, HBS）の卒業生だけであった。ヤミンが法科大学を選んだのにはまた別の理由もあった。もしオランダの大学に行っていたなら、ヤミンが学ぶことの大部分は、西洋の哲学思想に基づく概念や理論、そしてその実践だっただろう。これに対してバタヴィアでは、ジャワの古典の勉強を続けることができたし、その知識と西洋の哲学とを組み合わせることで、当地（ジャワ）の規範について考察することができた。ヤミンはのちに、西洋の法哲学における合理的な原則と、ジャワ古典にみられる神秘的で洗練された規範原理とを結合させた著作物を出している。ヤミンは、法科大学を一九三二年に卒業したのち、日本軍がやってくる一九四二年まで法律顧問として働いた。そして日本軍政期には、ヤミンは日系会社のコンサルタントを務めた。

この法学者という背景が、ヤミンのインドネシア国家という理想を特徴づけたのであり、彼はその理想を一九四五年に開かれた独立準備調査会の会合の場で強く訴え続けた。彼が掲げた統一国家（negara kesatuan）インドネシアという理想は、一九四三年以来彼が日本軍政と関わる中で出てきたものであり、それは一九四五年五月の独立準備調査会の発会という形で結実した。スカルノが日本側に、憲法に関する諸問題を検討するために独立準備調査会に法学者を加えるべきだと提案したことから、ヤミンはこの委員会のメンバーとなった。独立準備調査会の会議における、ヤミンの最も重要ではあるが評価の分かれる貢献は、統治と国政の評議のプロセスに関するものと、独立後のインドネシアの領土主権に関するものの二点に関してだった。ヤミンは、国政における評議のありかたは、投票による多数決という「西洋的」な方法に基づくのではなく、ムシャワラ（musyawarah）[29]という「土着的」な伝統に基づくべきと考えていた。独立準備調査会の席で、ヤミンの「ハイブリッド」な思考は鮮明に打ち出された。ヤミンは、共和制政治という理想を混ぜ込んだ土着の「伝統」を持ち出したのである。

インドネシアは一九四五年に独立を宣言した。それ以降ヤミンはますます積極的に政治にかかわるようになったのだが、一方で、ジャワ文化への情熱も一貫して持ち続けた。ヤミンは、シンガサリ[30]やマジャパヒト[31]といったジャワで栄えた王国の歴史についての本を書き、またスカルノ大統領によって一九五七年に禁止されるまで、妻とともに神智学の全国組織（インドネシア神智学青年協会 Perhimpunan Pemuda Theosofi Indonesia）を支援した。ヤミンは、ドゥマックにある（ジャワにイスラームを伝えた九聖人のひとりである）スナン・カリジョゴの聖墓の修繕を依頼するとともに、スンダリは、このスナンの直系を自負するカディラング家の一族の長となった。そしてヤミンの死後も、スンダリはカディラング家への支援を続けた。

ヤミンは文学と芸術を愛した。彼が初めて自らの詩を出版したのは、ボゴールにある原住民獣医養成学校に在籍していた一九二〇年のことである。「祖国（*Tanah Air*）」と題された詩は、スマトラ青年同盟が発行していた雑誌に発表された。その詩はロマンティックで、ヤミンが幼少期を過ごしたスマトラの高地を想起させるような、壮麗で魅力的な風景が描かれている。ヤミンは、インドネシアの文学界にソネット、すなわち、西洋で創始されロマン派の時代に広く用いられた詩のスタイルを紹介した。彼はこの叙情的な形式が、自然環境に対する自身の

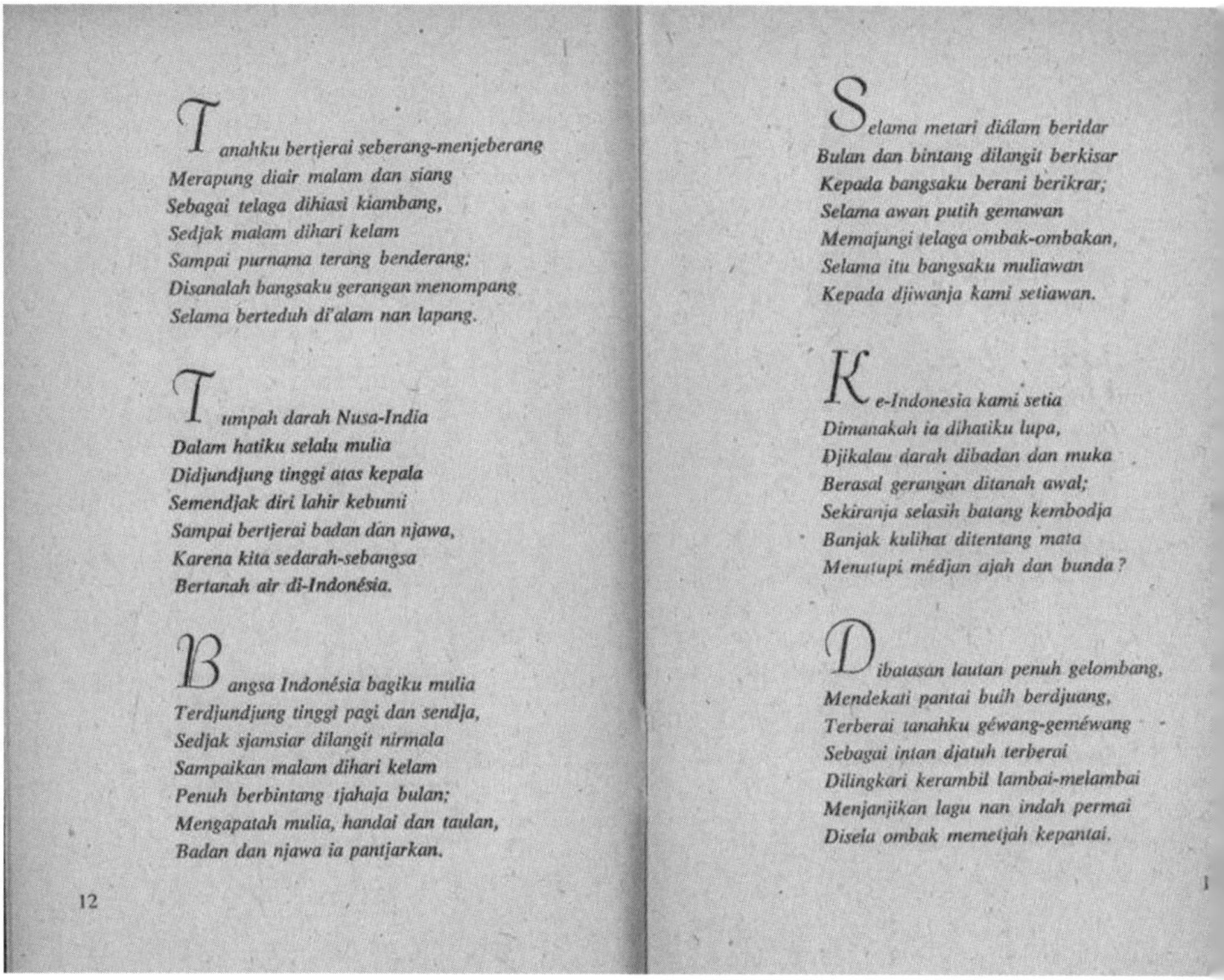

Tanahku bertjerai seberang-menjeberang
Merapung diair malam dan siang
Sebagai telaga dihiasi kiambang,
Sedjak malam dihari kelam
Sampai purnama terang benderang;
Disanalah bangsaku gerangan menompang
Selama berteduh di'alam nan lapang.

Tumpah darah Nusa-India
Dalam hatiku selalu mulia
Didjundjung tinggi atas kepala
Semendjak diri lahir kebumi
Sampai bertjerai badan dan njawa,
Karena kita sedarah-sebangsa
Bertanah air di-Indonésia.

Bangsa Indonésia bagiku mulia
Terdjundjung tinggi pagi dan sendja,
Sedjak sjamsiar dilangit nirmala
Sampaikan malam dihari kelam
Penuh berbintang tjahaja bulan;
Mengapatah mulia, handai dan taulan,
Badan dan njawa ia pantjarkan.

12

Selama metari diálam beridar
Bulan dan bintang dilangit berkisar
Kepada bangsaku berani berikrar;
Selama awan putih gemawan
Memajungi telaga ombak-ombakan,
Selama itu bangsaku muliawan
Kepada djiwanja kami setiawan.

Ke-Indonesia kami setia
Dimanakah ia dihatiku lupa,
Djikalau darah dibadan dan muka
Berasal gerangan ditanah awal;
Sekiranja selasih batang kembodja
Banjak kulihat ditentang mata
Menutupi médjan ajah dan bunda ?

Dibatasan lautan penuh gelombang,
Mendekati pantai buih berdjuang,
Terberai tanahku géwang-geméwang
Sebagai intan djatuh terberai
Dilingkari kerambil lambai-melambai
Menjanjikan lagu nan indah permai
Disela ombak memetjah kepantai.

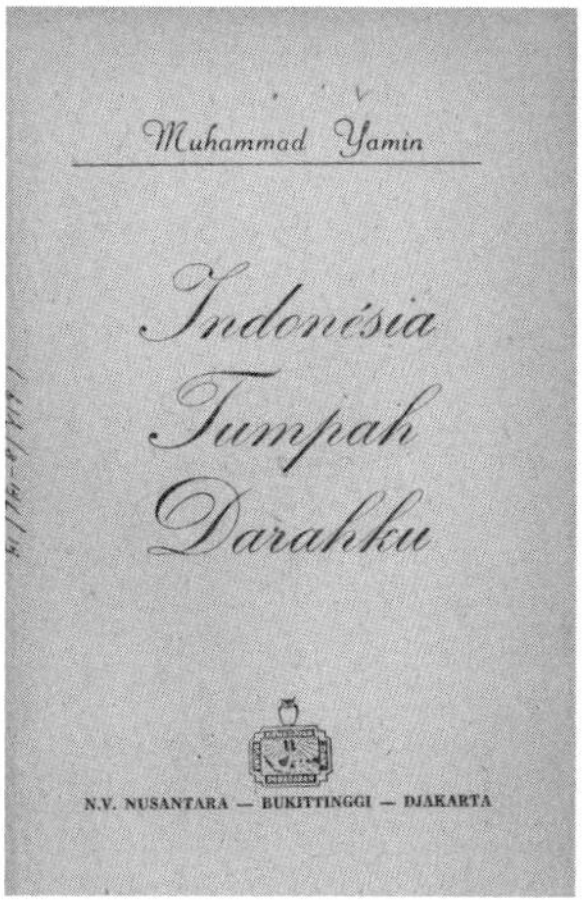

ムハマッド・ヤミン著『インドネシア我が祖国』（1951年版）の表紙（下）と、冒頭のソネットの一節（上）。韻文がインドネシアの豊かな風土をたたえる。

ロマンティックな幻想を表現するのに適していると思い至ったのだ。こうしてヤミンは一貫してソネットを書き続け、一九二九年には自身初となるソネット『インドネシア我が祖国(*Indonésia Tumpah Darahku*)』を発表した[*32](前ページの写真を参照)。それ以降、革命詩人として有名なハイリル・アンワル(Chairil Anwar)[33]を含め他の詩人たちも、ヤミンに追随してソネットを書くようになった。

4 偉大なるインドネシアという理想

ムハマッド・ヤミンは法学者としての教育を受けたが、独立後のインドネシアを単に合理的な法規範と制度的構造に依拠したものとしてではなく、(これ自体神話的なのだが)文化的伝統に深く根差した国家《ネーション》として思い描いていた。ヤミンにとって法的ないし政治的制度は文化的価値を反映したものでなければならず、それゆえ人間性の教育は、彼が考える文化的素養を身につけるにあたって重要であった。この意味で、彼にとって教育とは自らの文化的伝統を崇敬し、伝説や神話を知り、地域の言語を話し、さまざまな儀礼を実践する人々を生み育てるべきものとして位置づけられていた。ヤミンは教育大臣在任中に、インドネシアを文化的規範に深く根差した近代国家にするという自らの夢を実現させるために、積極的に活動した。

ヤミンは歴史をこよなく愛した。また、近代国家インドネシアの基礎を構想するにあたって、法に関する知識よりも歴史にまつわる知識のほうが重要であるとも確信していた。彼にとって歴史とは、インドネシアの過去の「真正な」文化について学び、またそれがいかに現在に受け継がれているのかを知るためのいわば窓であった。他方で、彼の理解では、近代の法規範と法制度はギリシア=ローマ的合理主義の伝統から生まれたのであって、生活における共同性、世代間の上下関係、そして洗練されたふるまいに価値をおくインドネシア社会に適しているとは言えないものであった。そこでヤミンは、自らは歴史書と位置づけた幾冊もの本を執筆し出版したが、歴史家たちは彼の史料の収集方法や解釈の仕方に疑念を抱いていた。やがてヤミンが取り上げたさまざまなトピックは、広く受け入れられている歴史解釈に反しているだけでなく、スハルト新秩序体制の強化と正当化を助長するものになったことから、論争を引き起こすこととなった。

ヤミン曰く、ひとつの「国家」としてのインドネシアは、少なくとも一四世紀から存在している。また、その「国家」が領有した範囲は、多かれ少なかれ現在のインドネシアのそれに相当するという。この主張を裏づけるにあたって、ヤミンは、マジャパヒト王国にまでさかのぼる時代（一二〜一四世紀）に古ジャワ語で記された年代記『パララトン（*Pararaton*）』[34]を参照している。『パララトン』には、一四世紀のハヤム・ウルク王の時代にジャワで活躍した偉大なマジャパヒトの戦士であり宰相（paith）だった人物のことが記されている。その著名な宰相は名をガジャ・マダ（Gajah Mada）といい、ヤミンは自身の著書『ガジャ・マダ（*Gadjah Mada*）』［Yamin 1974 (1945)］の中で、一介の庶民（rakyat biasa）の出であるこの人物が、通例であれば貴族が就くものとされていた政治的地位の宰相に上り詰めた姿を描き出した。ガジャ・マダは、マジャパヒトの王の忠臣であり、『パララトン』の中では彼が王に対し、王国の版図を拡大し覇権を確立するために身を捧げると誓ったことが詳述されている。この誓いは「パラパの誓い」と呼ばれる。これは、マジャパヒト王国が多島海全域を治めるようになるまではパラパの実[35]を断つとガジャ・マダが誓ったことにちなんでいる。

ヤミンは、インドネシアの原領域を定義するにあたって、マジャパヒト王国時代の宮廷詩人ムプ・プラパンチャ（Mpu Prapanca）が残した韻律詩（kakawin）[36]を参照している。このカカウィン形式で記された『ナガラクルタガマ（*Nagarakertagama*）』[37]という年代記には、マジャパヒト王国がすでに併合したか征服しようとしていた多島海全域に散らばる地名が列記されている。これは網羅的なリストで、主な島々は基本的に全てここに含まれている。

その中にはパプア島までもが、一四世紀の時点でマジャパヒト王国の政治支配が及んでいた領域として記されている。『ナガラクルタガマ』についてのヤミンの解釈によれば、マジャパヒト王国の支配が及んでいた領域が「ヌサンタラ（nusantara）」と呼ばれ、それがインドネシア国家の原領域に相当するものであった。他方、このヌサンタラに含まれない地域としては、タイやチャンパ、カンボジアなど、隣接の諸王国が位置づけられていた［Yamin 1974 (1945): 60-63］。ヤミンは、自らが考えるインドネシアという国民国家を提示するにあたって、このヌサンタラという概念をしばしば持ち出した。のちにこの考え方は、国軍を主たる支持母体とする新秩序体制のもとで、「統一国家インドネシア共和国（Negara Kesatuan Republik Indonesia, NKRI）」という神聖化されたイデオロギーへと転換されることとなる。[38][39]

『パララトン』に記されたガジャ・マダの物語は、ヤミンの心を強く捉えた。彼は、これを正確な記述として信じただけではなく、さらにガジャ・マダがいかなる姿だったのかを視覚的に再現することを試みた。ヤミンは、まるい頭に力強い輪郭、ぽってりとした唇、ほそ目、そして巻き髪といったガジャ・マダの容貌を描き、自らの著書の装幀画に用いた。こうしてヤミンが生み出したガジャ・マダの肖像は、重要な政治性を帯びることとなった。というのも、ヤミンが『ガジャ・マダ』を出版して以来、この表紙に描かれた肖像こそがかの宰相の真の姿であると人々が信じるようになったからである。インドネシア警察本部には、巨大なガジャ・マダの全身像が建立された。さらに、新秩序体制期（一九六七〜九八年）の学校では、件の肖像画が標準的な国史の教科書に掲載され、インドネシアの成立に貢献した国民的な英雄であるガジャ・マダの真の顔として覚えるよう教えていた。

『パララトン』や『ナガラクルタガマ』に記されたジャワの古代王国の歴史に対するヤミンの執着は、議論が尽きないガジャ・マダの肖像画とはまた違う種類の、もっと大きな政治的意味をもっていた。ヤミンの主張では、紅白からなるインドネシア国旗が一四世紀以来、マジャパヒト王国が支配した全領域ではためいていた。旗

マジャパヒト王宮跡で発掘され、ヤミンにより「ガジャ・マダの顔」とみなされた陶製の彫像［Yamin 1948(1945): 4］。ヤミン著『ガジャ・マダ』の表紙にも、この彫像のスケッチが用いられている。

の色のうち、赤は勇気を、白は神聖さと純粋さを表しており、インドネシアの「国民性（ネーションフード）」の中核を占めるこの精神的価値は、マジャパヒト王国の時代から受け継がれていたというのだ。国旗にまつわる「歴史的起源」とその色が持つ象徴的な意味についてのヤミンの解釈は、長きにわたって政治的な議論を呼び起こした。ヌグロホ・ノトスサント（Nugroho Notosusanto）に代表されるようなナショナリストの歴史家たちは、オランダからパプア島西部を奪取することを目的としたスカルノ期の軍事作戦を正当化するために、そしてスハルト期には統一国家インドネシアという新秩序体制のイデオロギーを支えるために、このヤミンの解釈を持ち出したのである。

ヤミンは統一国家インドネシアというアイデアを、一九四五年に開催された独立準備調査会の会議で初めて提示した。ヤミンはこのアイデアを、繁栄を誇ったヒンドゥー・仏教的なジャワの諸王国に体現された偉大なインドネシアの再現を夢見るスカルノと共有することになる。このふたりのリーダーたちは、独立後のインドネシアの領土には、かつてのオランダ領東インドに加え、イギリス領マラヤとカリマンタン、ポルトガル領のティモール、そしてパプア島が含まれるべきと主張した。しかし、これらの領土のうち、独立直後のインドネシアが主権を及ぼしえたのは、旧オランダ領東インドだけであった。パプア島西部をめぐっては未決の状態が続いたが、スカルノはヤミンが著したマジャパヒトの「歴史」を持ち出してインドネシア領であることを正当化し、一九六一年にはトリコラ作戦（Operasi Trikola）を発動してオランダから奪取し、この地をイリアン・ジャヤ（Irian Jaya）と名づけたのだった。

ヤミンの著作は物議をかもし、歴史家たちはそれをすぐさま否定した。彼らは、ヤミンが学術研究の手法を無視して、歴史資料を注意深く批判的に検討することなく解釈したと指弾するのである。このような指摘をする人たちは、ヤミンの創作物が単なる歴史に関するフィクションか歴史小説にすぎないとみなしている。しかし、彼らは、ヤミンを歴史家としての専門性が欠如していると非難することで、むしろ彼が「歴史」に関する書物を著していたときの政治的コンテクストを見落としてしまったといえるだろう。ヤミンが一九四〇年代半ばに『ガジャ・マダ』を出版した当時、人々は、オランダや日本による植民地支配の遺産に基づかない、新たな形の国家／国民《ネーション》を定位するための模範的な人物像を模索し続けていた。たとえばスカルノの支持者らは、スカルノこそが、ジャワの伝説において苦難の時代の最後に現れ人々をそこから解放してくれるラトゥ・アディル（Ratu Adil）[40]のごとき神秘的な力を持つ人物だと信じていた［Kartodirdjo 1984］。ヤミンも、ジャワの神秘主義的世界には深い親しみを抱いていたが、国の未来をひとりの人間に委ねることには否定的であった。彼がガジャ・マダについて執筆したのは、単にある個人の神秘的な力を称揚したかったというよりも、むしろある理想的な文化的典型人物として注目したからである。

ヤミンは、ガジャ・マダの人物像を通じて、社会構造に関する既存の観念を批判し、社会正義について語り、政治的イデオロギーを議論し、そして生産的な社会実践について提案した。このような活動を通じてヤミンは、独立後のインドネシア社会を形作る中での文化的・倫理的理想の重要性を強調した。ヤミンは『ガジャ・マダ』

の中で、ガジャ・マダが平民（rakyat jelata）出身であったこと、そして宰相になるために多大な努力をしたという「事実」を繰り返し強調した。他方で彼は、『パララトン』に記されたガジャ・マダに関する「伝記」の正確さについては何ら確認することをしなかった。ヤミンにとっては、「史実」を検証するよりも、ガジャ・マダの「伝記」を物語ることをとおして、理想的な社会の実現を妨げてきたと考えられる既存の社会の階層化や社会的差別を批判することのほうが優先されるべき重要な課題だったのだ。ヤミンを短絡的に「似非歴史家」や「ジャワ中心主義の学者」という範疇に押し込めてきた批評家たちは、このような点を見落としていた。社会を階層化して支配してきたオランダ植民地下においては否定されてきた、あらゆる人は平等で自らが望むものになれるという社会的権利をめぐるヤミンの主張には、明らかに社会主義思想の影響が見て取れる。ガジャ・マダの「伝記」は、この点を端的に示すものであったのだ。

国の未来を担う次世代について、ヤミンは自身の著書でしばしば言及していたが、これは当時の進歩的な思想家たちと共有された課題であった。スカルノもかつて、「ほんの一〇人の青年を与えてくれさえすれば、わたしは世界を揺り動かすことができる（Beri aku sepuluh pemuda, akan kugoncang dunia.）」と述べたように、彼はインドネシアの未来を担う若い芽の象徴として、青年に目を向けるように人々に促した。ただし、スカルノがロマンティックに捉えた「青年」というものは、単に民衆（rakyat）を言い換えた空虚で一般的なレトリック以上のものではなく、いったい、いつどのように、そしてどのようなかたちでその理想化された青年なるものが具現化するのかについて、具体的に明示されることはなかった。一方でヤミンは、神智学の影響を受けたことで、国民の理想的な未来を担う次世代が満たすべき条件について、具体的に熟考することができた。そしてその際、ヤミンはニーチェの思想とともに、再び『ナガラクルタガマ』に依拠したのであった。

ヤミンは、主にラビンドラナート・タゴールの著書を精読する中で神智学に出会った。ヤミンはタゴールの著作の中に、宗教の上位に霊性を位置づけるという、彼自身が古代ジャワの信仰の中に見いだした原理を見つけたのであった。しかし、タゴールが自らの神智学を説く際に認知に依拠しつづけたのとは異なり、ヤミンは、神智学を理念的な原理というだけではなく、実際の行動でもあると捉えた。神智学的な思考は、抽象的な瞑想の中だけにではなく、社会的な実践の中にも見いだすことができる、というわけだ。それゆえヤミンは、霊性は倫理をとおして現れ出るものであり、適切な教育こそが良き個人を育み、倫理と神智学的な理念を形づくるための第一歩であると信じていたのである。

ヤミンは大変な読書家であった。ヤミンの養子の回顧によれば、ヤミンはただ本を読むためだけに、この養子や実子を連れて、ジャカルタ南郊のリゾート地として知られるプンチャックの別荘に足繁く通い、子どもたちが遊んでいる間一日中むさぼるようにさまざまな本を読んだという。なかでも彼のお気に入りは、西洋哲学の古典であった。実際、ヤミンの著書の中には、西洋哲学や歴史に関する文章を踏まえた幅広い知識が反映されている。たとえば、彼が著した『ガジャ・マダ』は、ジャワの歴史書として書かれたものではあるが、西洋の社会哲学における民主性と社会正義に、ジャワ古来の倫理や責務に関する規範的理念とを組み合わせた物語となっている。つまり『ガジャ・マダ』は、歴史的な物語というよりは、哲学的な論考という性格を有している。そこでは、社会や人間の理想的な範型が述べられているのだ。

ヤミンは、ガジャ・マダを規範的かつ倫理的な価値を体現した人物として描き出した。そこに描かれたガジャ・マダは、忠実かつ勤勉であり、また聡明であるとともに謙虚な人物であった。加えて、マジャパヒト王国の統一を実現するという重責を含むさまざまな困難な使命を完遂するだけの、強靭で健康な身体を持ち合わせてもいた。この宰相は、マジャパヒトの王でさえ欠いていたような、模範的な資質を体現した精神と身体を備えていたのだ。

このように、ヤミンが描き出したガジャ・マダは、新たな価値を創造する人物に関する物質的・観念的な概念としてニーチェが提唱した「超人」に酷似している。ただし、ニーチェが神学や歴史を超越した地平に「超人」を求めたのだとすると、ヤミンはガジャ・マダを、歴史と伝統に深く根差した「超人」の典型として描いたのだった。とはいえ、ともに「超人」ないしガジャ・マダを、西洋や植民地の規範からは区別されるべき新たな価値の創造者とみなしていた点で、ヤミンとニーチェは共通していた。

ヤミンは、ムプ・プラパンチャがカカウィン形式の『ナガラクルタガマ』の中で記した、ガジャ・マダに備わる一五の資質を列挙している。すなわちかの宰相は、（一）賢者（wijaya）、（二）国家の守護者（mantriwira）、（三）すべての行動への注意を払う者（wicaksaneng naya）、（四）全面的に信頼しうる者（matanggwan）、（五）国家と国王への忠誠を誓う者（satya bhakty aprabhu）、（六）偉大な雄弁家（wagmi wak）、（七）忍耐強く謙虚な者（sarjjawopasama）、（八）勤勉な者（dhirotsaha）、（九）迅速かつ時機に応じて対応する者（tan lalana）、（一〇）さまざまな事柄を傾聴する者（dwiyacitra）、（一一）無私の行いをする者（tan satrisna）、（一二）世界を愛する者（sih-samastabhuwana）、（一三）良い行いをする者（ginong pratidina）、（一四）国家に敬意を払い完全な行いを果たす者（sumantri）、（一五）敵を迎え撃つ準備ができている者（anayaken musuh）、という資質を備えていたのである［Yamin 1974(1945): 92-96］。

この一五の資質を体現していたからこそ、ガジャ・マダは、マジャパヒト王国の繁栄を支える偉大な宰相となった。言い換えるならば、この一五の資質がガジャ・マダをマジャパヒト王国時代の「超人」にしたのであり、だからこそ独立後のインドネシアの人々と国家にとっての模範的な人物となりえたのである。つまり、明らかにヤミンは、ガジャ・マダその人の個性ではなく、その資質を強調したのだった。ヤミンによれば、偉大なるマジャパヒト王国が一五世紀に滅亡したのは、ガジャ・マダの死後、彼のうちに体現されていたすべての資質を包含する優れた社会を育むことに失敗したためであった。このように滅亡の理由を定義づけたうえでヤミンは、ガジャ・

マダが体現していたがマジャパヒト王国は育むことができなかった資質を培っていくためにも、インドネシアはガジャ・マダやマジャパヒト王国の歴史から学ばなければならないと主張した。

ヤミンは、マジャパヒト王国の失敗を繰り返さないことを望んでいた。このような構想を実現すべく、彼はガジャ・マダに通じるような資質を有する若い世代を育成するための教育部門の充実に力を注いだ。こうした背景から、彼は実用的な知識よりも精神面の教育のほうがより重要であると信じていた。そしてその実現のために、ヤミンはタマン・シスワ（Taman Siswa）[41]と緊密に協力した。タマン・シスワは、生徒が教師と一緒に寮で寝食をともにする寄宿制（ashram）を採用していたため、教師は生徒が精神的かつ知的に発達していく様を身近に見ることができた。このタマン・シスワのシステムは、幼稚園から高校レベルまでで運営されていたが、ヤミンは大学レベルまで寄宿制を広げたいと考えていた。一九六〇年代に彼は寄宿制を備えたアジサカ（Ajisaka）大学の設立を構想したが、計画はやがて保留され、最終的には頓挫した。それ以後は、タマン・シスワだけが寄宿制を採用した唯一の教育機関となり、それ以外の教育機関は、中国式の学校制度を採用した少数のものを除けば、西洋の学校制度を踏襲したものとなった。

まとめ

ムハマッド・ヤミンは、インドネシア独立革命の歴史にとっても、共和国の立役者のひとりとしても、まちがいなく重要な人物であった。彼が果たした貢献は、法に関する問題から教育部門、芸術活動に至るまで、さまざまな領域で見いだすことができる。しかし、ヤミンをナショナルな人物として分類することは、彼が生涯にわたりさまざまな場面で折衝を重ねてきたその主体のありようを見落とすことになるだろう。確かに彼は、国民国家としてのインドネシアに思いをめぐらすことに人生の大部分を捧げてきた。だが、インドネシアという国民国家をめぐる彼の着想の多くは、自らの人生の中で巡り合ったさまざまなエピソードの中から生じたものだ。それらのエピソードは、まさに彼が西洋の合理主義的な哲学やアジアの精神世界、それに現地の伝統から多くのものを抽出し、かつそれらを互いに結びつけてきたことを如実に物語るものである。そうしたことを見るにつけ、ヤミンという人物を「ナショナリスト」的人物という単純な鋳型にはめ込むことはできないことが分かるだろう。本章は、こういった数々のモメントのうちのいくつかを確認してきた。

ヤミンは、物議をかもすようなアイデアをいくつも提示したし、数々の大きな政治的対立にも巻き込まれてきた。たとえば、彼が描き出したガジャ・マダの肖像は、依然として大きな論争の的である。その論争は、科学的な観点からのものもあれば政治的なものもある。研究者は、ヤミンが、マジャパヒトの遺跡で出土した土器を何の科学的根拠もなくかの宰相の顔であると拙速にみなすという飛躍をした、と指摘する。そして、警察本部がガジャ・マダの銅像を建立したことで、この論争には中央政府による政治的なお墨付きが入り込むことにもなった。こういったことから、ヤミンの批判者は、彼のことを改竄者《かいざん》、うそつき、神話の創作者、優柔不断の政治家、夢想家、あるいは似非歴史家等々と形容するのである。ヤミンが書いた歴史書を、歴史家たちはでっちあげのデータと方法論的に疑わしいやりかたに基づいていると非難した。しかしこうした非難が妥当なのは、ただヤミンが書いたテクストのみに着目し、主体としての彼がそれらを書く際に行った省察の過程を無視した場合のみだろう。つまり、ヤミンの思考を知るためには、少なくとも三つの文脈が存在する。ひとつ目は、幼少期の養育環境、ふたつ目はジャワの古典との出会い、そして三つ目はジャワ貴族出身の女性との結婚である。

ヤミンは、スマトラで過ごした幼少期を忘れることはなかった。あのすばらしいスマトラ高地の景色やタラウィで楽しく過ごした想い出は、インドネシアの島々の美しい風景をたたえる彼の詩や散文の中に見いだすことができる。ソネットをとおして彼は、自らの幼少期の暮らしを思い起こすとともに、その記憶を、植民地状況を越えた先にある世界と生活に関するロマンティックな理想と結びつけたのだった。ヤミンはソネットを、愛すべき国家について人々に学ばせ、また思い起こさせるために用いた。ヤミンが創作したソネットは、反植民地革命運動にロマンティックな香りを与え、のちに革命期の文学作品に強いインスピレーションを与えることになった。

ヤミンの生涯で最も重要なエピソードは、彼がソロの学校に通っていたときのことである。この街で彼は、インドネシアの各地からやって来た多様な民族集団や人種的背景を持った人々と出会った。この経験からヤミンは、ひとつの国語がもたらしうる社会統合の力や機能を学んだ。ソロの普通高等学校に在学中、ヤミンは西洋の哲学や文学作品への知識を深める機会に恵まれた。こうして、長らく抱いていたジャワの古典文学への関心と、それとは対照的な西洋的なものとの出会いから、彼は合理的思考と精神的思考とを組み合わせることに熱意をもって取り組んだ。そしてこのような思考法が、のちの彼の作品の随所に現れることになった。

ソロで学んだことの中でも、彼は、伝統的な概念と近代的な概念の双方を現実的に組み合わせていく方法についてさらに深く考えるようになった。スマトラにおけるオランダ風の教育環境や、ソロで多様な地域や民族集団の人々との交流を持ったことがヤミンの近代的な理想を性格づけたが、ジャワ貴族出身のシティ・スンダリとの結婚は、ヤミンの主体のありかたにさらに影響を与える大きな一歩となった。この結婚によって、ヤミンはミナンカバウ人としての自らの文化的ルーツから遠ざかる一方で、マジャパヒトやガジャ・マダの歴史についての記述に見られるような、超越的な人間観へといっそう傾倒していくことになったのである。スンダリが神智学のグループと近かったことから、ヤミンは、国家は、その主体として精神的にも身体的にもふさわしい人間を生み出すための「社会工学」的なプロジェクトに着手すべきであるとの考えを膨らませた。この構想の中でガジャ・マダは、ナショナルな主体という想像された社会的範疇を具現化するための良き模範像となったのである。

ヤミンは民族集団や宗教、文化の境界を越えていくという態度を追求し、自身もミナンカバウの親族とは距離を置くことになったが、しかし彼はタラウィを忘れることはなかった。彼は生前から、遺体は故郷の村に埋葬してほしいと家族に伝えていたが、その実現は当初困難だった。タラウィの人々は彼を、ミナンカバウ人よりもジャワ人と緊密な関係を持つ裏切り者として嫌っていたからだ。この抵抗に対して、ミナンカバウ人の高名なイスラーム知識人であったハジ・アブドゥル・マリク・カリム・アムルッラー[42]が仲裁の労を取り、タラウィにヤミンを埋葬できるよう人々を説得した。その努力は実を結び、ムハマッド・ヤミンは、彼が愛した故郷の村タラウィにある父の墓の隣で永い眠りについたのであった。

参考文献

Butler, Judith　2005　*Giving an Account of Oneself*. New York: Fordham University Press（J・バトラー　2008『自分自身を説明すること――倫理的暴力の批判』佐藤嘉幸・清水知子訳、月曜社）

Gunawan, Restu　2005　*Muhammad Yamin dan Cita-cita Persatuan Indonesia*. Jakarta: Penerbit Ombak.

Kartodirdjo, Sartono　1984　*Ratu Adil*. Jakarta: Sinar Harapan.

White, Hayden　1987　*The Content of the Form: Narrative Discourse and Historical Representation*. Baltimore: John Hopkins University Press.

Yamin, Muhammad　1951　*Indonésia Tumpah Darahku*. Bukittinggi/Djakarta: Nusantara.

――1974(1945)　*Gadjah Mada: Pahlawan Persatuan Nusantara* (cetakan ke-8). Jakarta: Balai Pustaka.

訳註　荒木亮

一般の読者の理解に必要と思われる事項について、『インドネシアの事典』[石井（監修）1991]や『東南アジアを知る事典』[石井（監修）1986]などを参考に訳註を入れた。

1――インドネシア共和国の国是をなす五原則（「唯一神への信仰」、「公正で文化的な人道主義」、「インドネシアの統一」、「協議と代議制において英知によって導かれる民主主義」、「インドネシア全人民に対する社会的正義」）。

2――通称「七月三日事件」と呼ばれる。一九四六年六月二八日未明、シャフリル首相を含む三名の閣僚が拉致されるという事件が発生した。代わって全権を掌握したスカルノ大統領が、七月三日に「クーデター」があったと発表するとともに、ヤミンを含む多数の政治指導者を逮捕した。この未遂に終わった「クーデター」は、旧宗主国オランダとの外交交渉によりジャワ島とその付属島に限定して主権を回復しようとする穏健派と、インドネシア全領土の完全独立をめざす闘争派が拮抗するなかで、後者による権力奪取を目的として起きた事件であったとされるが、その真相については謎も多い。

3――これらヤミンの経歴については判然としない部分があることは、原著者も認識するところである。

4――ドゥルーズとガタリは『千のプラトー（*Mille Plateaux*）』の中で、何らかの中心によって規定されるような序列的・規則的な秩序――比喩的に言えば樹木（ツリー）状――のありかたと対比させる形で、互いに異質であり、それぞれが不確定な状態にある諸要素が多方向的に交錯し合いながらも配列・連結されることで生成される別様の秩序（多様体）――比喩的に言えば地下茎・根茎（リゾーム）状――のありかたを概念化した。この多様体は、原語（フランス語）では agencement という用語で表現されるが、英語では通例 assemblage と訳される。

5――一九四四年八月の小磯声明を受け、日本軍政下のジャワで将来の「東インド」の独立を準備すべく、一九四五年三月に軍政当局によって設置された機関。

6――「ガルーダ・パンチャシラ」のこと。羽を広げた伝説上の神鳥ガルーダが、パンチャシラの五原則が図案化された盾を腹に抱え、「多様性の中の統一」と記された帯を足でつかんだ図像は、一九五〇年二月に正式に採用された。原案はポンティアナック（西カリマンタン）のスルタン・ハミッド二世によるものがベースとなっているとされるが、ヤミンも国章策定のための作業部会メンバーとして重要な役割を果たしたという。

7——スマトラ島東岸、現リアウ州の州都。一九世紀後半以降、西スマトラで産するコーヒーや石炭をマラッカ海峡側に運び出すための積み出し港として重視された。

8——マラピ山を中心とする三つの山に囲まれたスマトラ島西部の高地であり、ミナンカバウの人々が故地として認識している地域。

9——ルマ・ガダンは、ミナンカバウ語で「大きな家」を意味するミナンカバウ人の伝統家屋。

10——オランダ植民地政府が一九一五年に創設した、オランダ語を教授言語とする中等教育機関。

11——いずれもスマトラ島の都市。ブキッティンギは西スマトラの高地に位置し、オランダ植民地の行政・商業の中心地であった。パダンは現西スマトラ州の州都、インド洋に面した陸上・海上交通の拠点都市。パレンバンは現南スマトラ州の州都で、ムシ川河口の上流に位置する。

12——サワルントから石炭を運び出すために、一八九六年にはブキッティンギやパダンとの間に鉄道が開通した。

13——当時のオランダ領東インドの初等教育機関として、ヨーロッパ人子弟のための小学校（Europeesche Lagere School, ELS）などが設置されていた。そのほか、原住民のための学校としては、貴族層出身の子弟が通う一級原住民小学校、および一般家庭向けの二級原住民小学校が一八九三年に設立された。

なお、本章でたびたび言及される「原住民（bumi putra）」とは、一九世紀末にオランダ植民地統治上の住民区分概念として制度化されたもので、「ヨーロッパ人」でも中華系やアラブ系などを指す「外来東洋人」でもない先住者を包括的に指示した概念である。インドネシア・ナショナリズムは、この「原住民」に来るべきインドネシア国家の担い手としての統一と一体性を付与していく試みとしての側面を持っていた。

14——一九二八年一〇月二八日、当時ジャワ島やスマトラ島、スラウェシ島といった各地域で設立されていた青年組織の代表がバタヴィアに集まり開催された、第二回インドネシア青年会議で採択された宣言のこと。

15——ともにミナンカバウに伝わる伝承の主人公の名であり、物語の名でもある。前者は、富を得て帰郷した息子が、貧しい身なりの母を自身の親と認めず天罰を受けたことを、また後者は、パガルユン王国の家臣であるチンドゥア・マトが、王子と固い忠誠と信頼で結ばれ互いに助け合ったことを伝える物語であり、教訓的内容を含む。「青年の誓い」では、統一言語としてのインドネシア語の重要性が確認されたが、これを機にヤミンがかつて通った学校の教授言語がマレー語からミナンカバウ語に変わった経緯は不明である。

16――現南スマトラ州の街であり、オランダ植民地期・日本軍政期ともに軍事拠点ともなった。

17――原住民の子弟教育向上を目的として、一九一四年にオランダ植民地政府が一級原住民小学校（訳註13を参照）を改組して新たに設立した初等教育機関。

18――ジャワ島中部の内陸都市ソロ（正式名称スラカルタ）を中心に、一七五七年から一九四六年にかけて支配した王家であり、マタラム王朝のススフナン家より分立したことが王家の起源。

19――普通中学校（ＭＵＬＯ）より上級の中等教育機関であり、卒業生にはさらなる高等教育機関に進学する権利が与えられた。

20――アルメイン・パネは、一九〇八年に北スマトラのシボルガで生まれた詩人・小説家であり、インドネシアの文学の礎を築いたひとり。

21――アクディアット・ミハルジャは、一九一一年に西ジャワのガルットで生まれた詩人・小説家であり、作品を発表するかたわら、タマン・シスワ（訳註41を参照）で教師、またインドネシア大学文学部で講師を務めるなど、教育活動にも従事した。

22――アミール・ハムザは、一九一一年に北スマトラのスルタン領ランカットの宰相の継嗣として生まれた。貴族の子として西洋教育を受けつつも、洗練されたムラユ語を用いた詩などを発表することで、西洋文芸の中でムラユの文化・伝統を蘇らせた人物であると評価されている。

23――バトラーによると、自分が誰であるかを説明するのは、誰かにそう求められた（＝呼びかけられた）からであるとしたうえで、そうした場面のことを「呼びかけの光景（scene of address）」と呼んでいる。原著者が用いる「出会いの光景（scene of encounter）」という言い回しには、さまざまな場所を転々としそこで多様な他者と出会うという、当時としては稀有な経験をとおして、ヤミンの主体が形成されたとの認識がある。

24――ジャワ島中部北岸に位置する街ドゥマックは、一六世紀前半にジャワの覇権を握ったドゥマック王国の中心地として栄え、ジャワのイスラーム化の中心地となったことで知られる。カディラングは、ドゥマックの一画の地名。

25――一九一七年に、バタヴィアで勉学中のスマトラ出身青年らによって組織された民族主義的志向の強い青年組織のひとつ。機関誌『ヨング・スマトラ』を刊行していた。
26――「ジャワ的なるもの」を意味するクジャウェンは、広くジャワ文化の観念体系の総体を指す語であり、一般には、アニミズムやジャワ・ヒンドゥイズム的な要素を含みつつイスラームと習合した儀礼を行う世界観や生活様式を有する人々の信仰のありかたを意味する。
27――西ジャワ州スメダン出身の軍人。一九六六～七七年にジャカルタ首都特別州の知事を務め、不法居住者の強制退去など強硬手段をとる一方、市場・保健所・学校・モスクの建設など都市の近代化に尽力した。
28――オランダ植民地期の教育制度は改変が頻繁に行われて複雑であるが、『インドネシアの事典』「植民地時代教育機構図」[石井（監修）1991: 489]は、その二〇世紀初頭の機構を比較的簡明に記している。なお、植民地期の学校経験については、ラジャブ［1983］、ポスポス［2002］の二書が参考になる。
29――話し合いによる全会一致を目指し、議決後は異論を認めない伝統的な協議方法。
30――一三世紀に東ジャワのマラン近郊を中心に栄えた古代王朝。
31――シンガサリ朝最後の王の娘婿が建国した、ジャワ最後にして最大の古代王国。宗教はヒンドゥーと大乗仏教が行われていた。宰相ガジャ・マダ（在任一三五〇～六四年）の下でジャワ島外にも勢力を伸ばしたとされ、第四代王ハヤム・ウルク（在位一三五〇～八九年）の時代に最盛期を迎えた。
32――詩集のタイトルに用いられている〝tumpah darah〟の原義については序章の註＊15およびⅦ章を参照のこと。
33――独立宣言の年である一九四五年前後に二〇歳台で文学界に登場し、独立革命期から戦後の文学を担った者たちのことを、インドネシアでは総称して「四五年世代」と呼ぶ。この代表格がハイリル・アンワルであった。
34――ジャワ語の散文による歴史物語であり、一三世紀初めにジャワで成立したシンガサリ朝から、一三世紀末に成立したマジャパヒト朝の初期に関する事跡が記されている。
35――『パララトン』の中で記されている「パラパ」が実際何を指すのか、それが何らかの果物を指すのかも含めて諸説ある。
36――カカウィンと呼ばれ、インド文化の影響のもと、インド系の韻律によって書かれた古ジャワ語の韻文作品（叙事詩）の総称。

37――マジャパヒト朝のハヤム・ウルク王治世下の宮廷詩人ムプ・プラパンチャによる、九八詩編三八四詩節から成るカカウィン形式の宮廷年代記。

38――サンスクリット語起源で、「ヌサ」は「島」、「アンタラ」は「間」を意味し、本来は一三世紀のジャワのシンガサリ朝、およびマジャパヒト朝の支配地やその影響が及んだ地域を総称した。現代ではインドネシアの国家やその領域に対する雅称として用いられることが多い。

39――二世紀末から一九世紀前半までベトナム中部沿海地域に存在した王国。海洋交易で栄え、中国では林邑や占城の名で知られた。

40――直訳すれば「公正（正義）の女王」の意。ジャワを中心にインドネシア各地では、世が乱れたときに最後には世直しの神が出現するとの伝承があり、オランダ植民地期にはラトゥ・アディルに擬せられた人物による反乱や蜂起が続いた。

41――「学童の園」を意味する。一九二二年七月、ジャワの王宮都市ジョグジャカルタで、民族主義者デワントロを指導者として設立された私立教育機関。植民地政府の主宰する公教育に対抗し、民族主義を涵養する教育の場として、重要な位置を占めた。

42――ミナンカバウ出身の改革派ウラマ（イスラーム知識人）で、ハムカの通称で知られる。父の指導のもと、西スマトラ各地で修業を積むとともに、メッカ留学などを通じてイスラーム諸学を修めた。

訳註参考文献

石井米雄（監修） 1986 『東南アジアを知る事典』平凡社

――（監修） 1991 『インドネシアの事典』同朋舎

ポスポス、P 2002 (1950) 『スマトラの学校時代――あるキリスト教徒の思い出』池上重弘訳、現代図書

ラジャブ、ムハマッド 1983 (1974) 『スマトラの村の思い出』加藤剛訳、めこん

Yamin, Muhammad 1948(1945) *Gadjah Mada: Pahlawan Persatuan Nusantara* (tjetakan ke-3). Jakarta: Balai Poestaka.

Ⅵ

「歴史をまっすぐに正す」ことを求めて

国家英雄制度をとおした、ある歴史家の挑戦

津田浩司

1 国家英雄のフォーマット

ここに一冊の本がある。『インドネシアの英雄たち――完全版（*Kumpulan Pahlawan Indonesia Terlengkap*）』［Mirnawati 2012］と題された三〇〇ページ以上から成るこの本には、一六一名の英雄たちの事績が、一名あたり一～三ページずつ記載されている。その英雄個々の記述を見ると、まず生い立ちから始まり、青年期、そしていかなる相手に対しいかに果敢に挑んだかという武勇伝の中核部分が続き、最後は劇的な死もしくは晩年の記述に付け加えるように、「その功績に報いて」何年の大統領決定第何号により国家英雄の称号（Gelar Pahlawan Nasional）が授与されたかということが、肖像画や生没地・年月日の情報とともに記載されている。

この一冊のエンサイクロペディア的な本にまとめられているのが、本書のテーマであるインドネシアの国家英雄たちの物語である。実は、同書が出版された二〇一二年の時点での国家英雄の総数は一五六名であり[*1]、したがってここには正式に認定されていないはずの人物が余分に加わっていることになる。この点については最後に触れるとして、いずれにしてもここでまず注意を喚起しておきたいのは、今日インドネシアにおいて国家英雄は、このように類型的に物語化された上で一冊のカタログの中に集成され、そして書店に並べられ人々の目に触れている、という点である。しかも、国家英雄に関するエンサイクロペディア的な本は何もこの一冊に限られるわけではなく、『インドネシアの英雄を知ろう（*Mengenal Pahlawan Indonesia*）』、『インドネシアの英雄の闘争物語（*Kisah Perjuangan Pahlawan Indonesia*）』などのタイトルで、毎年のように類書がさまざまな出版社から出されているのだ。

インドネシアという国民＝民族《バンサ》[*2]の一体性、あるいはそれと表裏一体の関係にあるインドネシアという統一国家を、打ち立てたり護持するのに著しく貢献した人物を国が顕彰するというこの国家英雄制度。一九五九年の初認

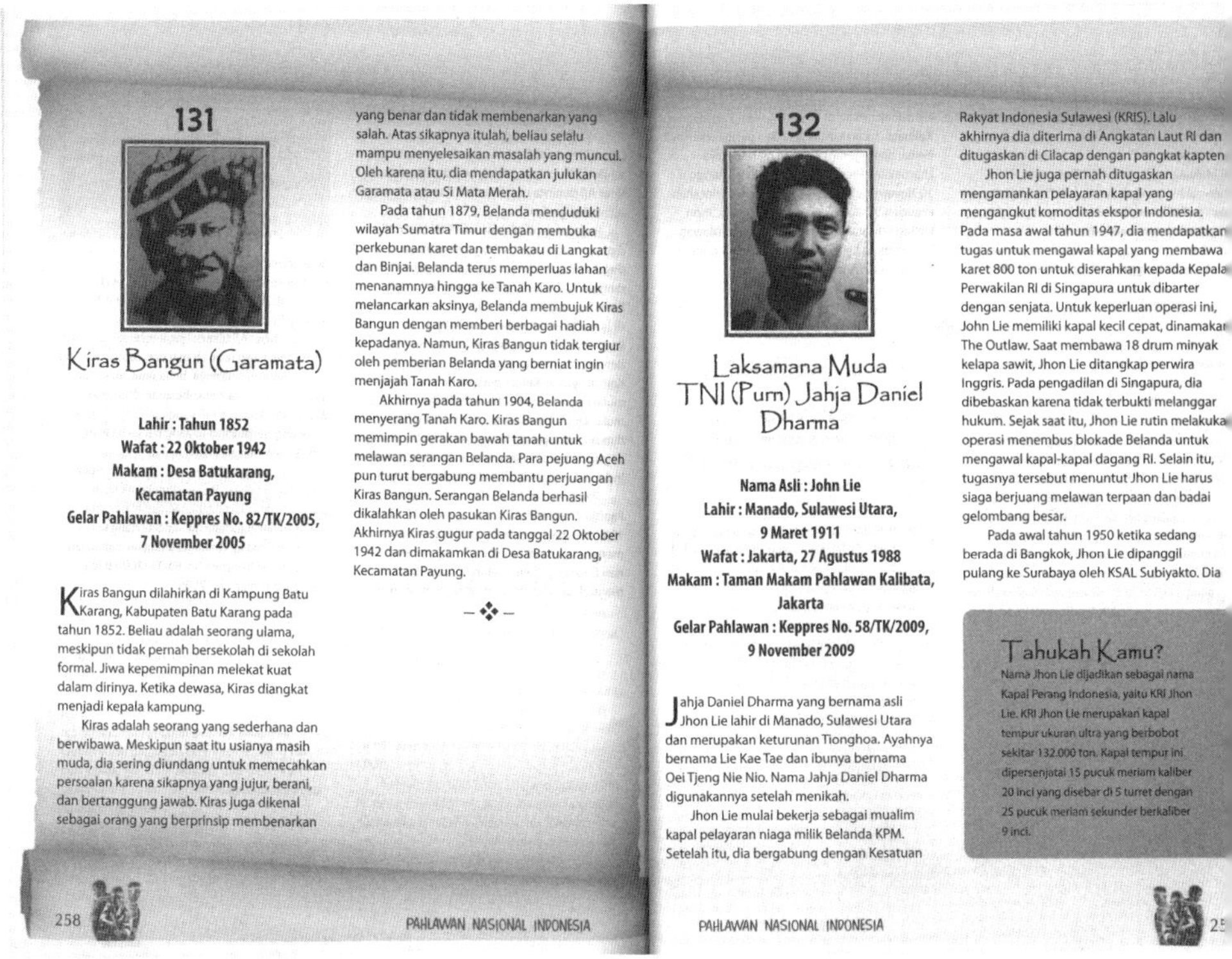

131

Kiras Bangun (Garamata)

Lahir : Tahun 1852
Wafat : 22 Oktober 1942
Makam : Desa Batukarang, Kecamatan Payung
Gelar Pahlawan : Keppres No. 82/TK/2005, 7 November 2005

Kiras Bangun dilahirkan di Kampung Batu Karang, Kabupaten Batu Karang pada tahun 1852. Beliau adalah seorang ulama, meskipun tidak pernah bersekolah di sekolah formal. Jiwa kepemimpinan melekat kuat dalam dirinya. Ketika dewasa, Kiras diangkat menjadi kepala kampung.

Kiras adalah seorang yang sederhana dan berwibawa. Meskipun saat itu usianya masih muda, dia sering diundang untuk memecahkan persoalan karena sikapnya yang jujur, berani, dan bertanggung jawab. Kiras juga dikenal sebagai orang yang berprinsip membenarkan yang benar dan tidak membenarkan yang salah. Atas sikapnya itulah, beliau selalu mampu menyelesaikan masalah yang muncul. Oleh karena itu, dia mendapatkan julukan Garamata atau Si Mata Merah.

Pada tahun 1879, Belanda menduduki wilayah Sumatra Timur dengan membuka perkebunan karet dan tembakau di Langkat dan Binjai. Belanda terus memperluas lahan menanamnya hingga ke Tanah Karo. Untuk melancarkan aksinya, Belanda membujuk Kiras Bangun dengan memberi berbagai hadiah kepadanya. Namun, Kiras Bangun tidak tergiur oleh pemberian Belanda yang berniat ingin menjajah Tanah Karo.

Akhirnya pada tahun 1904, Belanda menyerang Tanah Karo. Kiras Bangun memimpin gerakan bawah tanah untuk melawan serangan Belanda. Para pejuang Aceh pun turut bergabung membantu perjuangan Kiras Bangun. Serangan Belanda berhasil dikalahkan oleh pasukan Kiras Bangun. Akhirnya Kiras gugur pada tanggal 22 Oktober 1942 dan dimakamkan di Desa Batukarang, Kecamatan Payung.

–❖–

258　PAHLAWAN NASIONAL INDONESIA

132

Laksamana Muda TNI (Purn) Jahja Daniel Dharma

Nama Asli : John Lie
Lahir : Manado, Sulawesi Utara, 9 Maret 1911
Wafat : Jakarta, 27 Agustus 1988
Makam : Taman Makam Pahlawan Kalibata, Jakarta
Gelar Pahlawan : Keppres No. 58/TK/2009, 9 November 2009

Jahja Daniel Dharma yang bernama asli Jhon Lie lahir di Manado, Sulawesi Utara dan merupakan keturunan Tionghoa. Ayahnya bernama Lie Kae Tae dan ibunya bernama Oei Tjeng Nie Nio. Nama Jahja Daniel Dharma digunakannya setelah menikah.

Jhon Lie mulai bekerja sebagai mualim kapal pelayaran niaga milik Belanda KPM. Setelah itu, dia bergabung dengan Kesatuan Rakyat Indonesia Sulawesi (KRIS). Lalu akhirnya dia diterima di Angkatan Laut RI dan ditugaskan di Cilacap dengan pangkat kapten.

Jhon Lie juga pernah ditugaskan mengamankan pelayaran kapal yang mengangkut komoditas ekspor Indonesia. Pada masa awal tahun 1947, dia mendapatkan tugas untuk mengawal kapal yang membawa karet 800 ton untuk diserahkan kepada Kepala Perwakilan RI di Singapura untuk dibarter dengan senjata. Untuk keperluan operasi ini, John Lie memiliki kapal kecil cepat, dinamakan The Outlaw. Saat membawa 18 drum minyak kelapa sawit, Jhon Lie ditangkap perwira Inggris. Pada pengadilan di Singapura, dia dibebaskan karena tidak terbukti melanggar hukum. Sejak saat itu, Jhon Lie rutin melakukan operasi menembus blokade Belanda untuk mengawal kapal-kapal dagang RI. Selain itu, tugasnya tersebut menuntut Jhon Lie harus siaga berjuang melawan terpaan dan badai gelombang besar.

Pada awal tahun 1950 ketika sedang berada di Bangkok, Jhon Lie dipanggil pulang ke Surabaya oleh KSAL Subiyakto. Dia

Tahukah Kamu?

Nama Jhon Lie dijadikan sebagai nama Kapal Perang Indonesia, yaitu KRI Jhon Lie. KRI Jhon Lie merupakan kapal tempur ukuran ultra yang berbobot sekitar 132.000 ton. Kapal tempur ini dipersenjatai 15 pucuk meriam kaliber 20 inci yang disebar di 5 turret dengan 25 pucuk meriam sekunder berkaliber 9 inci.

PAHLAWAN NASIONAL INDONESIA　25

『インドネシアの英雄たち――完全版』（2012）の内容の一例。
左ページは20世紀初頭にスマトラ島北部でオランダに抵抗したキラス・バグン（2005年認定）、右ページは後述のジョン・リー（2009年認定）についての記述。

定以来のその制度的変遷についてはすでに本書序章で存分に議論されているが、現在的地平で見たときにこの制度をめぐり最も興味深い点は、やはり、独立以来七〇年以上経ってもなお、毎年ほぼコンスタントに英雄たちが認定を受け続けている、という点であろう。少し大げさな言い方をすれば、新興国家というにはもう十分に成熟しつつある国において、依然として「建国の父」、あるいは「国民＝民族の鑑」的な存在が毎年複数名ずつ確実に加算されているわけだ。これは、毎年定期的に新たに認定される特定の人物をとおして、その人物が生きた時間・空間を取り込む形でナショナリズムの物語を再確認する、といういつしか定式化されたその機能面を見るならば、実によくできた制度であるとも言える。しかしそうは言っても、この大量生産の事態は素朴に異様に思える。

実際のところ、ナショナリズムの物語を時空間上に拡大再生産しつつ殿堂入りを果たした国家英雄たちのラインナップを、上掲のカタログのような形でいちべつしてみると、いったい何を行いその事績のどこが凄いのかが判然としないような人物が散見される。これは何も筆者のみの意地悪な見方とばかりは言えないようであり、インドネシアの人ですら——さらに言えばその英雄を輩出した地元の人ですら——よほどのことがなければそもそも当該人物のことを知らなかったり、あるいは特段関心もない、といった事態が決して珍しくなかったりする［津田 2016: 335-340］。つまり、その物語がカタログに収録されている英雄たちのうちの少なからぬ者は、学校で義務的に学ばされたために辛うじて記憶されているか、[*3] あるいは、どこかの通りや公共施設の名称に用いられているので名前くらいは聞いたことがある、という程度の認知のされ方をしているようなのだ［津田 2016: 286-287］。その意味では、国家英雄のラインナップ自体がすでにかなりルーティン化、ないし陳腐化している、とも言える。

繰り返すが、本書序章で論じられているとおり、国家英雄制度はそれ自体歴史的な変遷をたどってきた。そもそも制度開始当初は、いわゆるネーション・ビルディングに直接的に大いにかかわった戦友・同士たちが世を去っていくのを前にして——あるいはその遺族が困窮しているのを前にして——、相応に顕彰・ケアをしようという直接的な目的があったと言われている。そうして初期に顕彰された人物たちは、大抵のインドネシア人ならば知っているようなビッグネームの人物たち——あるいはのちにそのようにみなされることになった人物たち——が多かった、というのは事実であろう。[*4]

しかし、本書各章で縷々指摘されているように、特にポスト・スハルト期に入って以来の国家英雄の推戴は、地域的ないし民族集団的な主張をシンボリックに表明する「承認の政治」［Taylor 1992］のための、半ば道具として利用される側面がいっそう強まりつつある。そのようにして年ごとに追加されるのは、お世辞にも全国的・全国民的広がりをもって認知されているとは言えないような没個性的人物たちであることがしばしばなわけだが、それら人物たちが、「国家英雄」という統一フォーマット上でシリーズ化されて居並び、その統一フォーマットの枠内で互いに微細な差異を競い合いつつ、全体としてバンサ・インドネシアを体現するもの——言うなれば「バンサのアルバム」——として表象されている、[*5]というのが、今日のインドネシアの国家英雄のありかたを批判的に捉えた際の姿であるように思う。

ここでさしあたりフォーマットと呼んでいるものは、形式的には、英雄的行為がいかなるものであるかという定義、および、英雄認定のための具体的な手続きや必要書類等の諸要件を定めた、諸々の法令に根拠づけられている。[*6]しかしそれと負けず劣らず重要なのは、いかなる人物が国家英雄としてふさわしいかという内容面である。それは理念的には、既存の一六〇余名の国家英雄のラインナップから抽象される総体ということになるが、しかし実質的には、いわゆるビッグネームの英雄たち、すなわち、独立運動を率いたり国家体制の維持に努めたりした軍人や政治家たち——この中には、一九六五年の九月三〇日事件で落命後にすぐさま英雄認定された将軍たちも含まれる——、あるいは植民地化に抵抗した各地の王族たち等々の武勇伝を範型としつつ、認定時期ごとの色彩を帯びながらもそれを半ば模倣・再生産する中で形作られてきた、[*7]パターン化された人物像であると言えよう。そして、昨今の国家英雄推戴運動を個々に観察する中で目につくのが、この既存の英雄たちによって体現された画一的な人物像を内容面で含んだ国家英雄のフォーマットを前にして、何とかそれに見合うように「自分たちの代表（＝英雄）」の人物像を寄せていこうと腐心する、推戴当事者たちの姿なのである。

急いで付け加えておくと、筆者は何も英雄認定された特定の人物の勇気ある行為や崇高な精神の価値を蔑む意図など毛頭ない。また、その英雄の顕彰に心血を注いでいる推戴当事者たちを個々に批判するつもりもない。ただ、このようにある定められた枠組みの中で多様性を競い合うことを可能にするフォーマットとして国家英雄の制度を捉えてやると、そうした表現媒体は実はインドネシアではすでに決して珍しくないことに気づく。

おそらくその最も端的な例は、一九七五年にスハルト大統領夫人の肝いりで開園した「ミニチュア版〈うるわしのインドネシア〉公園」、通称「タマン・ミニ（Taman Mini）」であろう。インドネシアの地図を模した人造池の周りに国内全州ごとのパヴィリオンが居並ぶというこの巨大テーマパークにおいて、訪問者はそれぞれの州を代表する文化を一堂のもとに楽しむことができる仕掛けになっている。[*8] もっとも、そこで表象されている文化とは、伝統家屋——サイズも造りもかなり誇張されている——や民族衣装——日常では決して着られることのない華美な婚礼衣装が主である——等々、インドネシアで販売されている就学者向けの地図帳の最終ページを広げれば大抵その一覧が掲載されているような、まさにカタログ化されるべく抽出され同列的に成型され並べられた文化要素の数々である。

また同じ一九七〇年代から、元来バティック製作の歴史的蓄積がさほどない地域も含めて、州・県レベルを問わず全国の各地方自治体が競い合うようにして、その土地ならではのモチーフや意匠を盛り込んだバティック（的なるもの）を作り——ここではバティックは、そこに何らかの表現が盛り込まれるメディアとして機能することになる——、それを公務員の準制服として取り入れてきたことも、同様の表現形式の一例と見ることができよう

［津田 2012: 147-148］。

さて、ポスト・スハルト期の現在時点の地平面で国家英雄制度を見た際に、それが多分にタマン・ミニ内の文化表象やご当地バティックのごとく、同一フォーマット内で地方なり民族集団なりのアスピレーションを表現できるような場となっている、という見立ては、やはり筆者はそれなりに現実を捉えたものであると思う。それはたとえば、Ⅰ章で山口が紹介する東南スラウェシのようにいまだ国家英雄を輩出していない州、あるいは二〇〇〇年代以降の地方分権化加速の中で相次いで誕生した新興自治体などが[*9]、地元ゆかりの人物を何とか国家英雄へと仕立て上げるのに腐心している様であったり、はたまたⅡ章で森田が論じるティモール人（アトニ・メト）社会の事例のように、いわゆる周辺的な地位に甘んじているとの意識を持つ一部の人々が「自分たちの代表（＝英雄）」をめぐって――ときに既存の国家英雄のイメージやモチーフを模倣・参照しながら――あれこれと語っているようすを見るならば、首肯できることだろう。そして、それら近年繰り広げられている一連の国家英雄推戴運動の事例を俯瞰した際に浮かび上がるのは、まさしく、ある人物をそのフォーマットに見合うよう成型していくにあたっての、当のフォーマット自体が持つ規定力の強さ、あるいはハードルの高さなのである[*10]。

しかし、誰しもが思い浮かぶビッグネームの英雄たち、そしてそれ以外の相対的にマイナーな英雄たちの量産によって年々補強されるこの国家英雄のフォーマットは、形式面はさておき[*11]、こと内容面についていえば、必ずしも不変というわけではない。というのも、仮にこの国家英雄の殿堂の中に新たに特徴的な属性を帯びた人物を加え入れることに成功したならば、それによってフォーマット自体の内実がいくぶん拡張されたりずらされたりする余地があるからだ。そして実際ポスト・スハルト期の現在、この硬直的で陳腐化しつつある国家英雄の人物像に対して、少しずつ刷新を迫る挑戦が進行しているのである。本章ではそうした試みの例として、国家英雄制度を存分に利用しつつ国家英雄の概念――ひいてはそれによって体現されるバンサ・インドネシアの姿やその歴史――の拡張を目指している、あるひとりの歴史家の挑戦を取り上げてみよう。

2　ある歴史家――「華人国家英雄」の推戴運動への関与

上述の観点から本章で注目するのは、歴史家アスヴィ・ワルマン・アダム（Asvi Warman Adam）[*12]である。一九五四年に西スマトラ州のミナンカバウ人家庭に生まれ、一九九〇年にフランスで歴史学の博士号を得て帰国したアスヴィは、インドネシア最高峰の政府系学術機関であるインドネシア科学院（ＬＩＰＩ）の上席研究員として東南アジア地域の歴史・政治の研究をしつつ、一九九八年のスハルト体制崩壊以降は、インドネシアの近現代史や軍・政治機構のありかたを問い直す小文・エッセイを、新聞や雑誌など大衆メディアのオピニオン欄やコラムを舞台に精力的に発表する文筆活動を展開している。その彼は、国家英雄制度に関してアカデミックの立場からおそらく最も活発かつ批判的な発言をしている人物であるが、と同時に特徴的にも、直接的に特定の国家英雄の推戴運動――しかもそれは、歴史的には「本来の（土着の）インドネシア人ではない（non-asli）」とみなされがちであった華人系から初の国家英雄認定者を出そうという挑戦的な運動であった――に関与した人物でもある。[*13]

アスヴィが国家英雄制度自体に対して本格的に発言を展開し出したのは、二〇〇〇年代初頭からである。その最も初期の発言に、二〇〇三年の旧正月を前にインドネシア最大の日刊紙に寄せたオピニオン記事「華人の国家英雄」[*14]がある。同記事で彼はまず、一〇〇名を超える国家英雄の一覧はあたかもバンサの「闘争のアルバム（album perjuangan）」のようなものだ、と述べる。つづけて彼は、今や国内の全ての州のみならずその下の行政レベルである県・市までもが地元出身の英雄を輩出させようと競い合いはじめているが、しかしそうした中にあってもこの国に暮らす華人は、スハルト体制期を通じ法的・文化的に差別され、その存在が歴史の語りの上でも排除されてきた、と指摘する。そして、だからこそ今、「華人国家英雄」の認定を政府に求めることが必要なのだ、と強く主張するのである。このように述べる彼は、さらに同記事の最後で、具体的に華人系の国家英雄として推戴するに値する人物は誰かを複数名列挙しており、そのうち「特に」として、退役海軍少将ジョン・リー（John Lie 一九一一—八八年）のことを紙幅を割いて紹介している。インドネシア名をヤフヤ・ダニエル・ダルマ（Jahja Daniel Dharma）というこの北スラウェシ州マナド市生まれの海軍人は、独立戦争期にオランダによる海上封鎖をものともせずにスピードボートを駆使してマラッカ海峡を横断し、共和国軍側に武器や医薬品を「密輸」した華人系の人物として知られている。[*15]

確かにこの記事内でアスヴィが指摘しているように、インドネシア近現代史の過程で華人系住民は、一般にバンサ・インドネシアのまっとうな一員とはみなされず、社会不安のたびにしばしば暴動や略奪の標的となるなど、むしろ国民統合上の「問題」とされてきた経緯がある。とりわけ「新秩序（Orde Baru）」と呼ばれたスハルト体制期には、中国共産党との結びつきを警戒する体制側から華人は総体的に管理・監視の対象とされ、なおかつ、プリブミ（pribumi）[*16]の反華人感情を掻き立て暴動などに発展するのを未然に防ぐという観点から、華人が持っている「中国／華人らしい」とみなされた文化要素を公的な場で表出することを禁じる政策もとられた。[*17]こうしたことから、一般の華人たちの多くにとってもスハルト体制期というのは、華人への風当たりの強い時代と認識されていたのである［津田 2016: 288-292］。

一九九八年、スハルト体制崩壊の直接的な引き金となった「五月暴動（Kerusuhan Mei）」で、またしても少なからぬ華人が被害に遭った。そしてそれを機に、上述のごとき華人たちに対する抑圧的な施策への批判が国内外

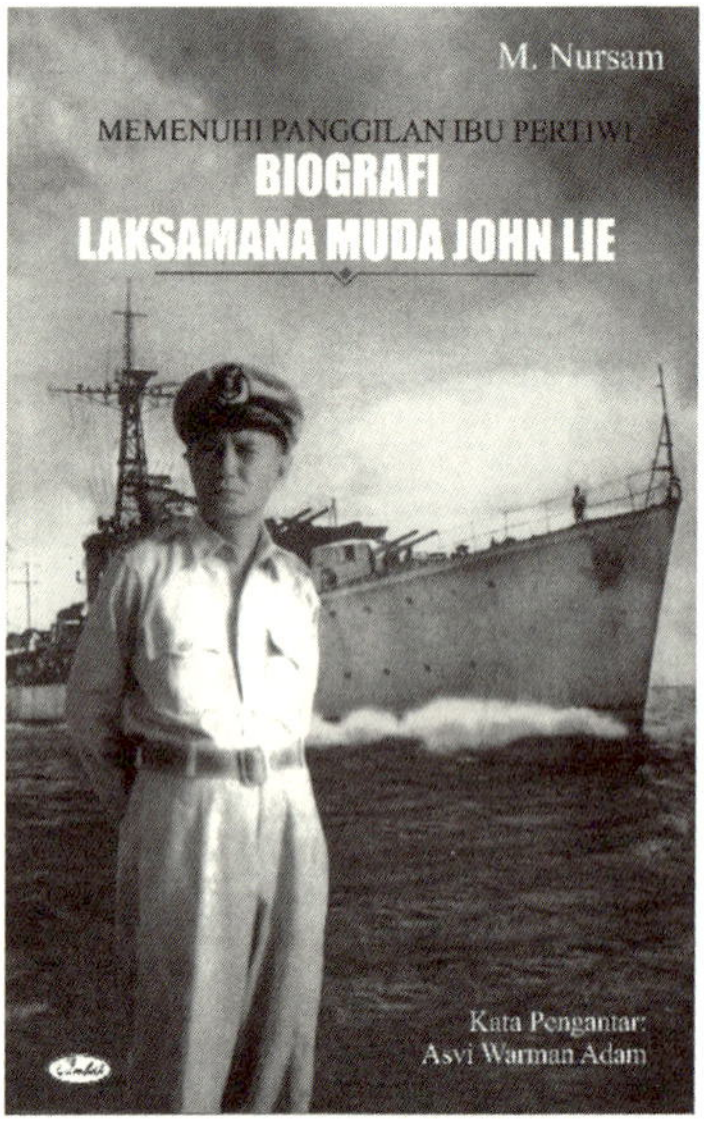

『祖国からの呼びかけに応えて――ジョン・リー海軍少将の伝記』の表紙。ナビル財団の主導により2008年に完成した。

で高まり、ポスト・スハルト期の諸政権下ではようやくその見直しが始まるようになる。上述のアスヴィによる記事は、こうした当今の状況を踏まえつつ、インドネシアにおける華人の存在を社会的にいっそう認知させ、さらには権利回復等に結び付けるためには、単に差別的法令の撤廃を加速させるのみならず、インドネシアのナショナル・ヒストリーの中に華人の存在をしかるべく位置づけ直す必要があり[*18]、そのためのシンボリックな手段として、国家英雄の殿堂内に華人系をひとりでも加入させるべきだ、と提唱したものであった。

これ以降もアスヴィは、さまざまな場で「華人国家英雄」の必要性を繰り返すことになる[*19]。やがてその発言は、一九九八年の「五月暴動」以降相次いで設立された華人系団体[*20]の一部の関心を集めるようになる。なかでも、「華人問題」に対し学術面からアプローチすることを標榜するナビル財団（Yayasan NABIL）[*21]は、二〇〇七年にアスヴィを学術顧問（dewan pakar）の一員として迎え入れるや、上掲の記事中で彼が「特に」国家英雄の候補としてふさわしいとして言及していたジョン・リーを実際に認定させるために、当人に関する各種資料の収集と伝記の執筆作業を加速させる。[*22]

二〇〇八年八月、ナビル財団はわずか三ヵ月間で、『祖国からの呼びかけに応えて――ジョン・リー海軍少将の伝記』と題する当該英雄候補の伝記本［Nursam 2008］を完成させる。この本では、ナビル財団理事長エディ・レンボンの祝辞に続き、アスヴィが序文を寄せているのだが、そこで彼は極めて直截にも以下のように述べている。

なんと、この［一〇〇名以上にも及ぶ国家英雄の］リストの中に華人（etnis Tionghoa）の出自を持つ国家英雄は一名もいない。このバンサの英雄アルバムの中に華人の「代表」を入れることは、華人たちの利益のためのみではない。むしろ、華人の英雄がいることで、インドネシアの人々全てが、華人も祖国の他の民族集団（etnis-etnis lain）と同様、独立を勝ち取り守り抜くために共に役割を果たしたのだ、と見ることができるようになるのであり、そのためにもこれは極めて重要なのである［中略］。

英雄リストに華人の「代表」が加わることは、単に「バンサのアルバム」を完璧にすることだけを意味するのではない。そこには他の戦略的な目的も含まれている。ベニー・スビアント（Benny Subianto）が北スマトラ、西カリマンタン、南スラウェシで行った「華人に対する暴力の起源（Asal Usul Kekerasan terhadap Etnis Tionghoa）」に関する研究によれば、目下のところこれらの暴力の発生には三つの原因、すなわち、（a）華人は依然として大半のインドネシアの住民から「他者（the other）」とみなされていること、（b）経済的格差の存在、（c）華人はインドネシアの独立闘争に参画しなかったこと、があると結論づけられている。英雄リストに華人の代表が加わることは、実は彼ら［＝華人］の中にも独立の闘士がいたのだと示すことで、暴力の原因となるネガティヴなファクターのうちのひとつが減じられることになるのだ［Asvi 2008b: xivxvi〕※鈎括弧は原文では引用符、丸括弧内は原文表記、角括弧内は筆者による補足。

このような序文を含む伝記本を重要な添付資料として、二〇〇九年にナビル財団はジョン・リーを国家英雄へと申請すべく、満を持して正式な手続きを開始する。もっとも、この国家英雄推戴過程で開催されたセミナーの場や最終的な申請書の文面上において、ジョン・リーが華人であることや華人の国家英雄が必要であることが前面に出されたわけではない。というのも、この制度においては、バンサや国家に対して英雄的な貢献を成した人物をその人ゆかりの自治体経由で推戴することが原則とされているからである。それゆえ、当該人物の代表性をめぐる言説のうち唯一公的なのは「〇〇州（場合によってはその下位の県／市レベル）の国家英雄」とするもののみであり、同人が特定の民族集団や宗教、あるいは軍や警察など特定の機構組織を代表している、などとする言説はあくまでも副次的なものにすぎないことになる。[*23] ジョン・リーを国家英雄にノミネートする際、ナビル財団はごく現実的にも、この制度が課す上述の基本的な要件に沿うように、この候補者が海軍人として祖国に尽くし、かつ生地である北スラウェシ州マナド市を愛する人物であった、という側面を強調したのである[*24]［津田 2016: 309-313, 324-325］。

ともあれ、定められた書類や要件を全て満たしたこの申請は、特段の問題もなく審査プロセスの階梯を上っていく。そしてついに同年一一月、エディ・レンボンは故ジョン・リーの夫人とともに大統領宮殿に正式に招かれ、ジョン・リーを国家英雄とする旨の認定証と勲章を大統領の手ずから受け取るのである。[*25]

ジョン・リーが国家英雄に認定されるに至る具体的プロセスについては、すでに別稿［津田 2016］で多角的かつ詳細に論じているので、これ以上の説明はここでは繰り返さない。[*26] 本章の議論においてまず確認しておきた

2009年11月、大統領宮殿における国家英雄認定式の模様。ユドヨノ大統領（中央奥）・同夫人（中央手前）と談笑するエディ・レンボン（左端）と故ジョン・リーの夫人（写真提供: ナビル財団）。

いのは、アスヴィのような歴史家が、政治・社会的に日陰の立場に置かれていた一群の人々――この場合はインドネシアに暮らす華人系住民――の存在を「バンサのアルバム」の中でしかるべく認知させるための戦略的な手段として、国家英雄の制度に着目し、そして率先してその枠組みにのっとって特定の人物を推戴する運動に関与した、という点である。そしてこの点、すなわち、従来バンサ・インドネシアの中で何らかの意味で「代表されていない」との思いを抱く人々をシンボリックに認知させるための手段として、国家英雄の殿堂内に「自分たち（／彼ら）の代表（＝英雄）」を新たに加えようとした、という点に着目してこのジョン・リー推戴の動きを見るならば、それはまさしく先述のごとき、近年ほうぼうでなされている英雄推戴運動の一典型、すなわち、既存のフォーマットに合わせてそこに代表を加入させることで象徴的認知を獲得しようとする「承認の政治」*27の ありふれた事例ということになろう。*28

3　歴史記述を「まっすぐに正す」

しかしである。この歴史家アスヴィが各方面で量産している小文を拾ってみると、彼の目的の射程は、どうやら必ずしも華人の存在を社会的にしかるべく認知させることのみに終始しているわけではないことが浮かび上がってくる。確かに、先に言及した「華人の国家英雄」と題された二〇〇三年のオピニオン記事では、アスヴィは「華人の存在が歴史の語りの上でも排除されてきた」ことを問題視していたわけだが、しかし彼の力点は、「華人の存在」をどうこうするということも然ることながら、むしろ「歴史の語り」のありかた全体の方に向かっているようなのだ。つまり論点を先取りして言えば、彼が数々の発言をとおして挑もうとしている大きな「敵」とは、スハルト体制により構築され社会に浸透が図られた、いわゆる「新秩序版の歴史（sejarah versi Orde Baru）」であり、そして彼の主張の中核は、体制に操作され歪められたその「歴史をまっすぐに正すこと（pelurusan sejarah）」にある、と言えそうなのである。[*29]

それでは、彼が問題視するこの「新秩序版の歴史」とはいかなるものなのだろうか。以下に大づかみで整理しておこう。

アスヴィもしばしば引用する歴史家キャサリン・マクレガー（Katharine McGregor）やヘリー・ファン・クリンケン（Gerry van Klinken）らも指摘するように、一九六五年の九月三〇日事件を機に陸軍出身のスハルトが政権を掌握すると、インドネシアのナショナル・ヒストリーのありかたはいわば国軍（陸軍）中心史観の色彩が濃くなっていったことが知られている［McGregor 2005; van Klinken 2005］。

それ以前、すなわち、独立後から一九六〇年代前半にかけてのインドネシアの公的なナショナル・ヒストリーの語り口というのは、日本軍政下で定着化され、さらには初代大統領スカルノや教育大臣も務めたムハマッド・ヤミン（Muhammad Yamin）[*30]らロマン主義的ナショナリストらによって提唱された、いわゆる反植民地的解放史観をその骨格としていた。「栄光に満ちた過去」、「暗黒の現在」、「約束された輝かしい未来」という三つ組みの時代区分を基本的枠組みとするこの語り口――この語り口自体をスカルノは「トリムルティ（trimurti）」と称したという[*31]［Soekarno 1961(1930): 108; van Klinken 2005: 234-235］――は、バンサ全体の来し方行く末を、人々がバンサ精神を涵養するのに役立つように物語ることを大きな目的としていた。そうして展開される目的論的物語は、しばしば個々の時代区分に転機をもたらしたりその只中で奮闘したりする人物への過度の焦点化を伴いながら、[*32]それらもろもろの列伝のパッチワークとして全体が成り立つ、という特徴も有していた。

スハルト体制成立後に生じた歴史記述上の変化とは、誤解を恐れずに大ざっぱに言うならば、この英雄物語とも極めて親和的な焦点化を伴う弁証法的語り口――この語り口をめぐる問題点については本章5節で再び言及する――をほぼそのまま踏襲しつつ［van Klinken 2005: 235, 255］、そこでの焦点化の対象を国軍やスハルト自身へと引きつけ、逆に排除されるべき存在として、植民者に加え新たに共産主義者などを位置づける、というものとしてあった。

このスハルト体制期の公的な歴史記述の定式化の中心にいたのは、インドネシア大学で歴史学の教鞭を執りつつ、陸軍主導による歴史書編纂プロジェクトに携わっていたヌグロホ・ノトスサント（Nugroho Notosusanto 一九三〇―八五年）であった。晩年の一九八〇年代にはインドネシア大学長や教育文化相を歴任することになるヌグロホは、スハルト体制発足時には国軍歴史センター（Pusat Sedjarah ABRI）長の職にあったが、[*33]この彼こそが、スハルト体制下で唯一絶対と位置づけられていく数々の公的な歴史解釈を自ら執筆するとともに、それら解釈を支配的なものへと方向づけるのに重要な役割を担ったと見られている［McGregor 2005: 209-210］。総じて言えば、共産主義に対する敵愾心を醸成しつつ初代大統領スカルノの脱権威化を推し進め、それと引き換えに、スハルトによる「新秩序」体制ならびにそれを支える国軍を歴史をとおして称え正当化する、と要約されうるこのヌグロホの仕事は[*34]［McGregor 2005: 226-227］、その後一九七七年に彼の監修のもと公刊された『インドネシア国史第六巻（*Sejarah Nasional Indonesia VI*）』でオーソライズされることになる。また、そこで展開された歴史記述の内容は、八〇年代には軍や学校教育のカリキュラムにも導入され、さらには映画やモニュメント、博物館などを通じて社会への浸透も図られたとされている［McGregor 2005: 218-234］。

歴史家アスヴィは、このようにスハルト体制期にヌグロホを中心になされたとされる歴史記述全体を、「歴史の操作（rekayasa sejarah）」であると弾じ、それをあらゆる方法で切り崩すべく言論を展開しているのである[*35]［Adam 2009b(2004): xxiv, xxxiii-xxxviii, 1-6, 16］。

「歴史をまっすぐに正すこと」を声高に叫ぶアスヴィの主要な論点は、同じキーワードをタイトルとする論文［Adam 2009b(2004)］中に集約されている。この論文で彼は、独立後のインドネシアの歴史記述を三つの段階、ないし「波（gelombang）」に分けている。ひとつ目は、記述の中心をオランダからインドネシアに取り戻す営為として位置づけられる「歴史の脱植民地化（dekolonisasi sejarah）」[*36]。次いで、スハルト体制期に入るとふたつ目の波として、一部の歴史家による「歴史の操作」が行われるのと並行して、「歴史における社会科学の利用（pemanfaatan ilmu sosial dalam sejarah）」をとおして、政治とは一定の距離を置きつつも学術性を高めた歴史記述が登場したという。[*37]そして、ポスト・スハルト期の現在三つ目の波として生じているのが、「歴史の改革（reformasi sejarah）」である。

この三つ目の波の現状としてアスヴィは、たとえばパンチャシラの誕生、あるいは一九四九年の三月一日総攻撃、一九六五年の九月三〇日事件、一九六六年の三月一一日命令書[*38]等々、それまでインドネシア現代史の中で分水嶺的に重要とされ、かつ専ら体制側から定式化された解釈が与えられてきた具体的出来事を列挙し、それらに対して近年、真相を問い直したり異なる解釈を提起したりするような動きが出てきていることを紹介する［Adam 2009b(2004): 11-12］。そして彼は、これらの出来事こそがほかでもない、スハルト体制期になされた歴史の「脱スカルノ化」と「国軍中心化」によって直接的に「歪められた」対象であり、すぐさま「まっすぐに正すこと」が必要である、と主張する。この第三の波のもうひとつの重要な側面としてアスヴィは、体制側により沈黙を余儀なくされていた人々が「犠牲者の歴史（sejarah korban）」を語り出すようになった事実も指摘しているが［Adam 2009b(2004): 6-7］、これら努力の積み重ねによって達成される「歴史の改革」、あるいは「歴史をまっすぐに正すこと」とは、すなわち「単一的（seragam）であった従来の歴史を多様な（beragam）ものにすることを意味する」［Adam 2009b(2004): 16］、と要約している。

二〇〇四年初出のこの論文では、スハルト体制期になされたとされる「歴史の操作」を糾弾することに重点が置かれているため、上で列記したような九月三〇日事件を中心とする現代史の出来事の公的解釈の見直しに直結するような事項の紹介に、紙幅の大半が割かれている。ただし彼は、そうした作業の末に将来編まれるべきインドネシア史の教科書の中身は、「歴史を非軍事化すること」、「地方の歴史を前面に出すこと」[*39]、そして「バンサ内部の多様性、民主化の達成、人権の尊重を前面に出すこと」の三つが満たされていることが望まれる、と付随的に言及している［Adam 2009b(2004): 12-13］。

「歴史をまっすぐに正すこと」の対象として具体的に何が含まれるのかについては、アスヴィは二〇〇五年に書いた別の文章で、より幅広い領域を視野に入れ列記している。とある論集の序文として寄稿された「政治の歴史、歴史の政治（Sejarah Politik dan Politik Sejarah）」［Adam 2005］と題するこの文章の中で、彼は「新秩序版の歴史」を見直すための課題を以下のように述べている。

私の見解では、このバンサにはこのままでは幕引きのできない過去の大きな問題が少なくとも五つある。このことについて歴史家は、解決法を考え提示する役割を果たせるはずだ。それら五つの中心的な問題とは、一九六五年の事件の犠牲者の問題、バンサ・インドネシアの中における華人の位置づけ、イスラーム過激派、[*40]ジャワのジャワ以外に対する優越、そして最後に、国政における軍の位置づけについてである。前四者の問題は多かれ少なかれ、いずれも軍の影響を受け軍に規定されているという点で、互いに関連している［Adam 2005: xxix-xxx］。

軍の栄光を過度に称える陰で不可視化された存在を生み続けてきた、スハルト体制期の歴史記述を問題視するという点は、ときに散漫になりがちな彼の論述の中にあって、ここでも一貫している。注目すべきは、「歴史をまっすぐに正すこと」という彼の大きな課題の対象は――来るべき歴史教科書の内容に関するコメントでも輪郭が示されていたように――、何もスハルト個人ないし体制全体の称揚のために直接的に「歪められた」現代史上の個別具体的な出来事に限られたわけではない、という点である。[*41]とりわけ本章との関連で興味深いのは、インドネシア史をめぐる五つの「大きな問題」――その問題意識の焦点がやはり国軍中心史観にあることは明らかだが――のふたつ目として、ここにバンサの中における華人の位置づけが据えられている点である。

つまり、アスヴィが「華人国家英雄」の必要性について率先して語り、そして最終的にはジョン・リーという具体的な人物の推戴運動に――ナビル財団に協力するという形で――自ら積極的に携わっていったのは、やはり本節冒頭で示唆したとおり、単に「バンサのアルバム」の中で華人の存在をしかるべく認知させるためのみならず、究極的にはこの一石を投じることをとおして、インドネシア史全体、あるいはそこで描き出されるバンサ・インドネシア像そのものについてのありかたを問い直す、ということまで視野に入れられていたと見るべきなのだろう。

4　国家英雄をとおして「代表される」べきもの

ところで、本章の初めのほうで筆者は、歴史家アスヴィは国家英雄に関してアカデミックの立場からおそらく最も活発に発言している人物である、と述べた。その彼が国家英雄について論じるとき、おおむねその論立ては、我々にとってはすでに「華人国家英雄」をめぐって繰り広げられたものをとおしておなじみの、例の論法になりがちである。それはすなわち、「バンサのアルバム」の中で正当に評価されていない存在がいる、だからその象徴としてたとえばこれこれの人物を国家英雄に推戴してはどうか、といったものなのだが、そのような論法でもって彼が取り上げる対象は、実は華人のみに限定されるわけではない。試みに、彼が主に大衆メディア上で展開した国家英雄に関する文章――こうした小文は彼の得意とするスタイルである――のタイトルを、以下にいくつか列挙してみよう。

（一）「警察は歴史もなければ英雄もいない？（Polisi Tanpa Sejarah Tanpa Pahlawan?）」［Adam 2010: 55-58］[*42]

（二）「アラブ系のナショナリズム――A・R・バスウェダン、靴下の中の外交文書（Nasionalisme Warga Keturunan Arab: A.R. Baswedan Nota Diplomasi di Kaos Kaki）」［Adam 2012: 54-62］[*43]

（三）「タン・マラカのDNAを追って（Memburu DNA Tan Malaka）」［Adam 2010: 80-84］[*44]

（四）「女性の国家英雄（Pahlawan Nasional Perempuan）」［Adam 2012: 199-201］[*45]

（五）「英雄をめぐる政治（Politik Pahlawan）」［Adam 2010: 62-68］
（六）「グス・ドゥル、人権の英雄（Gus Dur, Pahlawan HAM）」［Adam 2009b: 77-80］[*46]

このうち（一）は、軍・警察機構の中で従来スハルト新秩序体制を中心的に支えてきたのは陸軍であり、歴史記述においても陸軍が突出してきた、とした上で、それに比べて警察に対する評価は著しく不均衡である、と指摘するものである。この中でアスヴィは、陸軍はモニュメントや博物館の建造以外にも、これまでに何名もの陸軍出身者を国家英雄の殿堂に入れるなどしてきたが、警察からはいまだ一名しか国家英雄が輩出されていないとし、[*47]警察出身の英雄候補にふさわしい人物として二名の名を挙げている。容易に気づくとおり、その論述構成は「華人国家英雄」の必要性を論じたときのそれと酷似している。

同様に（二）は、二〇〇九年にジョン・リーの認定によって華人系の国家英雄が誕生したが、これまでのところアラブ系からはまだ輩出されていない、と指摘するものである。そして、アラブ系のインドネシア・ナショナリストとして知られるバスウェダン（一九〇八―八六年）こそが国家英雄の条件を備えているとして、その英雄物語を紹介している。[*48]

（三）は、上のふたつとはいくぶん毛色が異なる。この記事では、一九六三年に国家英雄に認定された共産主義運動指導者タン・マラカ（一八八四―一九四九年）のものと思われる墓が、二〇〇九年に遺族の依頼により掘り返され、DNA鑑定がなされたことを紹介している。[*49]タン・マラカは、スカルノ大統領がインドネシア共産党と接近した時期にあたる一九六三年に国家英雄に認定されていたが、その後反共政策を取るスハルト体制下ではこの認定自体が――取り消されることはなかったものの――なかったものとして扱われてきた。アスヴィはこの記事中で、まがりなりにも正式に国家英雄の認定を受けた者の墓を確認する作業が、遺族や一部の寄付によって賄われるのみで、政府、特に社会省からは何のイニシアティヴも支援もない、と非難するのである。（四）で取り上げられている対象は女性である。ここでは、二〇一一年現在で認定を受けた一五六名の国家英雄中、女性はわずか一二名を数えるのみであり、今後国家英雄の認定にあたっては女性に一定のクオータを設けては、とラディカルに問うている。[*50] この小文が面白いのは、さらにもう一歩踏み込んで、いずれ将来は国家英雄の殿堂の中に、植民者を追い出したり独立を勝ち取るために直接的に戦闘を行ったりした者たちばかりではなく、今日における独立の内実を豊かにする（mengisi kemerdekaan）ために闘った女性の英雄――たとえば労働分野で道を切り拓いたような人物――が加わるのが望ましい、と述べている点である。アスヴィはこの中で、女性の労働者が家庭、ひいてはバンサや国家のために果たした貢献は著しく大きいとし、その彼女らの象徴として、たとえば一九九〇年代に東ジャワで工場労働者の権利擁護のデモを率い若くして誘拐・殺害されたある女性活動家こそが国家英雄にふさわしい、と主張するのである［Adam 2012: 201］。

国家英雄の概念を、武器を手に取り闘った闘争者から、より幅広いものへと拡張していくべきだとする論調は、いくぶん総花的な散文（五）の中でも繰り広げられている。この文章は、国家英雄制度の歴史を概観した上で、英雄候補の推戴をめぐり現在起きている数々の問題を列記したものであるが、[*51] その中でアスヴィは、英雄のラインナップがこれまで軍人と政治家に過度に偏重する一方、[*52] たとえばスポーツ分野でバンサや国家の名を高めたような人物はひとりも認定されていない、と問題提起する。さらにこの文章では、執筆時点（二〇一〇年）でスハルトとアブドゥルラフマン・ワヒド（Abdurrahman Wahid　一九四〇―二〇〇九年、通称グス・ドゥル）の二名の元大統領をそれぞれ国家英雄に推す声があるとしつつ、前者については、開発を主導した功績は大きいもののその政権下で人権侵害が横行したことはきわめて問題であり、それに対して後者は――（六）の記事でさらに積極的に評価が述べられているように――、確かに政治的混乱を招きはしたが、多様性を重んじ人権擁護に努めたという点で、バンサの今日的価値観に合致する、と高く評価している。

このように、国家英雄をめぐってアスヴィが取り上げるトピックを概観してみると、それらがまずもって、このバンサにとって幕引きのできない五つの「大きな問題」だとして上で列挙していた各要素と、かなりの程度リンクしていることが分かる。[*53] つまり「歴史をまっすぐに正すこと」を掲げる彼の射程は、「華人の存在」のみに留まらず、バンサ・インドネシアの中で虐げられたり声を上げたりすることができなかった他の様々な存在にも及んでおり、これら存在を歴史記述のメインストリームの中に取り込んでいくことが不可欠である、と捉えられているのだ。そしてその大きな課題達成のための有効な手段として、華人のときと同様に他の対象についてもまた、国家英雄制度をとおした働きかけが有効である、と考えられているようなのである。[*54]

さらに興味深くかつ重要なのは、(四)や(五)で展開されている、女性労働運動家やスポーツ分野で名を成した人物、あるいは「人権の英雄」を国家英雄の殿堂の中に加え入れるべきだ、とする主張である。先述のように、国家英雄の殿堂に名を連ねるオーソドクスな人物像――あるいはそれらにより体現された国家英雄のフォーマット――とは、国家やバンサのために大いに奮闘した軍人や政治家などを中核としたものとしてあった。そして、近年の国家英雄推戴運動の大きな特徴のひとつは、新興自治体やそれ以外のもろもろの集団が、このフォーマットにより規定されている英雄像に何とか見合うようにと、「自分たちの代表(=英雄)」を――ときには半ば無理矢理に――成型しようと腐心している点にあった。

これに対してアスヴィの上の主張というのは、具体的な国家英雄の追加を後押しすることをとおして、このフォーマットの内容自体をより広義なものへと拡張していこうとする試みだ、と評価することができよう。そのようにして国家英雄の殿堂に新たな要素を担った人物を加入させることによって、「バンサのアルバム」、ひいてはインドネシアのナショナル・ヒストリーそのものを、軍事・政治分野に偏重したものからより幅広いものへ、すなわち、家庭内で働く女性も含めた労働者であったり、学芸・スポーツ分野、さらには人権分野で汗を流している人々——そしてここには（三）の記事で示されているような、特定の社会環境下で虐げられてきた人たちを加えてもよいだろう——の存在をも包含した、多様で多声的なものへとしていくことが期待されているのだ。[*55]

このインドネシアのナショナル・ヒストリー、そしてバンサ・インドネシア概念に多様性・多声性を反映させていこうとする観点から言うならば、実は、アスヴィが国家英雄に関し発言しはじめた初期の段階から、華人系の国家英雄の必要性を力説していたこともまた、同一のロジックのもとに位置づけることが可能である。つまりそれは、バンサ・インドネシアの概念を、かつて「原住民」と呼ばれていた土着系の人々——しばしば「プリブミ」、あるいは「本来のインドネシア人（orang Indonesia asli）」などと呼びならわされてきた——のみならず、インドネシアの地に生まれ世代を重ねてきた外来系の人たちにも拡張する、という挑戦のためのひとつ目の布石であったとみることができるのだ。[*56] そしてその挑戦は、（二）の記事にも見られるように、ごく最近になってアラブ系についても国家英雄が必要だと唱え出すことを通じて、二石目が投じられているのである。[*57]

5　国家英雄制度をとおした歴史記述の見直しの可能性と限界

ポスト・スハルト期を迎えたインドネシアでは現在、歴史記述をめぐり活発な議論が生じている。それは直接的には、スハルト体制期を通じもっぱら体制側が独占してきたナショナル・ヒストリーの語りに対する様々な形での異議申し立て——アスヴィはその最もラディカルな論者のひとりではあるが、あくまでも一端にすぎない——として開始されたのだが、[*58] 同時に、権威主義的な体制による箍《たが》がゆるんだのに伴い、様々な主体が比較的自由な切り口から歴史を記述する、という事態も同時並行的に生じている。先に言及したオランダの歴史家ヘリー・

ファン・クリンケンは、その名も「スハルト後の歴史をめぐる闘い」と題する論文の中で、一九九八年以降にインドネシアで生じている歴史記述に対するアプローチを、以下の四つに大まかに整理している［van Klinken 2005: 237］。

①ナショナリズムに基づくオーソドクスな歴史記述
②ナショナル・レベルの社会史記述
③特定の地域のエスノ・ナショナリズムに基づく歴史記述
④ローカルな歴史記述

このうち①は、スカルノ時代以来主流でありつづけている三つ組みの時代区分を特徴とする「トリムルティ」、そしてそれをほぼ踏襲しつつもヌグロホ主導により国軍の役割を強調したものとして定式化されたスハルト体制下の歴史の語り口の、延長上にあるものである。無論、同体制崩壊後には、スハルトの個人崇拝に直結するような記述は部分的に見直されるようになった。しかし、統一国家の枠組みを維持するための歴史記述であるという性質上、国軍の中心的役割や国家主義的なイデオロギーは依然として維持されているのが特徴である。また何よりも、歴史に分水嶺的な転機をもたらした人物たちへと焦点化する語り口――スハルト体制期にはまさにこの語り口に沿って、ヌグロホによる監修のもと、「聖なる日」に「偉大な人物」が「決定的な変化」をもたらしたことを強調する国家英雄たちの伝記が量産されたのであった［van Klinken 2005: 235］――もまた、変わらずに継承されている。

②以下は、この保守的な歴史記述からすれば外れたもの、ということになる。その布置関係を筆者なりに図示

ポスト・スハルト期の歴史記述の布置関係

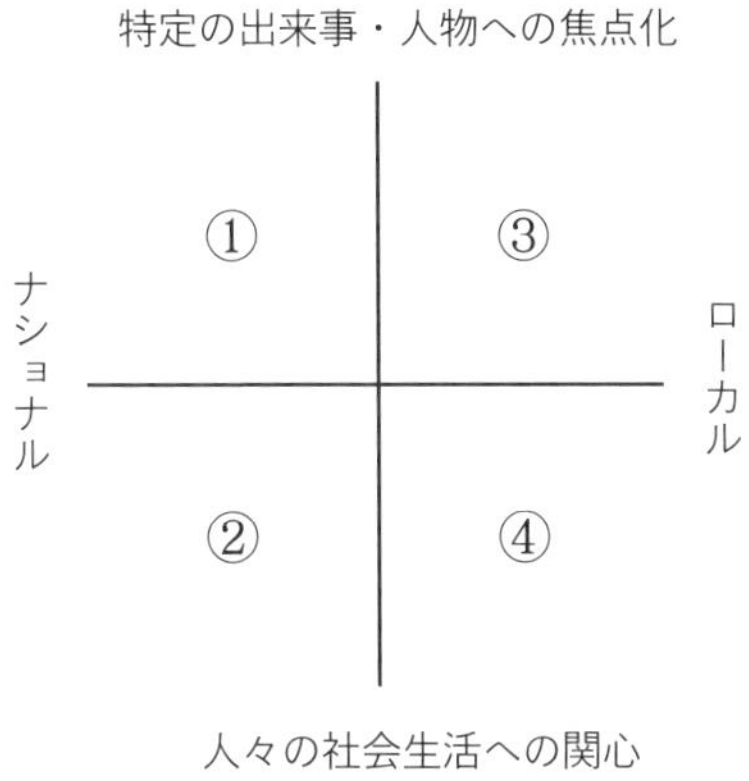

すれば、それは上図のように、横軸には記述のスコープとしてナショナルかローカルかを、また縦軸には記述のスタイルとして、歴史的転機を画する特定の出来事・人物へと焦点化して語るか、それとも市井の人々の暮らしや社会史などに目を向けるか、という極を設けたものとして描き出されるだろう。

　ファン・クリンケンはこのうち③を、特定の地域や民族集団の認知をいっそう求めたり政治的立場を打ち立てるべくなされる歴史記述——最も極端な例はアチェやパプアの自立性を唱えるたぐいのもの——としている。そして、そのようにして歴史が目的論的に語られる場合、その語り口はえてして「トリムルティ」に近似するという事実を的確に指摘している［van Klinken 2005: 247-253］。これに対して②は、たとえば抑圧的な政府に対し正義を求めた普通の人々の闘いや、社会内部に存在する摩擦や軋轢など、国家やバンサの一体性を物語ることを目的とする従来のオーソドクスな歴史記述には現れることのなかったテーマ——そこには、イスラーム的観点や左翼的観点からの歴史記述も含まれる——を積極的に取り上げるものが位置を占める［van Klinken 2005: 243-247］。④は②のローカル版ということになるが、それは必ずしも国家を志向するわけではなく、また社会内部のコンフリクトを含め人々の日常の生活史により密着して向き合う点において、むしろ①や③のようにしばしばプロパガンダ的色彩を帯びることもある歴史記述の一面性を浸食するポテンシャルを最も帯びたものとして位置づけられる［van Klinken 2005: 253-254］。

紙幅の都合上、それぞれの立場からの歴史記述の具体例としていかなるものがあるのかについて、ファン・クリンケンの議論をなぞりつつ紹介することはしない。ここでは、この整理を踏まえて、改めてアスヴィが国家英雄制度を利用する中で達成しようとしている「歴史をまっすぐに正すこと」の試みの、可能性と限界について最後に論じてみたいと思う。

その際に有効な補助線となるのは、集合的記憶のふたつの様態について論じるJ・M・マゲオ（Mageo）による議論である［Mageo 2001］。彼女はあくまでも理念的対比である点を断った上で、集合的記憶を、単線的で首尾一貫した同一性・同質性を追求する「集団間記憶（inter-group memory）」と、個別的印象や情動と結びつきつつ主に私的領域で語られる「集団内記憶（intra-group memory）」とに分けている。このうち前者は、他者との関係で何らかのヒエラルキーを維持するのに資するべく、起源神話であったり支配集団のエートスを高らかに語る英雄物語などを選択的に含み込む――その点でヘゲモニーと結びつきやすい――ものとしてある一方、後者は断片的かつ多声的であるが、しかしそれゆえにこそ、イデオロギー操作により同一的・同質的なものとして提示されるアイデンティティを潜在的に切り崩す可能性を持つ、という特徴がある［Mageo 2001: 12, 19-20, 26; 風間 2009: 262-263; 2012: 150, 168-169］。風間計博は、このマゲオによる「集団間記憶」と「集団内記憶」の弁別を基本的に踏襲しつつも、「単に集団の内外を示す表現は必ずしも適当でない」［風間 2012: 168-169］として、適切にも前者を「単一的記憶」、後者を「多重的記憶」と呼び換えている。

さて、集合的記憶に関するこの性向の違いを手掛かりに再び前掲の図に戻ると、特定の出来事や人物に選択的に焦点化しつつ特定の目的を志向して語られる歴史記述のあり方——図の上側——は「単一的記憶（集団間記憶）」と親和性が高いことが分かる。同様にまた、同一性や均質性、本質主義的固定化の希求などとは一線を画しつつ［風間 2009: 263］、人々の社会生活へと目を向ける歴史記述のありかた——図の下側——は、「多重的記憶（集団内記憶）」と大きく重なると言えよう。

アスヴィが、新秩序体制によって操作され歪められた「歴史をまっすぐに正すこと」を唱えるとき、その矛先は当然ながら①の領域に向けられたものであった。その際の戦術として彼は、一方では、①の領域で定式化されて語られてきた象徴的な歴史的事件に異説をぶつけるなどして、その領域の内部そのものを切り崩す作業を行っている。そしてそれと同時に、「単一的であった従来の歴史を多様なものにすること」［Adam 2009b(2004): 16］を掲げて、国家英雄制度を通じつつ、抑圧されてきた華人や、あるいは九月三〇日事件の犠牲者等々、それまで歴史の語りから排除されていた者——図の右側——の声を取り上げ、それを①の領域を体現する国家英雄の殿堂内に送り込もうと発言を繰り返していたのであった。この後者の戦術は確かに、たとえば「華人」や「共産主義者」、「女性」など、明確に境界づけられた集団を措定した上で[*59]、その集団を何某かの英雄的人物に仮託して①の領域へと参画させることで、当該集団のうちに存する記憶やアイデンティティの一側面を、バンサ全体やその歴史のメインストリームの中で承認させる、という点においては、決して無意味なものではない。また何よりも、前節で確認したように、この戦術は直接的に、「バンサのアルバム」としての国家英雄の概念——あるいはフォーマットの内容——自体を拡張する効果が期待できるからだ。

しかしながら、そうして「自分たちの代表（＝英雄）」として焦点化された人物を介して表現されるのは、あくまでも図の上側の表面的な歴史——あるいは単一化された記憶——にすぎない。しかもそれは、文字どおり「国家英雄」である限りにおいて、所詮は国家やバンサの不朽化を志向するものとならざるをえない。他方で、図の下側に広がっているであろう人々の生活史に根差した様々な経験や思い、そしてときに情動とも響き合うような多義性に満ちた豊饒な領域は、この作業によってはすくい取られることがないのである。[*60] 歴史に多様性・多声性を求める歴史家の試みは、ここにおいて大きな限界にぶち当たらざるをえないのだ。[*61]

6 エピローグ——国家英雄概念の拡張

国家英雄のエンサイクロペディアの一例として本章冒頭で紹介した、二〇一二年出版の『インドネシアの英雄たち——完全版』。そこに掲載されている人数は、正式に国家英雄に認定された人数よりも五名分多い、と冒頭で指摘した。実は、国家英雄認定を掌理する社会省が二〇一一年に発行した資料［DIT.K2KS 2011］とよくよく照合してみると、不整合は単純に五名分多いのではなく、本来国家英雄であるはずの三名が抜け落ちており、代わりに八名が余計に加わっていることに気づく。

このうち記載が抜け落ちているのは、共産主義運動指導者アリミン（Alimin 一八八九—一九六四年、一九六四年認定）、パプア解放の闘士ヨハネス・アブラハム・ディマラ（Johannes Abraham Dimara 一九一六—二〇〇〇年、二〇一〇年認定）、そしてスカルノ期に大臣の要職を歴任したヨハネス・レイメナ（Johannes Leimena 一九〇五—七七年、二〇一〇年認定）の三名である。[*62]

これらに代わって同エンサイクロペディアに加わっている八名のうち、特に注目に値するのが、「インドネシア改革の英雄（Pahlawan Reformasi Indonesia）」という括りでまとめられている四名である。[*63] その四名とは、エラン・ムルヤ・レスマナ（Elang Mulya Lesmana）、ハフィディン・ロヤン（Hafidhin Royan）、ヘンドリアワン・シー（Hendriawan Sie）、そしてヘリー・ヘルタント（Herry Hertanto）であり、彼らの逝去日はいずれも一九九八年五月一二日となっている。というのも、彼らは皆、ジャカルタ中心部にあるトリサクティ（Trisakti）大学の学生として、スハルト七選後の政治混乱やアジア経済危機の只中で「改革」を求め組織されたデモに参加中に、同大キャンパス内で被弾し落命した者たちだからだ。[*64] このいわゆるトリサクティ事件の犠牲者らは、人権擁護派、あるいはスハルト体制期の権威主義的な政治のありかたからの脱却を求める人たち、そして事件の舞台となった大学や学生たちから、「改革の英雄」としてシンボライズされることになる。その彼ら四名に対しては、二〇〇五年八月、スシロ・バンバン・ユドヨノ大統領（当時）から「ビンタン・ジャサ・プラタマ（Bintang Jasa Pratama）」勲章が贈られ、政府としても同事件の犠牲者に対し一定の評価が与えられたのであった。

もっとも、「国家英雄」が法制度上の根拠を持つ公的な称号であるのに対し、「改革の英雄」というのはあくまでも通称にすぎない。[*65] また、上記四名の学生に贈られた勲章の等級も、国家英雄に通常与えられるそれに比べれば明らかに格下である。[*66] それゆえ、勲章や称号に関する行政事務を所管する社会省が管理する公式ウェブサイトや、あるいは民間から毎年のように出版され流通する国家英雄に関する書籍の中で、これら「改革の英雄」四名が他の国家英雄と同列に扱われることは、通常はありえないことである。

こうした中、ブログ等を含む一部ウェブ上の記事を除けば、管見の限りでは唯一この『インドネシアの英雄たち──完全版』だけが、トリサクティ事件で犠牲となった四名の学生を「インドネシア改革の英雄（Pahlawan Reformasi Indonesia）」という括りで、他の国家英雄と同列に並べて掲載しているのである。[*67] それぞれの人物の紹介記事も、他の国家英雄と全く同じ形式で記述されている。すなわち、顔写真と生没地やその年月日の情報を含む見出しに続いて、まず生い立ちや家族についての紹介、次いで当時の苦しい社会状況に対して学生らが果敢に立ち上がったこと、そしてその最中にこれら四名が銃撃により非業の死を遂げたことがそれぞれ述べられ、最後はいずれも、「インドネシア独立六〇周年記念の日に、スシロ・バンバン・ユドヨノ大統領は彼に対しビンタン・

ジャサ・プラタマ勲章を授与した」［Mirnawati 2012: 302-305］などといった文言で結ばれているのである。ただこれら四名の記事が他の国家英雄の紹介記事と決定的に異なるのは、経済危機など様々な困難に直面する大衆（rakyat）、それを前にして変革を求めるべく平和裏にデモを行う学生――その中にこれら四名がいた――と対置する形で、軍・警察などの治安機構（aparat keamanan）――オーソドクスな歴史記述の枠組みではこれらは専ら国家とバンサを守る側に属し、国家英雄の多数もそちら側から輩出されている――を無慈悲な発砲者と位置づけている点である。

このエンサイクロペディアの序文では、他の国家英雄関連書籍と同様、「大いなるバンサとは英雄の功績を尊重するバンサである」というスカルノの言葉を引きつつ、学生に向けたいくぶん軽いタッチでお約束の愛国心鼓舞の文章が短く綴られているのみであり、いったいこの著者がいかなる意図で「改革の英雄」を他の国家英雄たちと同列的にここに加えたのか、残念ながら筆者には分からない。上述のように、社会省から正式に出されている国家英雄リストとの間に生じた異同が、二〇〇五年から二〇一〇年にかけて新たに国家英雄の称号やそれに準ずる別の勲章を得た人物に集中していることを考えれば、私見では、それは中途半端な情報収集と編集作業とによってもたらされた単なるうっかりミスであった――国家英雄が没個性的に乱立している中にあってはいたしかたないのかもしれないが――蓋然性が高いように思われる。[*68]

とはいえ、このエンサイクロペディアを手に取った読者が、そこに並べられている英雄の一覧を前にいかなる想像をするかは、その製作者側の意図や事情によって縛られるものではない。無論、結局はこのように特定の人物を英雄化しつつ、「聖なる日」に「偉大な人物」が「決定的な変化」をもたらしたという語り口に還元する方法によってでは、人々の社会生活にまで根を下ろした意味での「多様性・多声性」を伴う歴史記述というものが達成されるようなことは、おそらくどこまで行ってもありえないだろう。しかしながら、たとえば「改革の英雄」

という大きな括りの下で、他の国家英雄と全く同じフォーマットのもと、学生たちの名が一書中に並んでいるのをこうして目にするとき、硬直化して陳腐な従来の国家英雄の意味内容は、民主化や脱権威主義化などを旗印にスハルト体制からの変革を求めた大衆・学生らによる闘いが、「バンサのアルバム」の重要な新要素として積極的に位置づけられたと解することによって——少なくともこのエンサイクロペディア内では——、確実に揺さぶられうるのである。

参考文献

Adam, Asvi Warman　2004　*Soeharto: Sisi Gelap Sejarah Indonesia*. Yogyakarta: Ombak.

——2005　"Pengantar: Sejarah Politik dan Politik Sejarah", in William H. Frederick and Soeri Soeroto (eds.) *Pemahaman Sejarah Indonesia: Sebelum dan Sesudah Revolusi* (cetakan ke-3). Jakarta: Pustaka LP3ES Indonesia, pp. xi-xxxiii.

——2008a　"Militerisasi Sejarah Indonesia: Peran A.H. Nasution", in Henk Schulte Nordholt, Bambang Purwanto and Ratna Saptari (eds.) *Perspektif Baru Penulisan Sejarah Indonesia*. Jakarta: Yayasan Obor Indonesia, KITLV-Jakarta; Denpasar: Pustaka Larasan, pp.111-124.

——2008b　"Kata Pengantar: Pentingnya Pahlawan Nasional dari Etnis Tionghoa", in Nursam, M. *Memenuhi Panggilan Ibu Pertiwi: Biografi Laksamana Muda John Lie*. Yogyakarta: Ombak, pp.xiv-xxii.

——2009a　*Membongkar Manipulasi Sejarah: Kontoroversi Pelaku dan Peristiwa*. Jakarta: Kompas Media Nusantara.

——2009b（2004）*Pelurusan Sejarah Indonesia*. Yogyakarta: Ombak.

——2009c　*1965: Orang-Orang di Balik Tragedi*. Yogyakarta: Galangpress.

——2010　*Menguak Misteri Sejarah*. Jakarta: Penerbit Buku Kompas.

——2012　*Menyingkap Tirai Sejarah: Bung Karno & Kemeja Arrow*. Jakarta: Penerbit Buku Kompas.

Baskoro, L.R. et al. (eds.)　2015　*Seri Buku Tempo, Muhammad Yamin: Penggagas Indonesia yang Dihujat dan Dipuja*. Jakarta: Kepustakaan Populer Gramedia & Majalah Tempo.

Dinas Sosial Pemerintah Provinsi Banten　2014　*Makalah Seminar Usulan Calon Pahlawan Nasional Brigjen KH. Syam'un Tahun 2014*.

Direktorat Kepahlawanan, Keperintasan dan Kesetiakawanan Sosial (DIT.K2KS)　2011　*Wajah dan Perjuangan Pahlawan Nasional*. Jakarta: Kementerian Sosial RI.

Heryanto, Ariel　1998　"Ethnic Identities and Erasure: Chinese Indonesians in Public Culture", in Joel S. Kahn (ed.) *Southeast Asian Identities: Culture and the Politics of Representation in Indonesia, Malaysia, Singapore and Thailand*. Singapore: Institute of Southeast Asian Studies, pp.95-114.

柏村章夫　2009「ガイド――インドネシアの国家制度」　森山幹弘・塩原朝子（編）『多言語社会インドネシア――変わりゆく国語、地方語、外国語の諸相』303-314頁　めこん

風間計博　2009「ディアスポラとしての記憶」　日本文化人類学会（編）『文化人類学事典』282-285頁　丸善

——2012　「バナバ人ディアスポラによる二つの故郷の同一化」　風間計博・中野麻衣子・山口裕子・吉田匡興（編）『共在の論理と倫理――家族・民・まなざしの人類学』149-172頁　はる書房

Komandoko, Gamal (ed.)　2011　*Atlas Pahlawan Indonesia*. Yogyakarta: Quantum Ilmu.

Mageo, Jeannette Marie　2001　"On Memory Genres: Tendencies in Cultural Remenbering", in Jeannette Marie Mageo (ed.) *Cultural Memory: Reconfiguring History and Identity in the Postcolonial Pacific*. Honolulu: University of Hawai'i Press, pp.1-10.

Mahawira, Pranadipa (ed.)　2013　*Cinta Pahlawan Nasional Indonesia: Mengenal dan Meneladani*. Jakarta: WahyuMedia.

McGregor, Katharine E.　2005　"Nugroho Notosusanto: The Legacy of a Historian in the Service of an

Authoritarian Regime", in Mary S. Zurbuchen (ed.) *Beginning to Remember: The Past in the Indonesian Present*. Singapore: Singapore Univ. Press, pp.209-232.

Mirnawati 2012 *Kumpulan Pahlawan Indonesia Terlengkap*. Depok: CIF.

Notosusanto, Nugroho 1978 *Naskah Proklamasi yang Otentik dan Rumusan Pancasila yang Otentik*. Jakarta: Balai Pustaka.

Notosusanto, Nugroho and Ismail Saleh 1968 *The Coup Attempt of the 'September 30 Movement' in Indonesia*. Jakarta: P.T. Pembimbing Masa.

Nursam, M. 2008 *Memenuhi Panggilan Ibu Pertiwi: Biografi Laksamana Muda John Lie*. Yogyakarta: Ombak.

Purdey, Jemma 2006 *Anti-Chinese Violence in Indonesia, 1996-1999*. Honolulu: University of Hawai'i Press.

Pusat Sedjarah Angkatan Bersendjata 1965 *40 Hari Kegagalan 'G-30-S' 1 Oktober-10 November*. Jakarta: Pusat Sedjarah Angkatan Bersendjata.

Rukumana, Aan and Eddie Lembong 2015 "Penyerbukan Silang Antarburaya", in Sahrul Mauludi (ed.) *Penyerbukan Silang Antarbudaya: Membangun Manusia Indonesia*. Jakarta: PT Elex Media Komputindo, pp.xxxvii-lxv.

Soekarno 1961(1930) *Indonesia Menggugat: Pidato Pembelaan Bung Karno Dimuka Hakim Kolonial*. Jakarta: Departemen Penerangan Republik Indonesia.

Schreiner, Klaus H. 1997 "The Making of National Heroes: Guided Democracy to New Order, 1959-1992", in Henk Schulte Nordholt (ed.) *Outward Appearances: Dressing State & Society in Indonesia*, Leiden: KITLV Press, pp.259-290.

Suratmin and Didi Kwartanada 2014 *Biografi A.R. Baswedan: Membangun Bangsa Merajut Keindonesiaan*. Jakarta: Penerbit Buku Kompas.

Taylor, Charles 1992 "The Politics of Recognition", in A. Gutmann (ed.) *Multiculturalism: Examining the Politics of Recognition*. Princeton: Princeton University Press, pp.25-73.

時安邦治 1997 「文化、アイデンティティ、承認の政治――多文化主義から複数性の民主主義へ」 『年報人間

科学』(18) 183-196頁

Triyana, Bonnie 2011 *Eddie Lembong: Mencintai Tanah Air Sepunuh Hati*. Jakarta: Kompas Media Nusantara.

津田浩司 2011『「華人性」の民族誌――体制転換期インドネシアの地方都市のフィールドから』世界思想社

―― 2012「バティックに染め上げられる「華人性」――ポスト・スハルト期の華人と文化表象をめぐって」鏡味治也(編)『民族大国インドネシア――文化継承とアイデンティティ』117-157頁 木犀社

―― 2016「インドネシアの国家英雄ジョン・リー――「華人」という「主体」の物語を問う」津田浩司・櫻田涼子・伏木香織(編)『「華人」という描線――行為実践の場からの人類学的アプローチ』275-372頁 風響社

Yayasan NABIL 2009 *Portofolio Pengusulan Pahlawan Nasional 2009 Alm. Laksda. (Purn) Jahja Daniel Dharma (John Lie)*.

van Klinken, Gerry 2005 "The Battle for History after Suharto", in Mary S. Zurbuchen (ed.) *Beginning to Remember: The Past in the Indonesian Present*. Singapore: Singapore Univ. Press, pp.233- 258.

註

＊1――二〇一一年一一月に「国家英雄」の称号を(再)授与されたのは、一九八六年に「独立宣言英雄(Pahlawan Proklamator)」という別枠ですでに認定されていた初代正副大統領のスカルノとハッタであった。したがって、二〇一一年度の認定は実質的に零増である。

＊2――インドネシア語の「バンサ(bangsa)」は、英語の「ネーション(nation)」にほぼ相当する語である。ただし歴史的には、オランダ植民地期に「ヨーロッパ人」「外来東洋人」と区別する形で十把一絡げに設けられたカテゴリーである「原住民」が、二〇世紀前半の運動を経て新興国家の担い手と位置づけられていった過程があることから、バンサ・インドネシアにはいくぶん土着主義的なニュアンスが伴う。したがって日本語に訳す場

合、「国民」と「民族」の双方の意味を帯びることがある。このことを踏まえ、本章では以降「バンサ」と記す。

*3——冒頭で紹介した国家英雄のカタログ本の主要な読者層は、国史や公民科目教育の一環で国家英雄の事績を学ぶ就学者であると推察される。

*4——ただし、ある人物がビッグネームである——もしくは事後的にビッグネームになる——ことは必ずしも、当該人物が成し遂げた事績や生き様が多くの一般大衆の運命や生死に直接的に関わりがあったことを意味するわけではない。この点において、ある英雄がビッグネームであろうがマイナーであろうが、事情は大して変わらないということになる。

*5——国家英雄たちの集合体を「バンサのアルバム（album bangsa）」、あるいは「バンサの闘争のアルバム（album perjuangan bangsa）」だとするイメージは、本章で中心的に取り上げる歴史家も含め、広く抱かれているようである［Adam 2009a: 89; 2010: 49, 66］。併せて序章を見よ。

*6——国家英雄に関する法令については、本書序章を見よ。

*7——制度開始からスハルト時代後期に至るまでの国家英雄のラインナップに見られる時代的特徴については、Schriner［1997］の整理が最も簡明である。

*8——ポスト・スハルト期の脱中央集権化の過程で誕生したバンテン、ゴロンタロなどの新州のパヴィリオンも、区画が狭く急ごしらえながらも、現在は他州のそれと並ぶ形で設けられている。

*9——新興自治体が国家英雄推戴に意欲を見せている例として、たとえば、二〇〇〇年に西ジャワ州から分立する形で新設されたバンテン州のケースを挙げることができる。このバンテン地域ゆかりの人物としては、一九七〇年にすでに、一七世紀にバンテン王国を治めたスルタン・アゲン・ティルタヤサ（Sultan Ageng Tirtayasa 一六三一—八三年）が国家英雄認定を受けていたが、州分立後の二〇一一年には新たに、インドネシア共和国臨時政府の首班を務めたシャフルディン・プラウィラヌガラ（Syafruddin Prawiranegara 一九一一—八九年）の認定獲得に成功している。さらに二〇一四年五月には、「バンテン州の若い世代の模範となるような新たな英雄たちの姿を示す必要がある」［Dinas Sosial Pemerintah Provinsi Banten 2014: 1］として、バンテン州社会局主催のもとセミナーが開催され、その場で、独立の闘士でありイスラーム教育者としても知られるシャムウン准将（KH. Syam'un 一八八四—一九四九年）を、州を挙げて推戴されるべき国家英雄候補とすることが

決せられた。同年──地元の国立イスラーム大学の研究者の協力を巻き込みつつ──、バンテン州からシャムウン准将の国家英雄申請が社会省に提出されたが、当人の独立期の軍籍にかかわる調査が不十分であるとしていったんは失敗に終わり、英雄認定を勝ち取るための挑戦は二〇一六年現在も依然として続けられている。なお二〇一四年に開催された上記セミナーの資料では、バンテン州ゆかりのもう二名が、「後年には国家英雄として社会省に申請されるべき人物」［Dinas Sosial Pemerintah Provinsi Banten 2014: 15］としてリストアップされている。

＊10──本書Ⅲ章で金子が記述するランプン州で創設された「地域英雄・地域要人」の事例は、国家英雄のフォーマットを参照しながらも、そのフォーマット自体を州独自のロジックによりずらしつつ流用していく試みとして位置づけられる。

＊11──形式面についても変化がないわけではない。二〇〇七年、バリの王族出身の政治家イダ・アナッ・アグン・グデ・アグン（Ida Anak Agung Gde Agung　一九二一─九九年）が国家英雄認定されたが、その推薦は「当人ゆかりの自治体」としてジョグジャカルタ特別州からなされ、他方で彼の出生地であるバリ州からはむしろ、「日和見主義者」のこの人物に対する英雄認定を取り消すべきだとの議論が巻き起こった。この一件を受け、以降国家英雄を申請する際には、当人の出生地の自治体からの推薦が必須とされるようになった［Adam 2009a: 67-71］。

＊12──国立ガジャ・マダ大学と国立インドネシア大学でフランス文学を修め、いったんはスポーツ雑誌の記者になった彼は、一九八三年にインドネシア科学院（ＬＩＰＩ）の研究者となり、翌八四年からフランスの社会科学高等研究院（ＥＨＥＳＳ）に留学、アナール学派の一角ドゥニ・ロンバール（Denys Lombard）に師事し、一九九〇年にオランダ領東インドとインドシナ半島の交流史の研究で博士号を取得している。なお、以下では氏の通称にしたがい「アスヴィ」と表記する。ただし、彼の論文等を引用する際には文献表記のルールどおり「Adam」を用いる。

＊13──国家英雄の推戴プロセスにおいては、英雄候補者の生涯を客観的かつ体系的に説明する伝記の提出が必須であるほか、その人物に対する識者からの見解や意見も、資料として添付する必要がある。それゆえ同プロセスにおいて、典型的には当該英雄候補者ゆかりの地元国立大学で教鞭を執る歴史家が、何らかの形で関与する

ことは決して珍しくはない。また、最終的に社会相に対して当該候補者が国家英雄としてふさわしいか否かを答申する審議会（中央称号調査検討チーム、TP2GP）の委員には、複数名の歴史家が加わるものと規定されている。

＊14――*Kompas* 紙二〇〇三年一月三一日付記事 "Pahlawan Nasional Etnis Tionghoa"（Adam［2009a: 89-92］に再録）。

＊15――後述のように、このジョン・リーは国家英雄に認定されることになるが、その申請時に用意された二〇〇ページにも及ぶ資料［Yayasan NABIL 2009］によれば、彼は李（Lie）姓の父と黄（Oei）姓の母を両親に持ち、自身もリー・チェン・チョアン（Lie Tjeng Tjoan）という中国名を持っていた。また彼の父系をたどれば、高祖父は一七九〇年ごろに福建省の厦門からスラウェシ島北部のミナハサ地方に渡ってきたとされている。父系の血統原理という通念的理解によれば、確かにジョン・リーは華人だということにはなる。

＊16――オランダ植民地期の末期に同地の住民は、「ヨーロッパ人」、「外来東洋人」、「原住民」の三層に法的に区別された。このうち「プリブミ（pribumi）」とも称される「原住民」が、二〇世紀初頭以降のいわゆるインドネシア・ナショナリズム運動の過程で「本来のインドネシア人（orang Indonesia asli）」であるとして、国民国家インドネシアの担い手――すなわちバンサ・インドネシア――へと昇華してゆく（註＊2を参照）。一方、「外来東洋人」カテゴリーの中核を成していた華人系住民――彼らは社会構造上、都市の「ヨーロッパ人」と農村の「原住民」を取り結ぶミドルマン・マイノリティの役割を担うようになっていた――は、そもそもバンサ・インドネシアとはバンサを異にする存在であるとして、他者化されると同時に、しばしば「プリブミ」に経済的に寄生する存在ともみなされていった。独立後のインドネシアにおいて華人がマイノリティとみなされていく背景には、こうした歴史的経緯が多分に働いている。

＊17――宗教、慣習、言語や当人の名前に至るまで、さまざまな要素が法令により「中国／華人らしい」として規制の対象とされるのと並行して、華人たちも自らのうちに「中国／華人らしい」ものを見つけ出しては自己規制の対象としていった［津田 2012: 145-146, 149-150］。

＊18――たとえばアスヴィは、東南アジア島嶼部、特にジャワにおいて歴史的に華人が果たしてきた役割を実証的に明らかにしようとした恩師ドゥニ・ロンバールの追悼文章の中で、華人たちが中国から持ち込んだ結果ジャ

ワの人々の生活向上に大いに資することになった技術・文化的影響の例として、砂糖・米・酒などの商品にまつわる技術、あるいは漁業、海老養殖、製塩を含む海洋資源の利用加速などを挙げている［Adam 2009a: 29］。

＊19――アスヴィによる同様の主張は、たとえば *Kompas* 紙二〇〇四年一月二一日付記事 “Sekali Lagi tentang John Lie”（［Adam 2009a: 93-97］に再録）でも繰り返されている［津田 2016: 353］。また、もう少し時期的に早い例として、二〇〇二年一一月九日に印尼華裔総会（註＊20を参照）と *Suara Pembaruan* 紙との共催により開かれたセミナー「インドネシア史の歩みの中における華人の果たした役割（Peran Etnis Tionghoa dalam Perjalanan Sejarah Indonesia）」の中で、彼が基調講演を行った際の寄稿原稿「バンサ・インドネシアの集合的記憶の中の華人（Etnis Tionghoa dalam Memori Kolektif Bangsa Indonesia）」がある。この原稿内では「華人国家英雄」の必要性そのものについては語られていないものの、のちに彼が英雄候補としてふさわしい人物として繰り返し言及することになるジョン・リーの事績が取り上げられている。アスヴィ自身によれば、この二〇〇二年のセミナーが、彼が「華人国家英雄」の構想を公の場で話した初めての機会であるという（二〇一六年八月二九日、アスヴィ氏の研究室でのインタビューによる）。

＊20――スハルト体制崩壊後に、インドネシアにおける華人の存在をアピールしたり地位向上を目指したりする社会団体が相次いで設立された。華人団体であることを前面に出し、全国にまで支部を張り巡らせている団体の代表例として、一九九八年設立の印華百家姓協会（ＰＳＭＴＩ）と、翌年そこから分裂して設立された印尼華裔総会（ＩＮＴＩ）がある。

＊21――「ネーション・ビルディング」の略語を団体名に冠するナビル財団（Yayasan NABIL）は、印尼華裔総会の初代会長を務めたエディ・レンボン（Eddie Lembong／汪友山）が、多元主義・多文化主義的観点から「華人問題」の解決に向けた啓発活動を行うべく二〇〇六年に設立した学術財団である。

＊22――ジョン・リーは自身の海軍人としての活躍（一九四六〜四九年）を綴った手記を、退役後に自ら記し残していた。アスヴィとナビル財団専属の歴史家ディディ・クワルタナダ（Didi Kwartanada）は、この手記を故ジョン・リーの夫人から入手すると、その他の各種資料やインタビューによるデータとともに新進気鋭の伝記作家に託し、彼を全面的にサポートすることで、ごく短期間のうちにジョン・リーの全生涯についての伝記本［Nursam 2008］を完成させている。

＊23――ただし、理念的にバンサ・インドネシアの独立護持をその任務とする国軍ならびにその構成員たる軍人は、この国家英雄のナラティヴに最も親和的な存在であり、公的な言説の中で当人の軍籍は通常極めて重要な要素となる［津田 2016: 310］。

＊24――現実的な認定プロセスにあたっては、ジョン・リーの「華人」としての側面は穏当にも後景化されたが、しかし国家英雄の認定が既成事実化したのちに「ジョン・リーは華人の国家英雄で（も）ある」と語ることが禁じられているわけではない。何よりも、ポスト・スハルト期の現在、そのような主張をすることはもはや社会的にタブーではなくなりつつある［津田 2016: 324-325, 333-335］。

＊25――同じ二〇〇九年には、東ヌサトゥンガラ州出身で国立ガジャ・マダ大学長を務めたヘルマン・ヨハネス（Herman Johannes 一九一一―九二年）、およびジャカルタ首都特別州から推戴された共和国初の外相アフマド・スバルジョ（Achmad Soebardjo 一八九六―一九七八年）の二名が、同時に国家英雄の称号を授与されている。このうち前者は、爆薬を開発するなどして独立戦争時のゲリラ戦を支え、一九四九年三月一日の総攻撃（本書Ⅳ章参照）にも参加したと伝えられている。

＊26――別稿［津田 2016］では、二〇〇九年にジョン・リーが国家英雄に認定されるまでの過程において、アスヴィやナビル財団率いるエディ・レンボンを含む各当事者が具体的にどのようにかかわったのか、また、個々の当事者がジョン・リーという人物にいかなる価値を読み込もうとしたのか、そして、そのうちいかなる意味においてジョン・リーは「華人国家英雄」たりえるのか、などについて詳細に論じている。

＊27――「承認の政治（politics of recognition）」について論じたテイラー［Taylor 1992］を踏まえつつ時安［1997］は、人間個々人のアイデンティティが本来的に複合的である――それは何もエスニシティ等に限らず、生活スタイル、あるいは個人が自らの経験を意味づける全過程をも含む――ことを強調した上で、「承認をめぐる実際の政治的闘争の中では、個人の複合的アイデンティティの一部だけが前面に出てくることは正当である［……］。まちがっているのは、個人のアイデンティティの一部が前面に出てくることではなく、その前面にあるアイデンティティを全面化する態度である」［時安 1997: 192］と的確に述べている。この議論については、註＊60で再び触れる。

＊28――既述のように、国家英雄制度は、バンサや国家に対して英雄的な貢献を行った人物をその人ゆかりの

自治体経由で推戴する、ということを原則とするものである。そうした中で、あえて民族集団としての華人——一般にはインドネシア国内に集団としての故地を持っていないと解されている——の存在を、この国家英雄制度を通じて、インドネシア史の語りやバンサ・インドネシアそのものの中に位置づけようとするアスヴィの主張は、アイデンティティ・ポリティクスの主体を専ら地方自治体へと限定してきたこの制度への挑戦としての要素も持っている［津田 2016: 309-313, 353］。

＊29——筆者とのインタビューの中でアスヴィは、確かに当初彼が「華人国家英雄」の構想を語ったのは、国家英雄リストの中でいまだに華人が代表されていなかったことが主要な理由ではあったが、華人以外にもインドネシア史の語りの中で正当に代表されていなかったり、不当にスティグマを負わされてきたりした存在（後述）を、この制度を手段としてしっかりと位置づけ直すべきだと考えるようになった、と語っている（二〇一六年八月二九日、アスヴィ氏の研究室でのインタビューによる）。

＊30——ムハマッド・ヤミンの思考形成過程については、本書V章でファジャールが詳細に論じている。

＊31——一九三〇年、植民地の秩序を乱したかどで前年に逮捕されていたスカルノは、バンドゥンの法廷における弁明演説として世に知られることになる『インドネシアは告発する（Indonesia Menggugat）』の中で、インドネシアの人々にナショナリズムの精神を奮い立たせそれを涵養させるための方法として、この三つ組みから成る時代区分の認識を人々に抱かせ、そして光り輝く未来の約束を示してやることが重要だ、としている。この文脈の中で、上述の三つ組みの時代区分は総称して「トリムルティ」と言い換えられている［Soekarno 1961(1930): 108］。

＊32——たとえば、ナショナリズムの物語にとって不可欠な「栄光に満ちた過去」——オランダによる植民地化以前にあったヌサンタラ（Nusantara）の繁栄——を体現する人物として、一四世紀のマジャパヒト朝の宰相ガジャ・マダ（Gadjah Mada）が、ムハマッド・ヤミンの手によって半ば神格化されたことは、よく知られた例である［Baskoro et al. (eds.) 2015: 130-134］。

＊33——一九六四年一〇月、当時国防相だったナスティオン（A.H. Nasution 一九一八—二〇〇〇年）の肝いりで国軍内に設置された歴史特別局（Biro Khusus Sedjarah）を前身とする組織。マディウン事件などをめぐるインドネシア共産党（ＰＫＩ）流の歴史解釈に対抗し、国軍の立場からの武力闘争史である「バンサ・インドネ

シア武力闘争略史（Sedjarah Singkat Perdjuangan Bersendjata Bangsa Indonesia）」を編纂すべく立ち上げられたこの組織は、その後幾度かの改称を経て六六年八月に国軍歴史センターとなった。ヌグロホは晩年の八三年まで同組織の長を務めつづけた。

＊34——具体的にヌグロホは、九月三〇日事件後にいち早く、同事件の背景をめぐり巷間に流布していた諸説をきっぱりと否定しつつ、これを紛れもなくインドネシア共産党による一方的なクーデターであった、とする解釈を世に出している［Pusat Sedjarah ABRI 1965; Notosusanto & Saleh 1968］。これにより、共産主義者はバンサ・インドネシアに対する「裏切り者」であるとされる一方、それを粉砕し治安秩序を回復した国軍（陸軍）、ならびに毅然かつ冷静に陸軍を指揮したスハルトは、バンサ・インドネシアの「救済者」として称揚されるべき存在に位置づけられた。ほかにもヌグロホは、国家五原則パンチャシラ（Pancasila）の誕生をめぐっても、これは独立直前の一九四五年六月にスカルノ本人によって構想されたものだとする従来の解釈に対して、起草者はスカルノだけではなく、また正式な誕生は同イデオロギーが法的に位置づけられた四五年八月一八日である、とする解釈を打ち出すなどしている［Notosusanto 1978］。

＊35——アスヴィは、ヌグロホ・ノトスサントが実質的に「新秩序版の歴史」の構築と社会への浸透を行ったとしつつ、彼に先立って国防相ナスティオンが、インドネシア史の中に国軍を積極的に位置づけるのに重要な役割を果たしたことも指摘している［Adam 2008a］。

＊36——アスヴィは、ムハマッド・ヤミンが描き出したナショナリズムの精神や英雄物語に満ちた書物などを、オランダ中心史観からインドネシア中心史観へと引き寄せる試みの先駆例として挙げている［Adam 2009b(2004): 6-7］。

＊37——政治と距離を置かざるをえなかったことは、ある意味スハルト体制下においてはいたしかたないことでもあった。アスヴィはこの「第二の波」の中心的人物として、一九世紀末バンテンの農民運動を詳細に分析したガジャ・マダ大学歴史学教授サルトノ・カルトディルジョ（Sartono Kartodirdjo）の名を挙げている［Adam 2009b(2004): 6］。

＊38——九月三〇日事件後軟禁状態にあったスカルノ大統領（当時）が、一九六六年三月一一日に発出したとされる命令書。陸軍大臣・司令官スハルト中将（当時）に対し、国内の治安秩序を回復するためのあらゆる措

置を実行するよう命ずる、という超法規的な内容のものとされ、スカルノからスハルトへの政治の全権委譲がなされたことを正式に示す決定的論拠とされてきたが、そもそも同命令書の現物が存在しないことから、九八年以降この命令書の正当性を疑う声が表面化した。

＊39——インドネシアでは一九九九年以来、それまでの中央集権的な体制を見直す方向へ政策の舵が切られた。一方でインドネシア史の記述も、ジャワ島に偏重していることが従来から指摘されていたが、アスヴィのここでの主張の背景には、今後地方史を積極的に取り上げることが、地方分権化の内実をいっそう確かなものにするだろう、との認識があるものと思われる［Adam 2009b(2004): 12-13］。

＊40——社会学者アリエル・ヘルヤント（Ariel Heryanto）によれば、スハルト体制下では、「西洋」、「共産主義」、「イスラーム原理主義」、そして「華人」なるものの他者化が進められたという［Heryanto 1998: 97］。このうち後三者は、アスヴィが掲げる五項目中の初めの三つとおおむね対応している。なお、「共産主義」と「イスラーム原理主義」は、スハルト体制下ではそれぞれ「エキ（eki）」——極左（ekstrem kiri）の略——、「エカ（eka）」——極右（ekstrem kanan）の略——と称され、ともにバンサを危機に陥れる危険な存在であると位置づけられ、その危険性を表象する博物館が建てられるなどした［Adam 2005: xxiii］。

＊41——もっとも、彼が個別具体的に「定説」を切り崩すべく議論を繰り広げる対象は、やはりスハルト体制下で公的解釈が定められた、もろもろの事項にまつわるものが圧倒的に多い［Adam 2004; 2009a; 2009b(2004); 2009c; 2010; 2012］。

＊42——*Radar Jogja* 紙二〇〇九年七月一日付の記事 “Polisi tanpa Sejarah” が初出。

＊43——*Intisari* 誌第五八一（二〇一一年八月）号の記事 “A.R. Baswedan: Nota Diplomasi di Kaos Kaki” が初出。

＊44——*Harian Sindo* 紙二〇一〇年三月三〇日付の同題の記事が初出。類似の文章として、「タン・マラカの墓を掘る（Menggali Makam Tan Malaka）」［Adam 2010: 74-79］がある。

＊45——*Koran Tempo* 紙二〇一一年一一月七日付の同題の記事が初出。

＊46——*Kompas* 紙二〇〇五年七月一八日付の同題の記事が初出。類似の文章として、「グス・ドゥルの国家英雄への推戴（Usulan Gus Dur sebagai Pahlawan Nasional）」［Adam 2010: 59-61］がある。

＊47——警察出身の唯一の国家英雄とは、九月三〇日事件時にナスティオン将軍邸が襲撃を受けた際に、た

またまその隣の副首相邸の警護の任にあって殉職したK・S・トゥブン（K.S. Tubun 一九二八―六五年、一九六五年認定）である［Mirnawati 2012: 224-225］。インドネシアの警察機構は、スハルト期には陸・海・空軍と並んで国軍司令官の指揮を受ける国軍四軍体制の一角を占めていたが、一九九九年には国軍から分離し国防相指揮下に、次いで二〇〇二年からは警察庁長官を長とする大統領直属機関となった［柏村 2009: 310-311］。なお、この記事が書かれた二〇〇九年半ばの時点で、陸軍出身の国家英雄は十数名にも及ぶ中、海軍と空軍はそれぞれ四名ずつであった［Adam 2010: 56; 津田 2016: 358］。

＊48――ジョン・リーの国家英雄認定成功の後の二〇一一年以来、先述のナビル財団はこのA・R・バスウェダンを国家英雄に推戴すべく力を注いだ。二〇一三年にはその努力が部分的に実り、文民に授与されるものとしては二番目に高位の勲章（Bintang Mahaputera Adipradana）を勝ち取ることに成功している［Triyana 2011: 278-281; 津田 2016: 327-329, 362-363］。同財団は二〇一四年にはさらに彼の伝記［Suratmin & Kwartanada 2014］を完成させもしたが、国家英雄認定にまでは至らなかった。その後、ナビル財団とは別のイスラーム系政党に籍を置く有力政治家が、二〇一六年一一月の国家英雄認定を目指してA・R・バスウェダンを推す手続きをしたが（二〇一六年八月二九日、アスヴィ氏の研究室でのインタビューによる）、結局この年の認定には至らなかった。

＊49――アスヴィ自身はこの発掘調査チームのアドヴァイザーを務めていた。

＊50――この議論の念頭には、二〇〇四年の総選挙時から、国政レベル（DPR）と地方レベル（DPRD）の議会において女性比率を三〇パーセントとするクオータ制が導入されたことがある。

＊51――国家英雄認定にあたって見え隠れする政治性、あるいは候補者が本当に国家英雄として妥当なのかどうかについてを問題視する文章としては、ほかにも「国家英雄をめぐる物議（Kontroversi Pahlawan Nasional）」［Adam 2009a: 67-71］などがある。

＊52――二〇〇四年に国民的作曲家イスマイル・マルズキ（Ismail Marzuki 一九一四―五八年）が国家英雄に認定されたのは、その意味では例外的である。

＊53――「ジャワのジャワ以外に対する優越」を国家英雄制度を通して解決するには、ジャワ島外からさらなる英雄が輩出されるよう後押しする、ということになろう。ただし、国家英雄の殿堂内の地域的偏りの是正

は、スハルト期中葉からすでに進められており、その延長上で今や州レベルはおろか、その下の県／市レベルからも地元ゆかりの国家英雄を推戴しようとする動きがあることについて、アスヴィはやや批判的である［Adam 2010: 47, 49］。またアスヴィは、スハルト体制下で「イスラーム過激派」による運動とされてきたタンジュン・プリオク事件（一九八四年）やタランサリ事件（一九八九年）などについては、明らかな人権侵害であったとして言及することはあるが［Adam 2009b(2004): xvii］、九・三〇事件に比べれば論述の比重は決して多くなく、また、いわゆるマジョリティであるイスラームそのものについて彼が国家英雄との関連で語ることはあまりない。

＊54――アスヴィとて、国家英雄制度の利用はあくまでもシンボリックな効果しかないことを十分理解している。たとえば彼は、ジョン・リーの伝記本に寄せた序文中で、「華人国家英雄」の必要性を力説すると同時に、新秩序体制がインド（ヒンドゥー・仏教）、アラブ（イスラーム）、ヨーロッパ（キリスト教）文化と並んでインドネシア文化の形成に大いに寄与した中国文化の影響をまったく忘却ないし削除しようとし、インドネシアの人々もまた植民地期以来形成された華人に対する誤った考えを依然抱き続けている、と述べ、これらは歴史教育によってこそ正されねばならない、と述べている［Adam 2008b: xxviii］。また、歴史記述の上で、国軍内でも特に陸軍の役割が突出して描かれてきたことに対し、アスヴィが警察出身の国家英雄の必要性を唱えていたことはすでに触れたが［Adam 2010: 55-58］、同様に空軍も、九月三〇日事件時にジャカルタ南郊のハリム空軍基地が「反乱者の巣窟」とみなされたことから、スハルト体制期を通じ国軍内では警察以上に日陰の地位に甘んじてきた。これに対しアスヴィは、九月三〇日事件当日にハリム空軍基地で何が起きたかを時系列に沿って明らかにすることをとおして、空軍の汚名をそそぐ活動に関与している［Adam 2009c: 177-181］。この記事が、「空軍の歴史をまっすぐに正す」という文言をタイトルに含んでいることにも示されているように、彼の歴史修正の手段は、必ずしも国家英雄制度をとおしたものばかりではない。

＊55――筆者とのインタビューの中でアスヴィは、インドネシアはたとえばマレーシアなどとは異なり、実際に軍事的な衝突を経て独立を勝ち取ったため、国史やそれを体現する国家英雄の中に軍人が多数を占めるのは当然だが、しかしそれだけではない多様性（kemajemukan）を確保することが必要だと強調している（二〇一六年八月二九日、アスヴィ氏の研究室でのインタビューによる）。

＊56――無論アスヴィが「華人国家英雄」の必要性について発言していたのは、第一義的には華人たちがイン

ドネシア社会の中で日陰の位置に置かれ、かつ歴史記述の中から排除されてきたことがあることは既述のとおりである。バンサ・インドネシアの概念を、そこにつきまとう土着性のニュアンスから解き放ち、様々な地に出自を持ちつつ同地に定着した人々をも包括するものへと拡張しようとする理念は、アスヴィよりもむしろ、ナビル財団を率いてジョン・リーの国家英雄認定を主導したエディ・レンボンのほうが直截に述べている［Rukumana & Lembong 2015; Triyana 2011: 274, 278; 津田 2016: 326-332, 363-364］。

＊57――アスヴィが二〇一〇年代に入ってからアラブ系の国家英雄の不在について言及しだしたのは、彼が学術顧問を務めるナビル財団が、ジョン・リーに続く国家英雄推戴プロジェクトとして、A・R・バスウェダンを対象に見定めて活動を展開しだしたことと無関係ではないだろう［Triyana 2011: 278-281］。

＊58――この動きは一九九九年から二〇〇〇年代初頭にかけて、学校教育で用いられる歴史のカリキュラム内容の一部変更にもつながったが［McGregor 2005: 233, 235-236, 237-239; Adam 2005: xxvii-xxviii］、しかし二〇〇六年から翌年にかけて保守からの巻き返しに遭い頓挫することになる［van Klinken 2005: 242］。その経緯については、アスヴィが二〇〇九年に改訂した自身の小文集の二〇〇七年版の序文［Adam 2009b(2004): xxiv-xxv］でも簡単に触れられている。

＊59――「共産主義者」や「女性」などに着目すること自体は、ファン・クリンケンによるポスト・スハルト期の歴史記述の整理によれば、②に位置づけられよう。ただし、これらをナショナル・ヒストリーの中で正当に描かれていない「集団」として定位し、その立場から①の領域への組み込みを求めるという戦術の上では、これら「集団」をめぐる語り口は③のエスノ・ナショナリズムに基づく歴史記述と限りなく近似することになる。

＊60――「単一的記憶（集団間記憶）」と「多重的記憶（集団内記憶）」の対比は、先に言及した時安［1997］の議論（註＊27を参照）を踏まえるならば、個人の本来的に複合的なアイデンティティの一部を何らかの目的のために――たとえば「承認の政治」に資するために――戦術的に前面化することと、そうした一部の前面化によっては捉えられない個人のアイデンティティの複合性そのものと向き合うことの対比、として読み替えることが可能である。歴史に「多様性・多声性」を取り戻そうとするアスヴィは、その「多様性・多声性」の一端を担うべき人々――たとえば華人――の存在をしかるべく承認するよう求める手段として、国家英雄制度を用いていた。しかしながら、特定の人物の特定の出来事における営為に焦点化しつつ、その営為を行った英雄的人物によって

代表される集団を、専ら国家やバンサを志向するまっとうな一員として承認を求める、というこのロジックは、過渡的な象徴的手段のひとつとしては一定程度有効であっても、究極的にはアイデンティティの平板化・一元化をもたらすという点で大いに限界がある。この意味において上述の——そして本章を通じて傍点を付して記してきた——「しかるべく」という語の射程は、極めて限定的なのである。

＊61——筆者はかつて「華人国家英雄」の推戴運動の経緯を論じる中で、華人であることを生きている人も、また英雄候補者の地元で暮らしている人も、実際にはその多くが「自分たちの代表（＝英雄）」を国家英雄の殿堂に送り込むプロジェクトに対し関心がないことを強調してきた［津田 2011: 227-236; 2016: 335-340］。人々のその無関心というのは、記憶やアイデンティティのふたつの様態ないし性向の違いとしてここで示したものが、大きくかかわっているように思われる。

＊62——スハルト体制下においてアリミンは、彼と同じく共産主義運動を指揮し国家英雄の称号を与えられていたタン・マラカとともに、その英雄認定自体がなかったものとして扱われ、様々な形で出回る国家英雄リストの中からも除外されてきたという経緯がある。ただし、このエンサイクロペディアでは、タン・マラカは二ページを割いてしっかり記載されていることを踏まえれば、アリミンの名が脱落した理由を「反共イデオロギーを引きずっている」と説明するのは困難である。なお、記載が抜け落ちている残りの二名はいずれも、二〇一〇年に新たに国家英雄に認定された者たちであることから、同エンサイクロペディアの編集段階で直近の英雄認定者情報を他と混同した（註＊68を参照）、と見るのが最も説明がつく。

＊63——「改革の英雄」の四名以外で、本来は正式に認定されていないものの「国家英雄」として同エンサイクロペディアにリストアップされている人物は、以下の四名である。すなわち、西スマトラ出身の陸軍人で北スマトラ州知事在任中に航空機事故で殉職したリザル・ヌルディン（H.T. Rizal Nurdin　一九四八—二〇〇五年）、アチェ出身のイスラーム法学の碩学ハスビ・アシュシディキ（T.M. Hasbi Ash-Shiddieqy　一九〇四—七五年）、西スマトラ出身でインドネシア初の女性向け新聞を設立した女性ジャーナリスト・教育者ルハナ・クドゥス（Roehana Koedoes　一八八四—一九七二年）、および西ジャワに生まれ同地の竹製伝統楽器アンクルン（angklung）の普及に尽力したダエン・スティグナ（Daeng Soetigna　一九〇八—八四年）である。これら四名は——二〇〇五年に「ビンタン・マハプトラ・ウタマ（Bintang Mahaputra Utama）」勲章を贈られたリザル・ヌ

ルディンを除けば――いずれも、二〇〇七年の国家英雄認定と同じタイミングで、それに準ずる別区分の勲章を授与された人物である。

＊64――先述の一九九八年の「五月暴動」は、このトリサクティ大学の学生デモが発砲を受けた翌日以降に、ジャカルタ市内各地に略奪・暴力を伴う混乱が波及する形で生じた。

＊65――トリサクティ事件から一八年後の二〇一六年五月、トリサクティ大学の学生らおよそ四千名が大統領宮殿に請願デモを行うことが報じられた。この中で学生らはジョコ・ウィドド現大統領に対し、同事件を人権特別法廷で裁くよう大統領令を出すこと、政府が犠牲者の遺族のケアをすること、四名の犠牲者に正式に「改革の英雄」の称号を与えること、の三つを求めるとある。*Kompas* 紙二〇一六年五月一二日付記事 "Empat Mahasiswa Trisakti Diminta agar Diberi Gelar Pahlawan Reformasi"。

＊66――インドネシア独立六〇周年記念日を前にトリサクティ事件の犠牲者に授与された「ビンタン・ジャサ・プラタマ」勲章は、三等級より成る「ビンタン・ジャサ」区分中の中位のものである。なお、通常国家英雄認定者に贈られる勲章は、文民を対象とするものとしては最高位の「ビンタン・マハプトラ」区分――五等級より成り、国家英雄にはその筆頭もしくは第二等級のものが贈られる――であり、これは「ビンタン・ジャサ」区分よりもひとつ格が上とされる。

＊67――『インドネシアの英雄たち――完全版』では、「インドネシア改革の英雄」を除いた一五七名の英雄たちを、以下の六つのサブカテゴリーに分けて整理している。すなわち「インドネシア独立闘争の英雄（Pahlawan Perjuangan Kemerdekaan Indonesia）」、「インドネシア・ナショナリズム運動の英雄（Pahlawan Pergerakan Nasional Indonesia）」、「インドネシア独立宣言英雄（Pahlawan Proklamator Indonesia）」、「インドネシア独立護持の英雄（Pahlawan Pembela Kemerdekaan Indonesia）」、「インドネシア革命英雄（Pahlawan Revolusi Indonesia）」、そしてそれ以外の「インドネシア国家英雄（Pahlawan Nasional Indonesia）」である。このうち、スカルノとハッタに与えられた「独立宣言英雄」、および九月三〇日事件で殺害された将軍らに贈られた「革命英雄」のふたつ以外は、区分上の公的な根拠はない。もっとも、数多に上る英雄たちをどのように整理して並べるかは他書でも苦心しているようであり、たとえば人名のアルファベット順で並べるもの［Komandoko (ed.) 2011］、認定年順で並べるもの［Mahawira (ed.) 2013］などのオーソドクスなものに比べれば、ここで取り上げ

たエンサイクロペディアのサブカテゴリー化――「独立闘争の英雄」、「ナショナリズム運動の英雄」、「独立護持の英雄」はおおむね、植民地化期、独立前夜、独立宣言後の時代区分に対応している――は工夫した部類に属する。なお、同エンサイクロペディアで余分に加わっている八名中、「改革の英雄」の四名を除いた残りは、いずれもその他大勢としてまとめられている「国家英雄」カテゴリーに入れられている。

＊68――一般論的に言って、毎年のように様々な出版社から発行されている国家英雄のエンサイクロペディアは、多くの場合、既存の出版物を参照しつつ、そこにその年新たに認定を受けた人物の情報を追加して作られているものと思われる。新たな認定者に関する情報は、オンライン・メディアやウィキペディア、あるいはブログなどから引き写されるケースも珍しくないようであり、結果として、個々の英雄の情報が誤ったまま拡大再生産されることもしばしばである。ご多分に漏れず、二〇一二年発行のこのエンサイクロペディアの参考文献表では、既存のエンサイクロペディア四冊とウェブサイトのURL七件がリストアップされている。

Ⅶ

「国家英雄」以前

「祖国」の創出と名づけをめぐって

加藤　剛

1 国家建設と国民統合という難題

小学館の『国語大辞典』によれば、「英雄」とは「知力や才能、または胆力、武勇などに特にすぐれていること、また、その人」「ずぬけた功績があり、尊敬される人、ヒーロー」とある［尚学図書編 1981: 278］。他方、独立後しばらくして出版された『インドネシア語大辞典』では、インドネシア語で「英雄」を意味する「PAHLAWAN」はペルシャ語語源だとしたうえで、「勇猛果敢な武人」（orang peperangan jang gagah perwira）と説明している［Arifin 1951: 346］。これらの定義では、「英雄」は誰のため、何のために存在するのか、誰が英雄を「英雄」として認めるのかは考慮の外にある。

「英雄」が「国家英雄」となるには、知力や胆力にすぐれた人、あるいは勇猛果敢な武人が、そのために知力や武勇を振るう対象となる「自分たちの国」、すなわち「祖国」が、たとえまだ実在していなくとも想像されなければならない。インドネシアを含む第二次世界大戦後に独立した多くの新興国民国家にとって、「祖国」の存在またはその想像は必ずしも自明のことではない。そのなかでインドネシアは、一九二〇年代末までに、つまり実際の独立の二〇年以上前に、すでに「祖国」という概念ないし言葉と自ら命名した「インドネシア」という祖国の名称を手にした稀有な事例に属する。それはどのようにして現実のものとなったのか、それを本章では跡づけることにしたい。というのも、一九五九年の最初の推戴以来、現在まで百数十人にのぼる「国家英雄」の誕生は、その源をたどれば、一九〇〇年代末に始まるインドネシア・ナショナリズムの過程で実現した「祖国」の創出ならびに名づけが、少なくともひとつには、島嶼大国インドネシアの様々な地域を出身地とし、あるいは異なる民族集団を出自とするナショナリストたちの、知的・政治的協働の結果だったことと関係していると考えるからだ。

近代における国民国家の誕生は、当然のことながら、国家の建設と国民の形成ならびに統合が前提とされる。国家の存在自体は歴史的に古い。だがここで話題とする国家は、明確な国境と領土を持ち、国家行政機構と地方行政機構を備えたものを指す。日本の例でいえば、明治維新後、沖縄（琉球）、北海道（蝦夷）、千島列島、小笠原諸島を完全領有し、維新政府は国境を画定した。行政的には、地方分権的性格の濃い徳川幕藩体制から、中央集権的な行政制度の確立を目指し、明治維新政府による廃藩置県、帝国議会の設立、憲法や民法の制定などを経て、立憲君主制を建前とする国民国家として近代日本は誕生した。国民形成や国民統合に関しては、学制の公布（のちに廃止されて教育令に代わる）、徴兵制の採用、秩禄給与の廃止、士族反乱の鎮圧と西南戦争における政府軍の勝利、軍人勅諭や教育勅語の下賜などがあり、さらには日清戦争、日露戦争も日本人意識の強化と国民統合のうえで力があった。これらの戦争においてそれぞれ勲功があったとされる乃木希典や東郷平八郎は、死後に神格化され、本書のテーマでいう国家英雄的な位置づけを受けるに至っている。こうみてくると、島国ゆえに外部の影響や攻撃からおおむね守られた歴史を生き、初期には朝廷が、のちには武家政権が中心となって国を統治し、国としての歴史的経験が長い日本にして、国民国家の創出は並々ならぬ政治的営為を必要としたことが分かる。

翻って植民地支配から独立し、新たに国民国家を形成した国の場合はどうだろうか。東南アジアの他の国々と比べて、この点でインドネシアは「幸運」と形容してもよい歴史を持つ。一八二四年の英蘭協約以前、イギリスはスマトラ島に商館や領土を持ち、一方オランダはといえば、インド以外にマレー半島に商館や領土を保有していた。つまり、のちのオランダ領東インドとイギリス領マラヤとなる地域には、若干なりといえども支配の交差する空間が存在していたのである。この状態は英蘭協約により「解消」され、以後、徐々にオランダの支配が拡大していくことにより、現在のインドネシア共和国にほぼ相当する植民地国家、オランダ領東インドが形成された。二〇世紀初めのことだった。

他方マレー半島では、二〇世紀初頭の段階で海峡植民地、連合マレー諸州、非連合マレー諸州という三つの行政的くくりがあり、さらにそれぞれが複数の政治行政単位から構成されるというように、きわめて複雑な統治状況を呈していた。イギリス領マラヤは単なる名称であって、同名の植民地国家が存在したわけではなく、いわんやマレー半島と現在のサバ州、サラワク州を含む政治単位の存在もなかった。一九世紀末から一九三七年までイギリス領インド帝国の一州を成したビルマ（ミャンマー）や、一九世紀末から一九四五年までフランス領インドシナの一部として統治されたベトナム、カンボジア、ラオスの場合も、独立後の国家は、それ以前に数十年にわたり存在した植民地国家を引き継いだものではない（インドシナの詳しい分析は、アンダーソン［2007: 201–208］を参照）。

これらとは異なる植民地支配の歴史をインドネシアは継承している。すなわち独立後のインドネシアは、およそ一世紀をかけて植民地国家として形成された版図をそのまま己の領土とし、国境とした。フィリピンのように、一九世紀から二〇世紀へ至る世紀転換期に植民地宗主国がスペインからアメリカに代わるといった経験を味わうこともなかった。中央ならびに地方の行政機構についていえば、日本軍政期をはさみながらも独立時には、基本的にオランダ期の行政機構を下敷きにして出発したのである。たとえ植民地国家の残滓としてではあっても、少なくとも国家建設のための枠組みは存在しており、ゼロからそれを始める必要はなかった。

とはいえ、インドネシアは国家建設において産みの苦しみを経験してもいる。一九四五年八月一七日の独立宣言後、インドネシアは再植民地化を企てるオランダと独立戦争を戦った。三年半に及ぶ戦争の途中から、共和国政府はオランダとの外交交渉で独立を成し遂げようとしたが、徹底抗戦を主張するインドネシア共産党が一九四八年九月にジャワ東部のマディウンで蜂起し、革命政府樹立を宣言した。これは政府軍により鎮圧され、その後のハーグ円卓会議の結果、一九四九年一二月末にインドネシア連邦共和国として実質的に独立を遂げたのである。連邦共和国は、共和国と独立戦争時にオランダの支配下にあった「連邦諸国」から構成され、その後、「連邦諸国」が順次共和国への編入を決定して、翌年の独立（宣言）記念日をもって名実ともにインドネシア共和国となった。だが、一九四八年から六五年にかけて、ダルル・イスラームと総称されるイスラーム国家樹立を目指す反乱が、西ジャワ、アチェ、南スラウェシなどで起こり、さらに一九五〇年代末から六〇年代初頭にかけては、西スマトラと北スラウェシを中心に中央政府に対する経済的・民族集団的不満に基づく反乱が発生している。その間の一九五〇年四月には、旧植民地軍に兵士を輩出したアンボン島で南マルク共和国の独立宣言があり、キリスト教徒の兵士によるゲリラ活動が一九五二年まで続いた。つまり、国家建設後の新生共和国のありかたについて種々の不協和音が存在したのである。西イリアンや東ティモールの占領・編入のように、独立後には領土の拡大もあり、本書Ⅲ章で金子がランプン州の成立に関係して述べているように、行政区分の改定がなされたこともあった[*1]。

歴史的・構造的に国家建設よりもさらに困難なのが、国民形成であり国民統合である。それというのも、植民地権力は、被支配者間に連帯感や連帯活動が生まれるのを好まず、分割統治という言葉が示すように、むしろ彼らのあいだに民族集団・宗教・地域などの違いに基づく競争や分裂、反目が起こることを歓迎し、そのような環境を作るべく努力したからである。たとえば、前記アンボン島におけるように、宣教を通じて特定少数民族集団をキリスト教に改宗し、あるいは植民地軍にリクルートする、といったようにである。植民地支配は、圧倒的マイノリティによる圧倒的マジョリティの支配を意味していた。それゆえに、効率的かつ経済的な統治の「工夫」が試みられたのは当然のことといえよう。それが間接統治であり分割統治だった。こうした状況であってみれば、インドネシアといわず独立後の新興国が、国民意識の醸成、つまり国民形成や国民統合の確立にいかに苦労したかが想像される。

脇道にそれるが、大航海時代を先導したポルトガル、スペインの植民地支配にあっては、植民地化とカトリック教化が並行して進められたこともあり、少なくとも「原住民」の宗教的恭順を期待することが可能だったと考えられ、分割統治はそれほど重視されなかったと思われる。同様に、間接統治のために不可欠な土着権力も、カトリック教化を拒むものは排除されただろうゆえに、その形はオランダやイギリスの間接統治とは異なっていたのではなかろうか。

2　インドネシアの国民形成と国民統合

国民形成、国民統合にまつわる困難について、インドネシアの事例に戻りいま少し詳しくみることにしよう。前述のように、オランダが現在のインドネシアにほぼ相当する領土を支配し、オランダ領東インドという植民地国家が形成されたのは二〇世紀初頭のことだった。それ以前に、インドネシア全体を支配した土着権力はなく、ジャワ島全体を支配した権力さえみられなかった。つまり、植民地国家の成立以前に「インドネシア」に対応する政治的なまとまりは存在せず、インドネシア民族という意識も存在しなかったのである。

ナショナリズムとは、ひとつには、「他者」、とくに支配者との関係において、被支配者のあいだに自分たちは何者かとの認識が醸成され、共有されることを意味する。この点で重要だったのが、逆説的だが、植民地国家の成立だった。ベネディクト・アンダーソンがいう出版資本主義の発展ともあいまって、植民地国家の成立により「原住民」は自己が包摂される国家の全体とその中心、さらにはそのなかにおける自他の布置、すなわち全体とそれを構成する部分の布置を想像できるようになった。アンダーソン流にいえば、世俗的巡礼圏――原住民の学生や植民地官吏が進学や昇進につれて植民地国家の周縁から中心に向けてたどる、身体上だけでなく想像上の地理的移動と、地理的移動の道筋ならびに外縁の形成である。巡礼圏を巡る人々のあいだには、移動の過程に経験する、あるいは経験すると想像される多層な自他の弁別をとおして、同類意識から転じた同朋意識と「他者」への認識が生まれてくる。先にインドネシアは「幸運」な歴史——なかんずく植民地史——を持つと形容したのは、イギリス領マラヤやフランス領インドシナなどと異なり、オランダ領東インドにおける教育と行政のふたつの巡礼圏の形成は、その外縁がオーバーラップしながら手を携えて進行したからである（詳しくは［アンダーソン 2007: VIII］参照）。

国家は地方行政制度に基づき州や県から構成され、おのおのが行政中心地を持つことになった。巡礼圏は無機質な行政図として壁に掛けることが可能だ。しかし実際には、それは個性のないピラミッド状（より正確には円錐状だが）の図にとどまるものではなかった。行政図に描かれた行政単位はしばしば独自の社会的・経済的・政治的意味、たとえば特定民族集団のホームランドや特産品、政治的出来事の記憶と結びつけられ、認識されたからである。

右のような認識図を具体化したのが、植民地時代に使用された地理の教科書とそれが投影する東インド（以後「オランダ領東インド」と同義に用いる）である。手元にあるもっとも古いマレー語（以後特定の原典などへの言及を除きインドネシア語と呼ぶ）の教科書は、一八九二年初版の『東インドから大地を巡る』［Gelder 1892］で、「原住民小学校」（sekola [*sic*] anak negeri）三年生用の挿絵入りの教科書は、大きさがB６判（縦一二・八センチメートル×横一八・二センチメートル）ほどで総ページ数が九一、地図は含まれておらず、生徒が教室で学習したことを家で地図帳を用いて復習することを前提に編まれていた［Gelder 1892: iii; 1902: n.p.］。記述は、東インドの全ての島のなかでもっとも重要な島であり、総督の所在地や植民地政庁の重要な施設が置かれていたジャワから始まり［Gelder 1892: iii］、以後は西（左）から東（右）へ、つまりアラビア語文ではなくローマ字文を読むように、スマトラ、ボルネオ〔カリマンタン〕、セレベス〔スラウェシ〕、モルク〔マルク〕、テルナテ、小スンダのバリとロンボック、ティモールへと続く。西ニューギニア、現在の西パプアとパプアは含まれていない。[*2]

記述がもっとも詳しいジャワの例をとると、教科書はジャワの自然、気候、産物、野生動物、住民と言語、生業、道路状況、行政（直轄領、王侯領、自治領などの区別）について説明している。住民（isi negeri）についていえば、ジャワ人は中ジャワと東ジャワの一部に居住し、スンダ人は西ジャワに、マドゥラ人は東ジャワの一部に居住する。これらの住民の人口数とは別に、白人、中国人（orang Tjina）、アラブ人の人口数も挙げられている。島内の主たる都市の記述を含むジャワ島の記述が教科書の四七パーセントを占めるため、他の島々に関する紹介は簡単なものにとどまり、必ずしも住民の民族集団名が地域ごとに列記されているわけではない。それでも、スマトラ島のムラユ〔マレー〕族、バタック族、中国人、ボルネオ島のダヤック族、ムラユ人、ブギス人、中国人、セレベス島のアリフル族、ブギス族、マンカサル〔マカッサル〕族、ボネ人、ワジョ人、トラジャ人、モルク諸島アンボン州のアリフル族、アリフル族とムラユ族の混血、ヨーロッパ人、中国人、テルナテ州ニューギニア島のパプア族、小スンダ列島の「バリ並びにロンボック州」のバリ人、同列島ティモール州のポルトガル人と地元民の混血（プラナカン）などが挙げられている。[*3]

一世紀近くをかけて実現された植民地国家「オランダ領東インド」の成立は、為政者に統治のための組織化された情報、全体と部分に関係し社会的に肉づけされた情報を提供しただけでなく、支配された人々にも同様の情報を与えることになった。別掲の図1から、一九二〇年代までには、東インドの都市に住み、マレー語を読み書きできる原住民は東インドの地理的拡がりとその外縁を十分に認識していたことが窺える。バタヴィア〔ジャカルタ〕で発行された写真入り週刊雑誌『ビンタン・ヒンディア』の一九二九年二月二三日号に掲載された自称「新モデル広告」である。大恐慌前の東インドは総じて経済的繁栄を享受しており［深見1997: 51］、バタヴィアの「原

図1　「新モデル広告」。週刊雑誌『ビンタン・ヒンディア』（1929年）掲載

住民」商人の経営になる「百貨店」の広告は、そうした経済状況をよく映し出している。

　飛行機が飛び交う上空からは、オランダ国旗の三色旗（図の左端）がはためく東インド全土に商品が降っている。海には、これらの商品を受け止め運ぶためなのだろう、蒸気船やボートが浮かぶ。降り注ぐ商品はといえば、バティック布、テニスラケット、ベッド、恋愛小説、恋愛法則の本、恋文例文集、英語教本、ローマ字教本、絹製サロン（腰布）、サッカーボール、パジャマ上下セット、レインコート、蓄音機、懐中電灯、男女の靴、男女の帽子、鞄、腕時計、目覚まし時計、鉛筆、毛織マフラー、刺繍つきブラウスなど、実

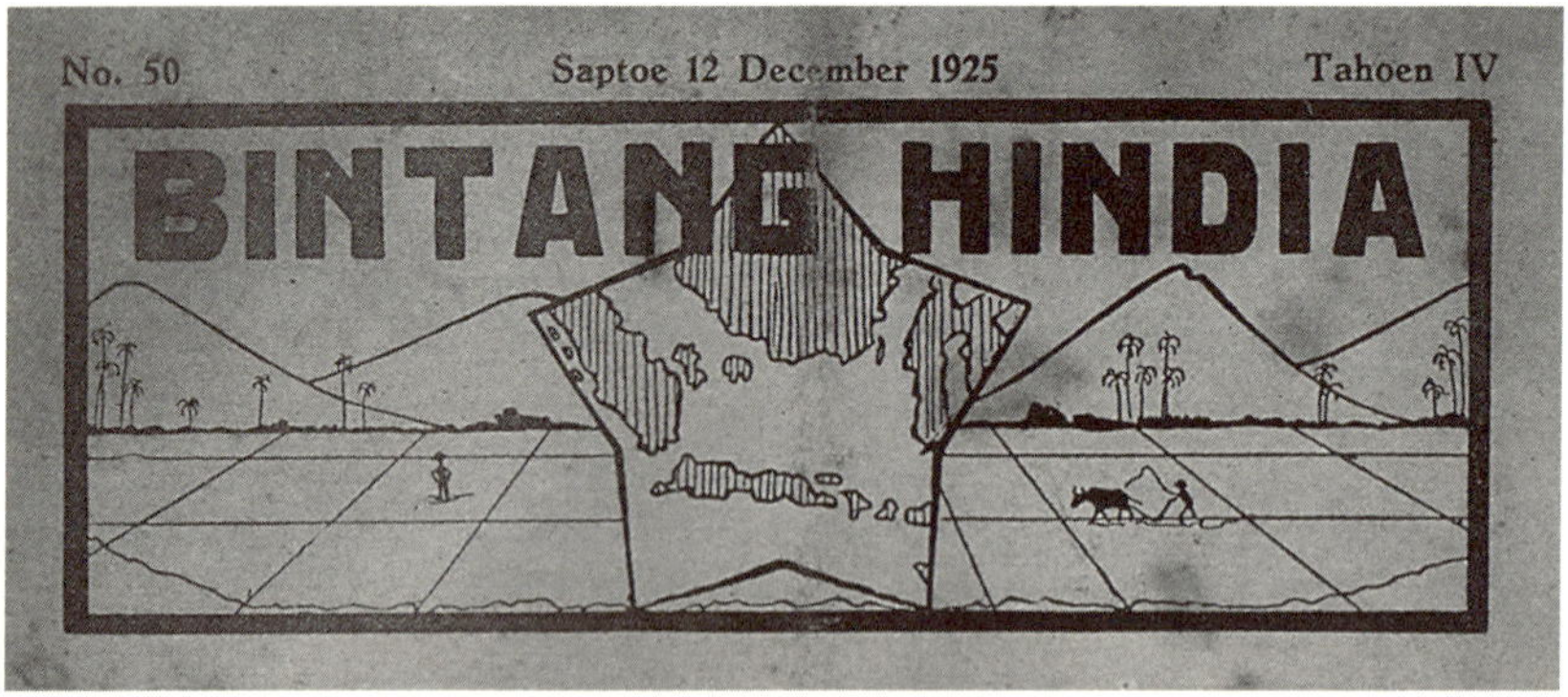

図2　『ビンタン・ヒンディア』表紙の題字部分（1925年）

に様々である。品物の値段は、ものによっては二〇個単位の売値が紹介されており、全国各地の小売店向けの通信販売を主眼とした新しい形の広告なのだろう。当時、ルンブール（rembours）という着払いの郵便制度がすでに整っていた。

東インド全体を相手にする「新モデル広告」が意味を持つのは、広告主側が、これをみた人たちは東インドを認識できると信じていたからにほかならない。興味深いのは、地理教科書の副読本『オランダ領東インド小地図帳』にみるオランダ領東インド全図は、周辺のマレー半島やフィリピン南部も示しているのに対して、新モデル広告の地図は、左上にあるべきマレー半島も右上にあるべきフィリピン諸島も示していないことだ。これらは、たとえそこにあったとしても地図上の形にしかすぎず、市場としての意味もなければ特別な感情を呼び覚ます存在でもない。そうであればこそ、マレー半島もフィリピン諸島も広告の地図に描かれることはない。しかし、地図として具象化された東インド、それもそこに暗黙裡に埋め込まれた社会文化的意味を伴う東インドは、己をこの地の「原住民」だと意識し、その意識を共有するに至る人々によって「祖国」と認識されるようになるのである。

地図に埋め込まれた社会文化的意味をよく表わしているのが、新モデル広告が掲載された週刊雑誌『ビンタン・ヒンディア』の表紙である。この雑誌の名称は「東インドの星」を意味する。表紙の題字部分には絵が付され、真ん中には文字どおり大きな星があしらわれていて、中に東インドの中心部分を形成する島々が描かれている。背景には、山とココヤシ樹、植生に囲まれた屋敷地とおぼしき黒い影が配されていて、その前にはヨーロッパ人でも中国人でもない、田んぼで働く「原住民」の姿がある。「原住民」にとっての東インド、あるいは「原住民」のためだけの東インドを提示しているかのごとくである（図2）。[*4]

3　インドネシア・ナショナリズムのレキシコン

一九一三年七月のこと、一冊のオランダ語のパンフレットがバンドゥンで刊行された。「もし私がオランダ人であったなら」というタイトルで、著者はスワルディ・スルヤニングラット（一八八九―一九五九年）、のちに改名してデワントロという。インドネシアのナショナリズム運動を先導した指導者の一人である。ジャワの貴族の出でバタヴィアの医学校を中退したのちジャーナリズムの道に進んだ。一九一三年というのは、フランス革命の後しばらくしてナポレオン皇帝の下でフランスに編入されたオランダが、その支配から解放されて一〇〇年目を迎えた年だった。

この記念すべき節目の年は、オランダ本国だけでなく同年一一月に東インドでも盛大に祝われることになり、原住民もこれに参加することが期待され、さらに身分相応の寄付が求められることになった。これに対して、前年に東インド党（Indische Partij）という政治的組織――メンバーの民族集団的背景を問わず「東インド人のための東インド」を標榜する組織を結成し、その中心的なメンバーであった数人が、「オランダ解放一〇〇周年記念のための原住民委員会」（Inlandsch Comité tot Herdenking van Nederlands Honderdjarige Vrijheid ）、略称「原住民委員会」（Comité Boemi Poetra）を組織し、七月一二日に委員会のパンフレット第一号を発行して委員会の構成員とともに活動目標の一部を公表した。[*5] これによると、一一月の記念式典当日に合わせてウィルヘルミナ女王に祝電を送るとともに、東インドに「植民地議会」を設立することなどの請願を行なう予定だとされていた。その一週間後に発行されたパンフレットの第二号が、前記の「もし私がオランダ人であったなら」である。パンフレットには同じく東インド党のメンバーのアブドゥル・ムイスによるインドネシア語の訳が付されていた。

その後、このパンフレットは後述の内容ゆえにオランダ植民地政庁によって問題視され、執筆者のスワルディ以外に、東インド党の指導者チプト・マングンクスモ（「原住民委員会」の委員長でもあった）とダウウェス・デッケルの計三人が逮捕されただけでなく、そろって追放処分になり、最終的に全員オランダへと向かった（指導者を失った東インド党は、その設立自体も植民地政庁の認めるところとならず解散を余儀なくされている）。三人のうちオランダ人を父としドイツ人とジャワ人のユーラシアン（欧亜混血児）を母とするダウウェス・デッケルは、いわゆる「筆禍事件」が起こったときはオランダにいたにもかかわらず、東インドの独立を唱える急進的な考えゆえに危険視され、他のふたりと並んで逮捕・追放されたのである。彼が帰国後に逮捕された直接のきっかけは、自身が一九一二年に創刊したオランダ語紙『デ・エクスプレス』（*De Expres*）上に、先に逮捕されていたふたりを讃える文章「われらの英雄、チプト・マングンクスモとスワルディ・スルヤニングラット」（Onze Helden: Tjipto Mangoenkoesoemo en Soewardi Soerjaningrat）を載せ、「彼ら両名は英雄でありまた犠牲者であって後の者がそれを手本とすべき先駆者であると称賛した」［土屋 1977: 139］ことにあった。オランダ語の〝held〟ではあるが、これがおそらくインドネシアで「英雄」という言葉を同時代人のナショナリストに冠した最初期の事例であろう。なお、国外追放となった三人と「もし私がオランダ人であったなら」をインドネシア語に訳したアブドゥル・ムイスは、ペンをもって植民地支配と闘った著名なナショナリストであり、うちしばしば政治行動を共にした前者三人は、インドネシア近代史におけるナショナリズム運動の「三傑」(Tiga Serangkai)と讃えられている。アブドゥル・ムイス(インドネシア初の大衆組織「サレカット・イスラーム」の指導者でもあった)を含む四人はのちに国家英雄に列せられている。

以下では、「もし私がオランダ人であったなら」のインドネシア語訳でどのような政治的キーワードが使われているかを、必要に応じてオランダ語版を参照しつつ検討してみたい。インドネシア・ナショナリズムにおける重要な政治的語彙、レキシコンがどこまで、そしてどのように使われているかの確認である。なお、わたしが参考にした論文が副題に「支配と低抗の様式に関連して」[土屋 1977]とあるように、土屋の政治文化的な関心は、もっぱら「筆禍事件」に対する植民地政庁の対応にオランダ的な支配の様式を認め、スワルディの風刺文にジャワ的な抵抗の様式をみるものであり、インドネシア語訳は分析の対象とはされていない。論文末に付された「もし私がオランダ人であったなら」の日本語訳も、オランダ語原文の和訳である。本章では、インドネシア・ナショナリズムのレキシコンを考えるためにはインドネシア語の政治用語の検討が必要なことと、6節のヤミンによるインドネシア語の長詩との比較のためにも、インドネシア語訳に注目する。

「もし私がオランダ人であったなら」の内容は、オランダ本国がナポレオン支配から解放された一〇〇年祭を、オランダが支配する植民地で祝い、あまつさえ原住民から寄付金を募って行なおうとする植民地政庁のやりかたを厳しく批判し、それは文明の民がなすべきことでないばかりでなく、原住民のあいだに独立に対する希求を植えつけるだけであるゆえ、もし自分がオランダ人なら、母国の解放をおおいに祝うにしても、植民地の原住民に祝祭への参加を押しつけるようなことはしない、という鋭い風刺の利いたものだった。アンダーソンがいう想像を伴う「比較という妖怪」が、いかに強力な批判精神を生みだすかの好例である[Anderson 1998][*6]。

インドネシア語訳には、その後のナショナリズム運動で重要性を担うに至るいくつかのキーワードが出てくる。

出現頻度の高い順から挙げると、「独立」ないし「自由」（kemerdekaan, merdeka）が三五回、「人民」ないし「民衆」（rakjat）が一九回、「植民地」（tanah djadjahan, negeri terdjadjah）ないし「植民地支配」（djadjah, pendjadjahan）一三回、「民族」ないし「国民」（bangsa）七回、「原住民」（inlander と、そのインドネシア語表現である bumi putera, inlander の言い換えとしてのオランダ語とインドネシア語の混成表現 "inboorling" dinegeri djadjahan）五回、「祖国」（tanah tumpah darah, tanah air）四回である。[*7]「もし私がオランダ人であったなら」が再録された論文集のサイズは、既述の『東インドから大地を巡る』と同じB6判ほどで、文章そのものはページ数にして六枚半にしかすぎない（オランダ語原文は五枚と三分の二である）。「独立」「自由」、「人民」「民衆」、「植民地」「植民地支配」の頻度、とくに「独立」「自由」のそれは一ページ当たり五回以上というように非常に多い数字になっている。

「もし私がオランダ人であったなら」は、フランス支配から解放されたオランダとオランダ植民地支配下にある東インドを比較対照し、かつタイトルが示すようにスワルディはオランダ人と原住民の立場を往還しながらパラレルに論じている。結果的に、オランダ人としての目からみたオランダとオランダ人、あるいは東インドと原住民についての記述と、逆に原住民の目からみたオランダとオランダ人、東インドと原住民についての記述というように、きわめて複雑な構成をなす。そのために言葉の用法の検討には注意が必要とされる。

4　「独立」と「植民地支配」

具体的に「自由」「独立」の用法についてみてみよう。出現頻度が三五回と述べたが、オランダ人の立場でオランダについての使用例が一五回、東インドについてのものが四回、原住民の立場でオランダに言及しているのが一一回、東インドについてのものが三回、一般論として使用されているのが二回である。文章はオランダのフランス支配からの解放について論じたものゆえ、オランダの「自由」「独立」への言及が合計二六回に上るのは納得できる。問題は「自由」「独立」の解釈である。八〇年戦争（一五六八～一六四八年）がオランダ独立戦争とも呼ばれるように、オランダ（当時はネーデルラント連邦共和国）のスペインからの事実的独立は一六世紀末のことであり、一六四八年のウェストファリア条約の一部、ミュンスター条約によりスペインもこれを正式に認めた。したがって歴史的には、一八一三年の出来事を「独立」と呼ぶのは正しくない。

インドネシア語訳で〝kemerdekaan, merdeka〟（前者は名詞、後者は形容詞）と記されている言葉は、スワルディのオランダ語原文では〝vrijheid〟と〝onafhankelijkheid〟である。前者が「自由」、後者が「独立」を意味する。植民地政庁が東インドにおける一九一三年の祝賀をいかなる名称で呼んだかは分からない。オランダ本国での祝賀では〝onafhankelijkheid〟が使用され〝vrijheid〟という表現もみられるところから［Sas 2013: 19, 21］、両語ともに東インドでも使用されたと想像される。土屋が原住民委員会の正式名称の一部である〝vrijheid〟を「解放」と訳し、私もここまでは同様に形容してきたのは、オランダ史を幾分でも理解していればこそである。そうだとすれば、一九一三年の祝賀に際してオランダはどうして「自由」や、いわんや「独立」という言葉を用いたのか。おそらくそれは、オランダは一八一三年にナポレオン支配からの自由を得ただけでなく、現在にまでつながるネーデルラント王国として独立したからだろう。事実、オランダでの祝賀の基調は、ナポレオン支配からの自由と、とくに王国成立一〇〇年祭を強く感じさせるものになっていた［Sas 2013］。

「もし私がオランダ人であったなら」が「自由」と「独立」を語るものであるからには、それ以前のオランダの状況を表す言葉がなければならない。それが「植民地支配」であり「植民地」である。しかしその回数は一三回と「自由」「独立」に比べて約三分の一である。それも原住民の立場からオランダが「植民地支配」（pendjadjahan asing）下にあったことを表現したものは一回だけであり、他はオランダ人の立場から東インドが植民地支配下にあることを表わしたものが八回、原住民の立場からオランダによる東インドの植民地支配に触れたのが四回である。現実には、オランダ語の文章では植民地や植民地支配という直截的な表現が上の回数ほど使われているわけではない。オランダについていえば、それは「外国支配の頸木」(vreemde overheersingsjuk) であり、この「外国」がフランスであるとの説明はない。[*8] オランダによる東インドの植民地支配を表わす言葉にしても、「植民地」を意味する kolonie が散見されはするが、より一般的には「支配」に相当する overheerschen, overheersching, heerschappij などが使われている。

重要なのは、オランダ語原文ではニュアンスを異にして使われている複数の表現が、インドネシア語においては、同趣旨の言葉として「独立」と統一されて訳され、もうひとつは「植民地支配」に統一されていることである。植民地政庁の意向に配慮せざるをえないこともあってだろう、「独立」はオランダについて使われ、「植民地支配」は東インドについて主に用いられ、それも「植民地」が言及される頻度は〔オランダの〕「独立」よりもよほど少ない。しかし、ふたつの言葉が対をなすことは明白であり、オランダが〔植民地支配から〕独立したのなら、オランダの植民地支配下にある東インドの独立が、これとの比較で想像されてもおかしくはない。想像上のオランダ人となったスワルディは、文章の途中で次のように自問自答する。

この地で〔独立〕祭典を行なうことにより、われわれはいかなる利益を期待しているのか。もしそれが国民的な喜び (kegembiraan nasional) を表明しようというのなら、独立の祝賀を植民地で行なうのは愚行以外のなにものでもない。われわれはこの地の人々の気持ちを傷つけることになる。それともわれわれは、政治的プロパガンダを大々的に展開しようというのか?! 〔東インドの〕人々がネーションになろうと努力している現在、しかも今のところまだ覚醒の初期段階にあるこのタイミングで、いずれ彼らがどのように独立を祝うべきかの手本ないしやりかたを示すことは、まったくもって誤っている。われわれは、人々の意識されていない欲求と願望、独立の理想やそれが達成される可能性に対する欲求と願望を煽ることになる。それと意図せずに、われわれはあたかも次のように叫んでいるようなものだ。「みてくれ、みんな。いかにわれわれが自分たちの独立を祝うかを。植民地支配から解放され独立した人民はいかに幸せなことか。ゆえに独立を愛せよ！」［Dewantara 1952b: 258-259］。

一九〇八年にバタヴィア（ジャカルタ）で結成された組織「ブディ・ウトモ」、ジャワ語で「最高の徳」を意味する組織は、一般に「インドネシア民族主義の覚醒を告げる最初の民族主義団体」と認識されている［土屋 1991: 378-379］[*9]。それから五年後の一九一三年、〝Merdeka〟「独立」と〝Pendjadjahan〟「植民地支配」はインドネシア・ナショナリズムのレキシコンにおいて確固たる位置づけ、少なくともそうなる端緒を得た。皮肉にもそれは、「オランダ解放一〇〇周年記念祭」によるものだったということになる。

「もし私がオランダ人であったなら」にみる他のインドネシア語についても簡単に触れておこう。「植民地支配」にさらされている客体、あるいは「独立」を求める主体として浮かび上がるのは、支配者と対極にある「人民」「民衆」「人々」を意味するrakjatである。東インドについて使用されている例が一九回中一四回と圧倒的に多い。うち八回がオランダ人としての立場から、六回が原住民の立場からの用例で、オランダ語原文でこれに相当する単語としてよく出てくるのがvolkとinlanders（inlanderの複数）である。インドネシア語訳にみる「原住民」（inlander, bumi putera, “inboorling” dinegeri djadjahan）は、rakjatの固有名詞的な読み換えだとみることもできよう。当時はまだ「インドネシア」や「インドネシア人」という固有名は東インドでは知られていなかった。

他に注目すべき点としては、「民族」ないし「国民」を意味するbangsaの用例である。ふたつの例において、それも文章の冒頭において、オランダ語でネーションを指すnatieのインドネシア語訳として原住民の立場からオランダ国民に対して用いられていること、[*10] そして「祖国」として四回出てくるtanah airないしtanah tumpah darahのうち、三回はオランダ語のvaderland（母国ならぬ「父国」）の訳で、残る一回が「生まれた土地」（hun geboorteland）の訳であることである。[*11] 本書のテーマの〝pahlawan〟「英雄」についていえば、インドネシア語訳の最初のページの二段落目の最後に、原住民の立場からオランダへの言及においてこの語が一度だけ出てくる。「オランダ人が自分の国とその英雄たちに対して抱いている愛情と尊崇の念を、われわれは当然尊重すべきである」［Dewantara 1952b: 256］という文章がそれで、オランダ語原文では〝heldendaden〟「英雄的行為」として「オランダ人の父祖たちがその英雄的行為によって創りあげた国家に対する彼らの愛国の感情を十分に示すものである」［土屋 1977: 149］という形で使われている。このようにみてくると、インドネシア・ナショナリズムのレキシコンの少なからぬ部分が、オランダ語の概念に大きな影響を受けただろうことが想像される。

5　「祖国」の創出へ向けて

「もし私がオランダ人であったなら」では、「祖国」はインドネシア語ではtanah airないしtanah tumpah darahと記され、オランダ語のvaderlandに対応する語として使用されていると先に指摘した。字義どおりにはtanah airは土地と水を意味し、島嶼国家であるインドネシアを体現する表現だと理解されている。他方、tanah tumpah darahのtumpahは「流れる」「流す」、darahは「血」である。一般にtanah tumpah darahは「生地」としての祖国を意味するとされ、したがって流れる血とは出産に伴う血のことである。問題は、これらの表現がいつごろから祖国を意味するようになったかだ。この点について、いくつかの古い辞書を調べてみた。まずtanah air である。

一八一二年初版のマースデンの『マレー語＝英語、英語＝マレー語辞書』には、tanah air という成句は載っていない［Marsden 1984(1812)］。これより新しいウィルキンソンの『マレー語＝英語辞書』の初版（一九〇三年）には tanah ayer が採録されており、その意味は「領域、地区、地理的単位を構成している陸地と水域の全体的広がり」（territories; districts; the whole extent of land and water forming a geographical unit）とされ、「祖国」の意味はまだ挙げられていない［Wilkinson 1985(1903): 154］。一方、メイヤーの『マレー語＝オランダ語、オランダ語＝マレー語実用簡易辞書』には、マレー語＝オランダ語の部分に tanah air はないものの、オランダ語＝マレー語の部分には vaderland があり、tanah ajar, negeri sendiri（自分のクニ）と訳されている［Mayer 1906: 588］[*12]。この辞書の初版は一八九五年だが、本論文のために参照できたのは一九〇六年刊の第五版である。ところがこれより若干のちのハルケマの『マレー語＝オランダ語、オランダ語＝マレー語簡易辞書』［Halkema 1911(?)］には、tanah air という成句や vaderland という単語自体が採録されていない。時代はやや下がって一九一六年刊のクリンケルトの『新マレー語＝オランダ語辞書』第三版には tanah-ajar があり、vaderland, landstreek（地域）、landsdouwe との説明がある［Klinkert 1916: 247］[*13]。

ふたつの例外を除いて、これらの辞書中に tanah tumpah darah をみつけることはできない。例外はハルケマとクリンケルトの辞書である。前者では〝Geboorteplaats〟のマレー語訳として〝tempat katlahiran [*sic*]〟ないし〝nageri katlahiran [*sic*]. ――tempat toempah darah〟とある［Halkema 1911(?): 313］。オランダ語、マレー語ともにいずれも「生地」ないし「生国」の意味である。後者では〝toempah〟をみると〝tempat toempah darah〟とあり、次いで〝tempat〟（場所）をみよと出ている。そこには〝tempat toempah darah〟の意味として、「生地、［生まれて］人が最初の光をみた場所」（geboorteplaats, de plaats, waar men het eerste levenslicht aanschouwde）とのオランダ語の説明が付されている［Klinkert 1916: 301, 296］*14。なお、イーケンとハラハップの『マレー語辞書』は、比較的新しい一九二三年刊の第四版ということもあってか、"tempat toempah darah"（"darah" の下）も "tanah air"（"tanah" の下）も採録され、「生国」（negeri kelahiran）と説明されている［Iken dan Harahap 1923: 98, 373］。

限られた辞書しか検討できなかったこと以外に、以上を総括するにあたっては留意が必要である。同じ「マレー語」とはいっても、イギリス人のマースデンとウィルキンソンの手になる辞書は、スマトラやマレー半島のマレー語を中心に編まれたもので、それに対してメイヤー、ハルケマ、クリンケルトのものは、東インドのマレー語をベースにしていることとである。本来であれば異なる版が刊行された辞書については、初版から順次検討することが理想だが、古い辞書にアクセスするのは必ずしも容易ではなかった。

このような限界を認めたうえで、次のようなことがいえるのではないだろうか。註＊13で触れたアブドゥッラー・ムンシが著したふたつの著作、『アブドゥッラー物語』と『アブドゥッラー航海記』のみに拠るとはいうものの、（少なくとも）一九世紀前半には書き言葉に tanah air という成句が存在していたこと、しかし「祖国」を意味するものではなかったこと、一九〇〇年前後にはこの表現は「祖国」の意味でも用いられるようなったが、その流通性は一部に限られていた可能性があること、だが少なくとも一九一〇年代には「祖国」としての用法の流通性が高まったこと、である。ただし、この「流通性」にも限界があったことは、7節でみることになる。

"Tempat toempah darah" という表現も一九世紀前半には存在した。しかし、tanah air と同様にもともとは「祖国」を意味するものではなかった。あとは推測の域を出ないが、この成句は一九一〇年ごろまでには、おそらく tanah air に引きずられる形で「祖国」という意味をも帯びるようになり、かつ「血」という表現が持つ強い情緒的意味合いゆえに、愛国心への訴求力を強く持つ表現になったのではないか、ということである。いずれにしても、一九一三年の「もし私がオランダ人であったなら」では、tanah air も tanah tumpah darah も「祖国」の意味で用いられているのは、すでにみたとおりである。

このような意味変化ないし意味拡大は、どのようにしてもたらされたのだろうか。基本的には「人々」「人民」「民衆」のための国家、すなわち支配者のものではない「祖国」という考え方が広がったということなのだが、そうした考えをインドネシア語へ翻案し rakjat へ伝える仲介者となったのは、東インドについていえば、オランダ語で教育を受け、場合によってはオランダに留学した知識人たちだった。そうしたひとりがアブドゥル・リファイ（Abdoel Rivai　一八七一―一九三七年）である。バタヴィアの原住民医師養成学校を卒業し、しばらく医師として働いたのち、一八九九年に医学をさらに学ぼうとオランダに渡り、一九一一年までの滞在中にマレー語の定期刊行物の出版にも携わるようになった。そのひとつが『ビンタン・ヒンディア』で、一九〇二年から一九〇七年までアムステルダムで出版された。これにはリファイ以外に、東インドで軍務に服しておりマレー語にも堪能だったオランダ人もかかわっていた。彼らの考えでは、「『ビンタン・ヒンディア』のような定期刊行物《オルガン》の役割は、マレー語の語彙を拡大し、東インドの人々が近代と調和した言語を身につけられるようにすることだった」。たとえば一九〇五年の紙上では、bangsa（「民族」）と tanah air がすでに特別の説明もなしに普通に用いられていた［Laffan 2002: 98, 99］。これらの言葉の背後には、オランダ語の natie と vaderland が想像されていたことだろう。リファイのような知的媒介者を通じて、東インドの原住民は「祖国」を創造し、想像するようになったのである。[*15]

実はこれまで検討してきたふたつの表現以外に、「祖国」を意味する言葉がインドネシア語にはもうひとつ存在する。「イブ・プルティウィ（Ibu Pertiwi）」である。イブは「母」、プルティウィはサンスクリット語源の古ジャワ語と考えられ、一般名詞としては「大地、地球、自然」、固有名詞としては「大地の女神」を意味し、「イブ・プルティウィ」で「母国」「祖国」の意味になる。しかし、この表現は「もし私がオランダ人であったなら」にはみられない。これまで言及した古い辞書に当たっても、ウィルキンソンとクリンケルトを除き、pertiwi, pertewi は採録されていない。ウィルキンソンには固有名詞としての意味も書かれているが、クリンケルトには一般名詞の意味しか記されていない。いずれにしても、両辞書ともに「イブ・プルティウィ」への言及はない。一九二三年のイーケンとハラハップの『マレー語辞書』には pertiwi の語そのものがなく、次節で紹介する詩集『インドネシア我が祖国』（一九二八年）にも「イブ・プルティウィ」は登場しない。しかし、独立後に編纂されたアリフィン［Arifin 1951: 375］とゼイン［Zain 1960: 575］の辞書には「プルティウィ」の下に「イブ・プルティウィ」が採録され、negeri tempat kelahiran（生国）や tanah air と説明されている。したがってこの語は、独立前後にできた比較的新しい表現ではないかと思われる。時代を違えて「祖国」を表わす特徴的な表現を三つも生みだしたことは、インドネシア人にとっての「祖国」概念の重要性をよく示していよう。

6　詩集『インドネシア我が祖国』が示すもの

「祖国」という概念が創出されたあとでも、「もし私がオランダ人であったなら」では、この祖国はいまだ固有の名称を与えられていなかった。せいぜいオランダ植民地支配下で使われた名称「東インド」、それもイギリス植民地のインドと区別しがたい名称しか持ち合わせていなかった。スワルディの文章で一度だけ出てくるパラワン、英雄という言葉は、オランダの英雄を指す。名称をもたない祖国に対して、さらに原住民という以外、祖国を共有する rakjat としての固有名を持たない人々にとって、自分たちの英雄を想起するのは困難だったことだろう。

「もし私がオランダ人であったなら」から一五年後の一九二八年、本書のV章でファジャールが紹介しているムハマッド・ヤミンが *Indonésia Tumpah Darahku*『インドネシア我が祖国』という長詩を著した。ヤミンはナショナリストであり詩人でもあった人で、一九七三年に国家英雄に列せられている。タイトルが示すように、長詩の「我が祖国」はすでにインドネシアという固有の名前を持っている。それだけでなく、詩の内容も「もし私がオランダ人であったなら」とは大きく異なる。

ファジャールは、この詩の形式をソネット（一四行詩）だとしている。ソネットの明確な定義がどのようなものかは知らない。ヤミンの長詩は一連が七行の詩文から構成され、基本的に各連の最初の三行と終わりの三行は異なる後韻を踏み、第四行目はほとんどの場合、これらの韻とは独立している。ヤミンの出身民族集団であるミナンカバウを含むインドネシアの多くの地域社会には、パントゥンやシャイールと呼ばれる四行詩形があり、前者では一行目と三行目、二行目と四行目が同じ後韻を踏み、複数連からなる後者では各連の四行が同じ後韻を踏む。したがってヤミンは韻を踏む詩文に慣れ親しんでいたと思われるが、長詩は明らかにパントゥンともシャイールとも違う新しいスタイルである。[*16]

長詩は全体で八八連の詩文からなり、内容の概要は次のようである。まず、「我が祖国インドネシア」の美しい自然を謳い上げ、歴史にみる民族の偉大さを、いくつかの王国や英雄（パラワン）の名を挙げて讃える。しかしこの栄光にもかげりが見えはじめる。祖国再興の決意とその気持ちを鼓舞する詩をはさむようにして、祖国の自然の美しさが再度謳い上げられる。祖国の美しさへの言及に続いてインドネシアの地に生んでくれた母、父への感謝と、この地に生まれたことの誇りを表現する言葉が続く。しかしインドネシアに生まれたことの喜びは、やがて自由（ムルデカ）が否定されていることを知る悲しみとないまぜになる。新しい朝の予兆が語られ、民族への「新しい運動ないし時代に対する」用意の呼びかけと旅立ちの決意表明があり、アッラーの加護を求める言葉で長詩は終わる。

スワルディの文章とヤミンの長詩は、書かれた時代も書いた目的も違うことから、これを同列に比較するのは適切ではないかもしれない。しかし一五年という短い時間とはいえ、まさに時代が異なるゆえに、インドネシア・ナショナリズムのレキシコンの歴史的推移をみるうえで示唆に富む対照をなす。スワルディの文章に頻出し、ヤミンの長詩にいっさいあらわれない言葉が「人々」「人民」「民衆」を意味するrakjatである。その代わりにナショナリズムの「主体」として書かれているのはbangsa「民族」で、全体で四〇回出てくる。このうち「インドネシア民族」という形は二回にすぎないが、それ以外の「民族」も同じ意味であることは、長詩のタイトルの含意や「我が民族」といった言葉遣い、あるいは文脈から明白である。「インドネシア」の頻度は、この語だけで、あるいは他の語との組み合わせで二八回出てくる。「祖国」を意味するtumpah darah, tanah airの頻度は二〇回で、うち「インドネシア我が祖国」の形が七回である。これら以外に、「土地」を意味するtanahが「祖国」の意味で二四回使われており、これを合わせると「祖国」を想起させる表現が四四回出てくることになる。[*17]

氾濫ともいえるこれらの言葉の頻出とは対照的に、長詩には「オランダ」「植民地支配」といった言葉や表現はまったくみることができない。インドネシア民族ならびに祖国の自立と孤高を強調しているかのごとくである。さらにオランダ語の単語もいっさい使われていない。「あとがき」によれば、民族の言葉としてのインドネシア語の質を高め、洗練したものとするにはふたつの道があり、ひとつは言語学的な追及、もうひとつはこの言葉で文章を綴ることにより、インドネシア語を時代の要請に適うものにすることだと記しており[Yamin 1951: 41-42]、オランダ語を交えないインドネシア語のみによる詩作は、後者の道を自ら実践したものにほかならない。

本書のテーマに関係する「パラワン」という言葉は五回用いられ、ジャワの古代国家マジャパヒト(一二九三〜一四七八年)を繁栄に導いた宰相ガジャ・マダを讃えるものが二回、ジャワ戦争(一八二五〜三〇年)と呼ばれる反オランダ闘争を率いたディポネゴロが二回、面白いことに、現在ではマレーシアの英雄とみなされているハン・トゥア(一六世紀後半にマラッカ/ムラカ王国のスルタンに仕えた伝説的勇士)が一回言及されている。パラワンとは形容されていないものの、一七世紀から一九世紀後半にかけて反オランダ闘争を戦った指導者、スロパティ、トルノジョヨ、スントット（以上ジャワ）、イマーム・ボンジョル（西スマトラ）、テウク・ウマル（アチェ）の名が挙げられている。実際に最後の三人とディポネゴロは一九七三年に、スロパティは一九七五年にそれぞれ国家英雄に列せられた。いにしえのインドネシアの栄光を示すものとして、サイレンドラ、スリウィジャヤ、マジャパヒト、マタラム、サムドゥラパサイなどの王国が言及され、ボロブドゥールに代表されるいくつかの歴史的遺跡も挙げられている。

「ムルデカ」という言葉は八回登場し、自然を形容する目的で二回（自由な広場、自由な空気）、拒まれた自由を嘆く脈絡で二回、自由を希求する想いを示すものが四回である。スワルディの文章と異なり、ヤミンの長詩ではムルデカを希求する主体は、「インドネシア」を祖国とする「インドネシア民族」と明示され、その祖国は偉大な英雄、偉大な王国、偉大な遺跡を持つ、偉大な歴史の国として語られる。語る言葉は「インドネシア語」と意識されている。スワルディとヤミンの文章は異なる背景と意図の下に綴られたことを勘案しても、両者のあいだの大きな認識の変化を感じざるをえない。

『インドネシア我が祖国』で着目すべきは、単にスワルディの文章との対比だけではない。ヤミンは、一七歳だった一九二〇年にも詩を発表しており、そのタイトルは「タナ・アイル」――これまでの日本語訳でいえば「祖国」――だった。

「もし私がオランダ人であったなら」では、既述のようにタナ・アイルないしタナ・トゥンパ・ダラという表現が四回出てくる。しかしオランダ人にとっての「祖国」、すなわちオランダという名前は言及されても、原住民にとっての祖国の名称は示されていない。〝Hindia-Belanda〟「オランダ領東インド」という名前が三度出てくるとはいうものの、これは「祖国」の名としてではなく、植民地の名称ないし植民地政府の形容語としてである。

唯一の例外は「インスリンデ」で、東インドの美称であるこの言葉は、自分がオランダ人だったらインスリンデにいる全てのオランダ人に対して〔解放一〇〇年祭のための〕寄付金を求めるだろう、という形で出てくる。もともと「インスリンデ」は、東インドで植民地官吏を務めたことのあるオランダ人作家ムルタトゥーリ（本名はダウウェス・デッケルで同名のナショナリストの大叔父に当たる）が、一八六〇年に著した自伝的な小説『マックス・ハーフェラール』［ムルタトゥーリ 2003］で用いた造語で、ラテン語のinsula（島）とIndiëを合成した言葉である（http://ivdnt.org/zoekresultaten?q=Insulinde）。一九一二年結成の東インド党の母体のひとつが、一九〇七年設立のインスリンデというユーラシアンのための団体だったことにも示されるように［深見 1997: 34; 永積 1980: 139］、原住民にとって意味のある名称だとはいえない。

スワルディの文章と異なり、ヤミンの「タナ・アイル」では「祖国」は固有の名前を与えられている。しかし一連九行、三連からなる詩では、タナ・アイルの名は『インドネシア我が祖国』にみる「インドネシア」ではない。その自然の美しさを謳い上げた詩において、出だしの連の最後を飾る詩句は、「それこそ我が地、我が祖国《タナ・アイル》、その名はスマトラ、我が生地」である。スマトラはヤミンが生まれたミナンカバウの地が位置する島である。ヤミンはこの詩を基に、一九二二年には同じタイトルで一〇連、一連九行からなる詩を詠んでいる。そこでもタナ・アイルとされたのは、インドネシアではなくスマトラだった。すなわちヤミンのようなナショナリズムの運動に参加していた知識人のあいだでも、一九二〇年代初頭当時、なにがタナ・アイルなのかの合意は必ずしも存在していなかったことになる。[*18] 8節で述べるように、一九一八年にジャワのスマランで、ジャワ・ナショナリズムか東インド・ナショナリズムかを議論する小冊子が刊行されているように、これはヤミンやスマトラだけに限られた現象ではなかった。

では、同じ作者の手になるふたつの詩、「タナ・アイル」（一九二〇年、一九二二年）と『インドネシア我が祖国』

（一九二八年）に反映されているような、広くはインドネシア人の「祖国」をめぐる認識にいったいなにが起こったのだろうか。この問題を検討する前に、一九世紀から二〇世紀にかけてのオランダ領東インドの一般状況を概観しておきたい。

7 「名づけ」までの道のり

「オランダ領東インド」という名称が本国によって正式に用いられるようになるのは、ヨーロッパでナポレオン戦争が終わり、その間、一時イギリスに支配されていた東インドがオランダに返還されたのちの一九世紀初頭以降のことだった。すでに述べたように、ジャワを中心に支配していたオランダが、現在のインドネシアに匹敵する地域にまで段階的に支配を拡大するのは、これより約一世紀のちの二〇世紀初頭のことである。支配地域の拡大は、これを維持するための行政機構の整備・確立を必要とし、そのために原住民官吏の育成が急務とされ、原住民の教育制度が整えられるようになった。これには、一部の原住民のオランダ語による教育も含まれていた。中心的には一九世紀最後の四半世紀から二〇世紀最初の四半世紀にかけてのことである。東インドの経済は、何度かの不況期を除いて総じて景気がよく、スエズ運河がすでに開通していたこともあり、メッカに巡礼に出かける者、のちにはカイロでイスラームの教えを学ぶ者の数が増えていった。こうした人々のなかから、東インドでのオランダ式教育やヨーロッパへの留学経験を持つ世俗的知的エリートとは別に、宗教的指導者たちが生まれ、やがてイスラームを基盤とするナショナリズム運動を展開していくことになる。イスラームのナショナリズムについては、残念ながら本論文で触れることはない[*19]（このテーマはLaffan［2002］に詳しい）。

この時代はまた、アンダーソン流にいえば出版資本主義の発展期にあたり、ジャワを中心に多くの商業出版物が刊行された。東インドにおけるヴァーナキュラー（俗語）出版、具体的にはマレー語出版の発展と「インドネシア」意識の形成について研究したアフマット・b・アダムによると、一八五五年から一九一三年というインドネシアの初期から中期の出版資本主義発展期において、彼が研究対象として扱った定期刊行物のうち新聞だけでも九九紙を数える［Ahmat b. Adam 1995: 198-200］。うち七四パーセントはジャワで出版されたもので、ジャワでの出版点数が実際に多かっただけでなく、植民地行政の中心であり一九世紀末までは植民地経済の中心でもあったジャワのものが、結果的に多く収集され文書館に残されたためでもあると考えられる。一九一五年以降になると、その数は全国的かつ飛躍的に増えたことだろう。教育の浸透と識字率の向上により珍しい情報や読み物を求める人、さらには二〇世紀の新しい時代状況に刺激され出版媒体をとおして己の見聞や考えを表現したい人の増大があり、他方で汽船網と郵便制度の拡充が全国各地からの購読を可能にしたからである。[*20] さらに図1にみたような広告からの収入も、商業出版の拡大を経済的に支えたと思われる。出版資本主義の発展は、インドネシア語でパルティケレール（partikelir）と呼ばれる民間セクターにおける就業機会を拡大多様化し、オランダ式教育を受けた若者に植民地行政機構に依存しない職業選択の道を拓くものでもあった。ナショナリストの多くがジャーナリスト出身である背景には、このような社会経済状況が控えていたのである。

さて、本題の「インドネシア」という名づけの問題に入ろう。これについては、主として永積［1980］を参照しながら足早に振り返ることにする。ブディ・ウトモ（「最高の徳」）というジャワ語名を持つ団体が一九〇八年に設立され、これがインドネシアで最初の民族主義団体とみなされていることはすでに述べた。ジャワ志向を持つブディ・ウトモの設立は、東インドの原住民にもオランダ留学中の原住民にも、自らの組織化へ向けての刺激を与えるものだった。ある意味「コロンブスの卵」で、誰も考えなかったこと、誰も試みなかったことでも、ひとたび実際に示されれば当たり前のことになる、ということである。ただし、永積［1980: 第6章］がいう『インドネシア人』の発見」との関係で重要なのはオランダだった。というのも、東インドでは民族集団別ないし地域別、あるいは宗教に基づく組織化が起こる傾向にあったのに対して、出身地域・民族集団・宗教を異にしながらもオランダで共に学ぶ原住民留学生は、その総数が比較的限られ、留学先の学校を中心にお互いの日常的な接触も密で頻繁だったことから、自ずと「われわれ」はいったい何者なのか、「われわれ」に含まれるのは誰かとの問いを共有するようになったからである。また宗主国では限りなく小さな集団であった彼らは、オランダ人からすれば、民族集団、宗教などの違いは捨象され、つねに「原住民」とひとくくりにされる存在だった。

通常、「原住民」について議論する場合、オランダ語では inlander(s)、インドネシア語では boemi poetera (bumi putera) だと説明するだけで、それ以上の検討が加えられることはない。もっともなかには、註記なしに「原住民」はインドネシア語で pribumi（註＊22を参照）だと説明し、あたかもこの語がオランダ時代から一般的に使用されているかのような印象を与えるものもある。これでは以下に述べる重要な論点が見逃されてしまう。ここでは、東インドの留学生、ひいては東インドの住民を「十把ひとからげ」に認識することを可能にした「原住民」という言葉の来歴を考えてみたい。

「原住民」を意味するオランダ語の inlander は、一八四七年制定のオランダ領東インドの統治法とこれに代わる一八五四年制定の統治法における住民区分で、「ヨーロッパ人（Europeanen）」との対比で用いられ［吉田 2002］、おそらく一九世紀半ば以降、広く流通する端緒を得たと思われる。ただし深見［1997: 44–45］によれば、デ・ハーンの『旧バタヴィア』（F. de Haan, *Oud Batavia*, 1922）とブルンベルヘル［1996］に依拠したうえで、一七世紀から一八世紀の東インド会社時代には、inlander は uitlander（ヨーロッパから来た「外地の人」）との対比で「内地の人」の意味で使われており、それは現在理解されている内容と異なり、「原住民の子どもたち（Inlandsche kinderen）」「原住民キリスト教徒（Inlandsche Christenen）」などとも呼ばれたユーラシアン（印欧人）を指す言葉だったという。当時、東インド住民の区分は宗教に準拠しており［深見　1997：41］、また一八四七年の統治法においても「全てのキリスト教徒（alle Christenen）」は「ヨーロッパ人」と同等とみなされ、これには「土着の住民（Inlandsche bevolking）」も含まれたことから［吉田　2002: 127］、深見の挙げる「原住民キリスト教徒」は、キリスト教化された「土着の住民」も包摂していたと考えられる。ところが一八五四年の統治法では、東インドの住民は「民族籍（landaard）」ないし人種を基準に区別されるようになり、したがってキリスト教徒の「土着の住民」は「ヨーロッパ人」の区分から外れることになった［吉田　2002: 128–133; 深見　1997: 41–42］。

「原住民」inlander をめぐる錯綜した意味変化――この変化がどれだけ一般的だったかは別にして――を整理すると、住民区分の基準に宗教が用いられた東インド会社時代は、「ヨーロッパ人」内、ひいてはキリスト教徒内の区別が肝要であり、「純粋ヨーロッパ人」ではないキリスト教徒のユーラシアンや「土着の住民」を特定する意味で inlander が用いられた。宗教基準の採用は一八四七年の統治法も同じだが、重要なのは、オランダ統治地域の拡大過程で問題となったのは、「ヨーロッパ人」内の区別ではなく、「ヨーロッパ人」と「土着の住民」の区別であり、一八四七年統治法では後者が inlander と呼ばれるようになり、それがより確固としたものになったのが、宗教ではなく「民族籍」を住民区分に用いた一八五四年統治法だったのではないか、ということである。[*21]

それでは「原住民」のインドネシア語である boemi poetera はどうだろうか。「土地の子」「大地の子」を意味するこの語句が奇妙なのは、マレー語／インドネシア語の文法では一般に名詞＋形容語の語順なのが、それに反して形容語＋名詞だということだ。この変則的表現――これは次節で述べる Hindia Poetera という雑誌名にも該当する――の含意は、「おはよう」を意味するインドネシア語の Selamat Pagi が、その語順がオランダ語の Goedemorgen と同じでこの語の直訳であることを示唆するように（インドネシア語には「おはよう」のような挨拶語は元来存在しない）、boemi poetera も、inlander が統治法において「原住民」のオランダ語表現として定位されたのちに、この語の直訳として、それもサンスクリット由来の言葉を合わせ、法律にも使える文語的表現として作られたのではないだろうか（コーネル大学図書館検索システムで確認できる、この語をタイトルにもつ最も古い本は一八七七年刊行の農業指導書である）。Inlander の in は場所につく接頭辞、lander は、Neder-lander が低地の人、すなわちオランダ人を指すように、「土地の人」を意味すると考えられることから、boemi poetera は inlander の直訳だと理解してもおかしくない。そもそもマレー語には「ネイティブ」を意味する言葉として古くから anak negree［Bowrey 1701: 163］（この表現は Gelder［1892］のタイトルにもある）があり、オランダ語の inlander の意味も同じく anak (orang) negeri (boemi)［Mayer 1906: 445］と説明され、それぞれマレー語文法に適った語順であることを考えると、boemi poetera は新しい造語だとの印象が強まる。なお、メイヤーの辞書では同語の反復を避けたのか、boemi poetera のオランダ語訳として inboorling が当てられ、anak negeri, anak benoea を inboorling, inlander としている［Mayer 1906: 15, 62］。

比較のために述べると、植民地支配下で特定人口集団の呼称が意味変化を遂げる事例はほかにも存在し、Inlanders と興味深い対照を成すのが Filipino (s) である。「フィリピーノ」という言葉は、「半島人（peninsulares）」、すなわちイベリア半島生まれのスペイン人との対比で、フィリピン諸島生まれのスペイン人を意味した人を意味した（かつての uitlander に対する inlander に似ている）。「新世界」生まれのスペイン人「クリオーリョ（criollo）」に対してと同様に、半島人はフィリピーノを無教養な田舎者と馬鹿にし、本国への忠誠心の定かでない者としてうとんじた。一九世紀になると、インディオ（「原住民」）とスペイン人あるいは中国系住民との混血――両者は「メスティーソ」と呼ばれた――のなかから経済的に成功する者があらわれ、その子弟にはヨーロッパで教育を受ける者もおり、さらにこれらの成功者の多くがマニラに居を構えてお互いに交流するようになった。

こうした人びとが一八九〇年代に自らを「フィリピーノ」と呼ぶようになり、一九世紀末のフィリピン革命、世紀転換期のフィリピン＝アメリカ戦争を経て、現在理解されているような「フィリピン人」概念が形成されるに至った［Marlay 1992: 257］。二度の武力衝突はナショナリストのあいだに「フィリピン人」意識を高め、スペインからアメリカへの植民地権力の移行も「フィリピーノ」の「流用」を容易ならしめたと思われる。この事例では、「メスティーソ」や「原住民」より優位の人口区分が自らの名乗りに使われたのだが、これがフィリピン諸島に基づく「フィリピーノ」という固有名称ではなく、新世界におけるクリオーリョのように一般名称であったなら、このような名乗りは起こらなかっただろう。東インド原住民にとって一九世紀の〝inlander〟の問題は、ヨーロッパ人やユーラシアンよりも劣位にある人口区分であり、かつ一般名称だったことにあったといえる。

長い寄り道となった。肝心のオランダにおける原住民留学生の組織化の問題に戻ろう。ブディ・ウトモが設立された一九〇八年、留学生のうち二三人が「東インド協会」（Indische Vereniging）という親睦団体を立ち上げた。会則では、この組織はオランダで学ぶ東インド人（Indiërs）のためのものとされ、「東インド人」とは、実際にはオランダ領東インドの原住民を意味していた。紆余曲折はありながらも、東インドからの中国人留学生は「中華会」（チュンホワフイ）という別の組織に結集するのである。

東インド協会がメンバーの条件として通常の表現であるInlandersを用いず、オランダ語で「（東）インド人」を意味するIndiërsとしたのは、Inlandersに込められた侮蔑の意味を感じ取っていたからである。「土地の人間」がInlandersであるのなら、オランダにおいても、どうして東インドの人間は依然としてInlandersと呼ばれるのか。どうしてオランダ人が本国のInlandersではないのか。オランダ語によるとはいえ、また「東インド」という植民地の名称を用いているとはいえ、Indiërsという名のりは、原住民という見下された一般名称ではなく、誇りを持てる固有名称へと向かう道程の第一歩を画するものだった。永積がいうこの知的・政治的遍歴が、やがて「インドネシア」へと導くことになる。*22

8 「インドネシア」の発見

「インドネシア」という名称の由来についてここで簡単に触れておこう（以下については永積［1980: 第6–8章］以外に主としてAve［1989］を参照した）。この名称は、ギリシャ語でインドを意味するIndosと同じくギリシャ語で島を意味するnesos（複数形はnesia）から成る造語で、もともとは一八五〇年代半ばにシンガポールで出版された英文雑誌で紹介され、一九世紀後半に学界に広がるようになった。東インド諸島という地理的意味で用いられ、フィリピン諸島を含みつつ、ニューギニアはメラニシアの一部とされて、これには含まれなかった。一八八〇年代になるとオランダの比較言語学や民族学の分野でも用いる人があらわれ、その代表格がライデン大学で比較言語学を教えたケルン（H. Kern）と民族学を教えたウィルケン（G. A. Wilken）である。彼らはオランダ語のIndonesiëの地理的範囲に、オランダ領東インド、北ならびに北西ボルネオ、さらにはモルッカ諸島と歴史・文化的関係が深いとの理由で西ニューギニアを含めた。他方、言語・文化集団としてのIndonesiërsはこれより広く、Indonesiëに住む人々とフィリピン、マダガスカル、そして大陸東南アジアならびに台湾の少数民族の一部を含むとされた。[*23]

単語としてのIndonesiëとIndonesiërsを学界の外へと広めるうえで影響力があったのが、ライデン大学インド学科で東インドの植民地官吏候補生として、いわば「植民地学」としての「インド学」を勉強していたオランダ人学生だった。「インド学者同盟」という団体をつくり、『インド学者雑誌』という機関誌を発行していた彼らは、将来の任地先が地理的にはIndonesiëと呼ばれ、言語・民族学的にはIndonesiërsとくくられるものの一部、実際にはその中心的な部分と認識し、それらを将来の任地先の東インドと重ね合わせて理解するようになった。

一九一七年には、インド学者同盟は「インドネシア学徒連合」(Indonesisch Verbond van Studeerenden) という「オランダ領東インドに関係を持つオランダの諸団体」の連絡・調整機関の立ち上げを決議し、これには東インド協会も含まれていた。当然、在オランダ原住民留学生もこれらふたつの概念に親しんでおり、やがてそれは地理的・文化的くくりを示す単なる学問的概念を超えて政治的意味合いを持つようになるのである。

在オランダ原住民留学生の動向は、一九一三年の「筆禍事件」の結果、宗主国へと追放されたインドネシア・ナショナリズムの「三傑」がオランダに到着し、東インド協会に参加することによって大きな転機を迎えた。親睦組織から政治的指向を持つものへの転換である。協会は一九一六年に『ヒンディア・プトラ』(Hindia Poetera、インドネシア語で「東インドの息子たち」) という月刊機関誌の発行を開始し、スワルディがその編集主任を務めた。永積は、この機関誌を繰ることにより、いつごろ「インドネシア」という語が登場するようになったかを確認している。それは「インド学者同盟」の会合に招かれた東インド協会のメンバーによる講演においてで、そのなかで自分たちを「インドネシア人」、オランダ語で Indonesiërs と定位していた。「インドネシア学徒連合」設立が決議されたのは、おそらく同じ会合だっただろうと永積は推測している。一九一七年一一月のことである。

一九一四年に始まった第一次世界大戦は、潜在敵国・日本の脅威に対しどう対応するかという「東インド防衛問題」を前景化し、原住民を含む市民軍の創設が議論されるようになった。しかし、スワルディは『ヒンディア・プトラ』誌上で「権利なければ義務なし」との論陣を張り、市民軍創設に先立ち植民地議会が開設されることを要求した。大戦終了間近の一九一七年一〇月にはロシアで革命が勃発、一一月には、レーニン率いるソビエト政権が「平和に関する布告」を発表し、そのなかで全面的な民族自決を提案した。翌一九一八年には、アメリカのウィルソン大統領が「十四カ条の平和原則」を発表し、そのなかには民族自決条項が含まれていた。こうした動きは当然、在オランダの留学生に大きな政治的影響を与えたと考えられる。残念ながら『ヒンディア・プトラ』はこのころ刊行を止めていたこともあり、永積の研究では民族自決の影響は扱われていない。

インドネシア・ナショナリズムの思想と運動にかかわる複雑な歴史を無視するものだとの批判を覚悟のうえで、その後の東インド協会と「インドネシア」という名称の関係だけに注目すると、概略、次のような展開がみられた。第一次世界大戦後、オランダに渡る留学生が増え、一九二二年末に東インド協会の役員に世代交代が起こった。一九二三年一月に発表された新綱領では、自治を要求してオランダと戦うことが明記され、組織の名称も東インド協会からインドネシア協会（オランダ語の Indonesische Vereniging）に変更された。新たに復活した機関誌『ヒンディア・プトラ』（これは一時「インドネシア学徒連合」の機関誌に位置づけられた）の名前は一九二四年三月にはインドネシア語の『自由インドネシア』（Indonesia Meredeka）に改称され、一九二五年二月には組織自体の名前も、意味は同じながらオランダ語から自分たちの言葉による『プルヒンプナン・インドネシア』（Perhimpunan Indonesia）へと変更された。自分たちの言葉そのものもマレー語ではなく Bahasa Indonesia、インドネシア語と呼ぶとされたのである。[*24]

当然のことながら、政治的思想と運動はオランダと東インドを行き来する人や情報によって植民地にももたらされ、例のナショナリズムの「三傑」も一九二〇年のダウウェス・デッケルを最後にヨーロッパから東インドへと帰還した。一九二〇年代になると、「インドネシア」という名称は東インドの知識人のあいだでも意識されるようになった。その一例が、植民地法の改正に関係して一九二一年四月にフォルクスラート、植民地議会に提案された「オランダ領東インド」の「インドネシア」への改称である（「東インド防衛問題」にまつわる圧力もあり、植民地議会は一九一八年にオランダ領東インド総督の諮問機関としてバタヴィアに開設された）。改称提案は三人のオランダ人議員によりなされたもので、同様の提案がオランダ本国議会でなされる半年ほど前のことだった［Ave 1989: 226］（両提案とも採択されることはなかった）。一九一四年にオランダ人やユーラシアンにより結成された東インド社会民主主義協会（名称はオランダ語）は、一九二〇年に東インド共産主義同盟（名称はインドネシア語）へと改称され、さらに一九二四年になるとインドネシア共産党（Partai Komunis Indonesia）と名称を変更した。東インド社会民主主義協会時代と異なり執行部を占めたのはインドネシア人だった（インドネシア・ナショナリズムと社会主義、共産主義の関係については永積［1980: 第7章1、第8章1］を参照）。一九二七年にはスカルノが中心となり、当初インドネシア国民同盟、翌年にはインドネシア国民党（Partai Nasional Indonesia）と改称された組織を設立している。

一九二二年から二八年の六年のあいだに、ムハマッド・ヤミンが tanah air の理解をスマトラからインドネシアへと転換するに至る背景には、こうした政治的動きと認識の変化が存在していた。『インドネシア我が祖国』の終わりのほうで、ヤミンは次のように謳い上げる。

美しき海岸を後にせんとす
心地よき音を奏でつつ波が砕け散る場所を。
山も谷も渓谷も後にせん
われは旅立つ、同志とともに。
なんじ、無事ならんことを、我が祖国よ
我が胸、我が心につねにありしもの
その名はインドネシア、われ生まれしところ

ここでヤミンが後にしようとしているは、「タナ・アイル」の詩にみる地域主義であり、旅立ちによって向か

おうとしている先は「インドネシア」である。*25

ヤミンが『インドネシア我が祖国』を著した二日後、一九二八年一〇月二八日に、ヤミンもその草案作成に深くかかわった「青年の誓い」が、第二回インドネシア青年会議の閉会に際して読み上げられた。曰く、

一、われわれインドネシア青年男女は、ひとつの祖国、インドネシアという祖国をもつと表明します。
二、われわれインドネシア青年男女は、ひとつの民族、インドネシア民族であると表明します。
三、われわれインドネシア青年男女は、ひとつの統一言語、インドネシア語を尊重します。

かくしてかつての「東インド」は、「インドネシア」という独自の歴史と栄光、過去の英雄と将来生まれるであろう英雄を語るに値し、誇るに足る祖国の名称を手に入れることになった。

これまで議論してこなかったことに、「インドネシア人」は誰か、「インドネシア民族」に含まれるのは誰かという問いがある。永積［1980：第6章］がいう人種志向か領域志向かの問題である。領域志向とは、東インド／インドネシアに生まれた人は、原住民、ユーラシアン、中国人（華人）、あるいはオランダ人の別なく全てインドネシア民族として認める立場である。ユーラシアンのダウウェス・デッケルが東インド党の設立によって目指したのもこの立場だった。これに対して人種志向は、民族的・文化的にインドネシア固有の人種ないし民族の存在を認め、彼らのみをインドネシア民族とするものである。「青年の誓い」がいうBangsa Indonesia、「インドネシア民族」は、人種志向の立場に基づく。結果的にそれは、一八五四年統治法がInlanders、「原住民」として設定した東インドの住民区分と重なる。国家英雄のなかにはスティアブディ（旧名ダウウェス・デッケル）のような「元」ユーラシアンも例外的に含まれてはいるが、中国系インドネシア人は、インドネシア民族に含まれること

もなければ、国家英雄に列せられることもなかった。その意味で、本書のⅥ章で津田が紹介している、華人退役海軍少将ジョン・リーが、二〇〇九年に国家英雄として顕彰されたことは、いまだ唯一の事例とはいえ、画期的な出来事だった。

いまひとつ議論しなかったことに、ジャワのナショナリズムを志向するのか、東インドのナショナリズムを志向するのかがある。ジャワは歴史的・民族集団的・文化的に比較的明確なまとまりを持ち、オランダ植民地支配の長い歴史の結果、オランダがいう「文明化された」原住民が多く、また人口学的にも東インドの多数派集団を形成していた。ジャワのナショナリストのあいだには、設立後まもなくして顕現することになったブディ・ウトモのそれのように、ジャワ・ナショナリズムの潮流が存在した（「タナ・アイル」の詩にみるヤミンの心情は、ジャワ・ナショナリズムならぬスマトラ・ナショナリズムの表出である）。ジャワ人と一部のオランダ人知識人を巻き込んだジャワ・ナショナリズムと東インド・ナショナリズムの意見対立は、永積［1980: 第7章］が紹介している一九一八年刊のオランダ語の冊子『ジャワの民族主義か、東インドの民族主義か?』に明確な形であらわれている。

この対立は最終的に東インド・ナショナリズムに収束するわけだが、どうしてそうなったかについて、永積は検討を加えてはいない。要因は当然いくつかあろう。決定的に重要だったのは、マレー語の存在だったのではなかろうか。マレーの王（ラジャ）の宮廷を中心に宮廷文学などをとおして発展したみやびなマレー語とは別に、古くから海域東南アジアでリンガ・フランカとして話されていたバザール・マレーは、オランダ植民地支配の拡大とともに一八六〇年代に公式に行政用語に採用され、原住民の教育にも用いられるようになった［Paauw 2009: 3］。ほぼ同時期に、マレー語による商業出版も盛んとなってくる。さらに、先のナショナリズムのありかたをめぐるオランダ語冊子がスマランで刊行されたまさに同じ年に、開設されたばかりのフォルクスラート、植民地議会に、会議で用いる公用語にかかわる動議が原住民議員とオランダ人議員から提出された。内容はオランダ語とともにマレー語の採用で、投票の結果、公式の討論におけるオランダ語とマレー語の使用が認められることになった［永積 1980: 205–208］。マレー語の行政的政治的文化的位置づけが確立されていく現実の前で、ジャワ・ナショナリズムの主張は説得力を失わざるをえなかっただろう。ジャワ・ナショナリズムはジャワ語の使用を伴うものだからである。

一九二〇年代初頭までには「インドネシア」という名称がナショナリストのあいだで知られるようになり、「インドネシア人」意識の高まりや一九二五年のオランダにおける「インドネシア協会」の名のりと「インドネシア語」の名づけを経て、一九二八年の「青年の誓い」はオランダ語でもジャワ語でもない、ほかならぬ「インドネシア語」で宣言されたのである。[*26]

9　「国家英雄」以後

世界中を見回しても、インドネシアのように国家英雄を推戴するための制度を備えている国は、ほかに存在しないのではなかろうか。推戴制度の整備は多くの国家英雄の「生産」を予測させるもので、百数十人を超える国家英雄を有する国も、おそらくインドネシアを除いて世界には存在しない。どうしてこのような現象がインドネシアでは起こるのか。

国家英雄制度の存在は、これのみを考察対象に取り上げるのではなく、インドネシアにおける他の政治思想現象と関係づけて検討されるべき事柄である。たとえば「青年の誓い」から始まり、パンチャシラと呼ばれる独立五原則の存在、国のモットーとしてのビネカ・トゥンガルイカ「多様性のなかの統一」、インドネシアの東西の拡がりを示す定型句「サバンからムラウケまで」（実際にはインドネシア最西端から最東端の都市までの拡がりを示す）、インドネシア共和国連邦の解体後、インドネシア共和国は連邦制ではなく、ひとつの国であることを強調する Persatuan dan Kesatuan Negara（国の統一性と単一性）という表現、スハルト体制崩壊後のアチェ、リアウ、イリアン・ジャヤ（パプア）などにおける分離独立運動の出現を経て、改革期に掲げられるようになった Negara Kesatuan Republik Indonesia（略称ＮＫＲＩ）「単一国家インドネシア共和国」という標語等である。

これらの政治的スローガンが映すのは、国家統一、国民統合に対する強いこだわりであり、その実現に向けての強固な政治的意志の表明である。ある意味、偏執的ともいえるこだわりの元にあるのは、オランダ植民地期に発する、地理や歴史の授業を通じ、「世俗的巡礼」を通じ、オランダへの留学経験を通じ、最終的にはナショナリズムの組織活動を通じて、インドネシアのナショナリストたちが自覚するようになったインドネシア社会とインドネシア民族の多様性であり、それを前提としていかに国家と民族をまとめていくか、という難題だった。[*27]

前節で取り上げたジャワ・ナショナリズムか東インド・ナショナリズムかという対立も、突き詰めれば、お互いにインドネシアの社会的、民族的多様性を認識していればこその、進むべき方向性の違いだった。一九一八年に『ヒンディア・プトラ』に掲載された、北スラウェシ出身のナショナリスト、サム・ラトゥランギ（一八九〇―一九四九年）の言を引けば、「インドネシアの人々は人種と種族のモザイクから成る。文化的な基準を用いても同様の多様性を示す。なすべきことは、この多様性のなかにいかにして相互の統一性を維持していくかということだ」[Elson 2008: 38]。キリスト教徒のラトゥランギはオランダとスイスで教育を受け、帰国後は教師、次いで実業家となり、「インドネシア人」の権利獲得運動を推進した。一九六一年に国家英雄に推戴されている。一九四九年末に実際に独立が達成された後は、否、それ以前から、ラトゥランギが触れた課題は机上の知的作業ではなく、現実政治のなかで対処を必要とされる問題となった。一九四〇年代末から一九六〇年前後にかけて、共産党の蜂起やイスラーム国家樹立を目指す動き、スマトラやスラウェシで地方反乱が起こったことは、本章の冒頭で概観したとおりである。

インドネシアには多くの民族がみられるだけでなく、国民語としてのインドネシア語以外に様々な言語が存在する。宗教的にはムスリムが人口の九〇パーセント近くを占める一方で、キリスト教、仏教、ヒンドゥー教などを信仰する人々もいるというように、民族的・文化的に多次元の多様性に彩られている。[*28] この多様性の舞台は、東西の距離がアメリカ合衆国の長さを上回る五〇〇〇キロメートル以上、一万三〇〇〇とも一万八〇〇〇ともいわれる大小の島々とそれを囲む海域である。そこに二億五〇〇〇万を超す人々が生活している。換言すれば、世界第四位の多人口で、多島、多海域から構成される大きな国である。しかもこの国がひとつの政治単位として統治されたのはオランダ支配下の二〇世紀初頭のことにすぎず、多民族で地理的広がりの大きなもうひとつの「新興国」アメリカ合衆国と比べても、その歴史は格段と浅い。こう考えると、「インドネシア」という国の建設と国民統合がいかに困難なプロジェクトか想像できるだろう。国の統一を揺るがす出来事は、先に述べたように、一九九八年のスハルト体制崩壊後にも分離独立運動として発現した。「インドネシアは分裂するか」「次なるユーゴスラビアにあらず——インドネシア崩壊の見通し」「インドネシアは生き延びることができるか」といった刺激的なタイトルを持つ現状分析が、一九九九年から二〇〇〇年にかけて著されたように［Elson 2008: xxiii, n.1］、インドネシア研究者のあいだでもインドネシアの先行きは危惧された。しかし東ティモールの分離独立を除き、「インドネシア」は崩壊することも分裂することもなかった。このレジリエンス、耐久力・復元力はどこからくるのか。国家英雄と「インドネシア」のレジリエンスの関係はいかなるものなのか。

既述のように、インドネシアの最初の国家英雄は一九五九年に誕生した。「国家英雄」という制度は、先の政治的スローガンと同様、国家統一と国民統合のための政治的「工夫」である。最初の国家英雄の顕彰が一九五〇年代末であったことは、必ずしも偶然ではなかろう。この時代というのは、地方反乱などが一応終息に向かった一方で、一九五五年のインドネシア初の国政選挙により勢力の拮抗する四大政党が生まれ、安定多数の政権党が誕生しなかったこともあって、その後の政党政治は混乱をきわめ、連立内閣が組閣されては辞職するという事態が繰り返された時代である。この状況を克服するとして一九五九年九月、時の大統領スカルノは議会を解散し、議会制民主主義に代わる「指導される民主主義」の名の下で大統領権限が大きな一九四五年憲法に復帰、大統領が首相をも兼務する大統領内閣制を導入した。懸案だった地方行政制度の整備、たとえば三州しかなかったスマトラの州制度を整備し、独立国家の首都にふさわしい、いわば「スカルノのジャカルタ」——そのショーケースがモナス、独立記念塔だった——の建設計画を本格的に始動させた［加藤 1999］。オランダ時代はインドネシア民族もジャワ人も等しくバンサと呼ばれていたのが、この時代になると、スク・バンサないしスクというインドネシア民族の下位民族集団を指す言葉が発明され、インドネシア民族(これには依然として華人は含まれなかった)とジャワなどの下位民族集団の関係が概念的に整理された。[*29]

このように国家統一と国民統合のための「上部構造」が整備されるなか、独裁的な権力を握ったスカルノによって実施に移されたのが国家英雄制度である。この制度によって、インドネシア・ナショナリストの第二世代に属するスカルノは、自分よりも年上世代のナショナリストをインドネシア国民を代表して聖化・顕彰する高みに自らを置くことになった。

インドネシアの国家英雄が「多様性のなかの統一」のような政治的スローガンと異なるのは、これが拡大再生産可能なことと、「英雄」とされた具体的人物をとおして国家と地域をつなぐことが可能だということだ。政治的スローガンは中央から全国に向けて一様に伝えられる。その内容は、インドネシアのどこにいようと同じである。儀礼やメディア、教科書などをとおして同一メッセージが繰り返されることはあっても、その言い換えが拡大再生産されることはない。元のスローガンの価値を低減させるからだ。政治的スローガンが国家建設、国民統合のありかたや精神を抽象的に伝えるのに対して、インドネシアの特定地域を代表する国家英雄は、当該地域を具体的な人物をとおして「インドネシア」に取り込み、逆に「インドネシア」を当該地域に「分配」する。

取り込まれ、あるいは分配されるのは、地理的・政治的空間としての地域や「インドネシア」だけではない。「ナショナリズムの歴史」、より直截的には独立へ向けた「民族闘争の歴史」という時間も取り込まれ、あるいは分配される。これまで認定された国家英雄のなかで歴史的に一番古い人物は、一六世紀末に生まれたスルタン・アグン（一五九一―一六四五年）である。中部ジャワを中心としたマタラム王国の王スルタン・アグンは、バタヴィアに拠点を置いたオランダ東インド会社を攻撃した人として知られる。スルタン・アグン（一九七五年推戴）を嚆矢として、インドネシアの国家英雄は、基本的になんらかの形でオランダ権力ないしヨーロッパ権力とペンないし剣をもって戦った（とみなされた）人だということになる。逆にいえば、ムハマッド・ヤミンの詩にも登場するマジャパヒト王国の宰相ガジャ・マダは、王国の版図を最大にしたインドネシア史上の高名な英雄だが、ヨーロッパ勢力到来以前の一四世紀の事績だという理由からだろう、国家英雄の対象とはなっていない。*30　インドネシアの国家英雄制度は、「民族闘争」という「歴史的共有経験」に貢献した（とされる）具体的英雄をとおして、より正確には英雄の出身地と英雄が体現した「民族闘争」の事績をとおして、国家と広大な領土の多様な地域を空間的、時間的につなぐ。それも更新、拡大再生産可能な形でつなぐ。国家建設、国民統合のための「よくできた」政治的「工夫」だといえる。

10 「国家英雄」のゆくえ

序章で紹介されているように、インドネシアの国家英雄の列伝はファミリー・アルバムにたとえられることがある。インドネシアの民族ないし国民がひとつの大きな家族に擬せられることは珍しくない。国家統合の形として「家族的国家」(Negara Kekeluargaan)の理想が一九四五年憲法に反映されているとの指摘があり[Rasuanto 1999]、インドネシア・バンサはひとつの大きな家族だとの考え自体もスカルノの演説にみられる[Elson 2008: 181-182]。最近では二〇一六年のクリスマスをキリスト教徒の多い北スラウェシ州で住民と共に祝った際に、ジョコ・ウィドド大統領が伝えたメッセージにも家族のイメージがみられる。多様な宗教、民族集団、伝統、政治的背景にもかかわらず、インドネシアのバンサという大家族が、「多様性のなかの統一」の精神でひとつにまとまり、一緒にクリスマスを祝えることを感謝しよう、との内容である。[*31]

国家英雄列伝をファミリー・アルバムにたとえるのは、国家英雄を通じてできるだけ多くの民族・宗教集団や地域を家族のアルバムに載せよう、そのアルバムをめくることによって、多様な民族集団、地域がひとつの家族を構成していることを改めて認識しようではないか、ということである。一九七五年にジャカルタ郊外にオープンした「ミニチュア版〈うるわしのインドネシア〉公園」、略称タマン・ミニは、インドネシア各地の多様な文化や芸能の展示を中心とする広大なテーマパークだが、東南アジアの他地域における同様の試みが集客面においておおむね失敗に帰するなか、現在にいたるまで国内外から多くの観光客を集めている。二〇一五年二月にタマン・ミニの資料室で入手したデータによれば、二〇一〇年から二〇一四年にかけての年間入場者数は毎年四〇〇万を超え、平均すると四八〇万人超だった。インドネシア人にとってタマン・ミニ訪問が娯楽の対象になる理由のひとつは、戦前のナショナリストたちにすでにみられたように、自国の民族集団と地域文化の多様性に関する彼らの認識と関心が高いこと、同じ「家族」の他のメンバーについて、まがりなりにもなにか知りたいという好奇心の現れではないだろうか。

「国家英雄列伝」イコール「ファミリー・アルバム」論を最初に口にしたとされる歴史家のタウフィック・アブドゥラーから直接聞いたのは、ファミリー・アルバムに載せる写真は多ければ多いほどよい、国家英雄が推戴され、ファミリー・アルバムに当該英雄の写真が貼られることによって、英雄の出身地・出身民族集団はインドネシアという「大きな家族」に包摂され、家族の一員だとの認識と誇りを得ることができるのだ、とのことだった。しかし、この議論は、現実社会の家族が、まとまることもあれば仲違いして分裂することもあるように、諸刃の剣となりうる。

「大家族」としてのインドネシアの構成員はインドネシア国民全員だが、国家英雄のファミリー・アルバムが象徴する「家族」のメンバーは、国家英雄のリストに「出身州」(「推戴推薦州」に同じ)が明記されていることから、インドネシアに現存する三四州(と州が代表するそれぞれの地域住民ないし出身者)ということになる。このなかには、すでに家族の仲間入りを果たした地域、なかにはこれを複数回も果たした地域がある一方で、I章の東南スラウェシ州のように、いまだに家族に入れない州もある。状況が複雑なのは、推戴運動は州の下に位置する県や市からも立ち上げることが可能だということ、つまり県、市も国家英雄「家族」のメンバーだということだ。これもI章の事例が示すように、同じ州内の下位行政単位のあいだで国家英雄に推薦する対象が異なることは珍しくない。民族集団や文化、歴史に基づく多様性は、しばしば同一州内の県レベルにも存在するからだ。

現在インドネシアには、四〇〇を超える県と一〇〇前後の市(一州当たり平均して一五弱の県・市)が存在する。それも、県が二四九、市が六五だった一九九七年に比べて、その数が大きく増加しており、今後その増加率は減少しても、地方行政単位の分立は継続すると予想される。スハルト体制崩壊直後にみられた分離独立運動は影を潜めたとはいえ、同じ県出身者を優先的に当該県の公務員に雇う「地域の子」(putra daerah)という新たな慣行に代表される地域エゴイズムや、行政単位を分立して新しい州や県、市を立ち上げることができれば、中央から新行政単位実装のための財源を獲得でき、民族集団や文化的に近しい仲間同士で新たに公務員職を増やすことができるなど、分立への動機づけは強い［岡本 2015: 30-31, 33］。逆の側面からみれば、ファミリー・アルバムに入れないメンバーの数が増えるということであり——現在の約一七〇人の国家英雄が全て異なる県・市を代表していると仮定しても、六五パーセントのインドネシアの県・市は国家英雄を持っていない計算となる——、これは国家英雄推戴運動の活発化とその承認を促す圧力を高めることだろう。行政単位の分立と国家英雄の推戴は、国政選挙、地方選挙におけるアピール点のひとつになるからだ。州の分立と推戴運動の活発化の具体例は、Ⅵ章の註＊9で紹介されているバンテン州のケースにみることができる。

インドネシアの独立からすでに七〇年を経た今日、ナショナリズムにかかわった主要な人物はすでに国家英雄に列せられている。一九七五年の東ティモールへの侵攻以来、インドネシア国軍は外部勢力との戦闘に従事していない。つまり、国家英雄制度は候補者の枯渇の可能性に直面しており、国家英雄を生み出すような新たな軍事衝突も絶えて久しい。他方で、国家英雄推戴のインフレ圧力は増大し、おそらく当該州の人さえ知らないような、国家英雄の名にふさわしくない候補の推戴運動が続出するだろう。とくに行政単位の分立により新設される州や県・市は、どちらかというとインドネシアの民族闘争史において目だった役割を果たしていないと想像され、無名の凡庸な候補者しか推薦できない可能性が高い。こうした候補の推戴運動の成功は、国家英雄の価値を質的・量的におとしめかねない。推戴運動が失敗すればしたで、「家族」メンバーの不満が鬱積していく。推戴の推進役が州ではなく県・市の場合、それも分立して新たに形成された県・市である場合、住民の社会的・文化的同質性が高くなる傾向にあり［岡本 2015: 9-10］、それだけに国家英雄候補は県民・市民にとってより思い入れの強い人物だろうゆえに、推戴に失敗したときの失望感も大きいのではないだろうか。

ファミリー・アルバムを継続するにしろ、アルバムを閉じるにしろ、インドネシアの国家英雄制度は早晩大きな転換を迫られることだろう。ただし、六〇年近く続いている国の顕彰制度を公式に閉じようにも、その理由と閉じかたを考えるのは容易なことではない。はたしてこの新たな難題と向き合う政治的意志が存在するかである。

参考文献

Ahmat b. Adam　1995　*The Vernacular Press and the Emergence of Modern Indonesian Consciousness (1855–1913)*. Southeast Asia Program, Cornell University.

Anderson, Benedict 1998 *The Spectre of Comparisons: Nationalism, Southeast Asia and the World*. Verso.（2005『比較の亡霊』糟谷啓介・高地薫ほか訳　作品社）

アンダーソン、ベネディクト　2007『定本　想像の共同体——ナショナリズムの起源と流行』白石隆・白石さや訳　書籍工房早山

Arifin, Hassan Noel 1951 *Kamus-Besar Bahasa Indonesia*. Firma Oei Han Beng & H.N. Arifin.

Ave, J.　1989 "Indonesia, Insulinde and Nusantara: Dotting the is and crossing the t", *Bijdragen tot de Taal-, Land- en Volkenkunde* 145 (2/3): 220-234.

ブルンベルヘル、ペトルス（深見純生訳）1996「オランダ領東インドにおける印欧人の運動」『総合研究所紀要』（桃山学院大学）22(1): 55–81頁

Bowrey, Thomas　1701　*A Dictionary English and Malayo, Malayo and English*. S. Bridge.

Dewantara, Ki Hadjar 1952a "Als ik eens Nederlander was", in Ki Hadjar Dewantara *Dari Kebangsaan Nasional sampai Proklamasi Kemerdekaan, Kenang-kenangan Ki Hadjar Dewantara*. N.V. Pustaka, Penerbit "Endang", pp.250-255.

———1952b "Andai Aku Seorang Nederlander ……", in Ki Hadjar Dewantara *Dari Kebangsaan Nasional sampai Proklamasi Kemerdekaan, Kenang-kenangan Ki Hadjar Dewantara*. N.V. Pustaka, Penerbit "Endang", pp.256–262.

Echols, John M. and Hassan Shadily 1989 *An Indonesian-English Dictionary, Third Edition*. Cornell University Press.

Elson, R.E. 2008 *The Idea of Indonesia: A History*. Cambridge University Press.

深見純生 1997 「『印欧人』の社会政治史——血統主義と属地主義の相剋」『東南アジア研究』35(1): 31-54頁

Gelder, W. van 1892 *Dari Tanah Hindia Berkoeliling Boemi: Kitab Pengadjaran Ilmoe Boemi bagi Sekola*[*sic*] *Anak Negeri di Hindia-Nederland.* J.B. Wolters.

———1902 *Atlas Ketjil Hindia-Nederland, dengan Kitab Peta*. De Swart en Zoon.

Halkema, H. 1911(?) *Maleisch-Hollandsch en Hollandsch-Maleisch Handwoordenboek, met toelichting voor het gebruik van de Maleische woorden als zinsdeel* (2de Goedkoope Uitgave). G.Kolff & Co.

Haryono, Nur 2015 "Polemik Mahapatih Gajah Mada terkait dengan Provinsi Jawa Barat dan Pengusulan sebagai Pahlawan Nasional" (http://www.kompasiana.com/nur_haryono/polemik-mahapatih-gajah-mada-terkait-dengan-provinsi-jawa-barat-dan-pengusulan-sebagai-pahlawan-nasional_552c03ee6ea83489228b456a)（二〇一七年一月三〇日）

Iken, D. dan E. Harahap 1923 *Kitab Arti Logat Melajoe* (Tjetakan keempat kali). N.V. Boekhandel Visser & Co.

加藤剛 1993 「飼育されるエスニシティ」矢野暢（編）『講座・現代の地域研究第3巻 地域研究のフロンティア』153-192頁 弘文堂

———1999 「政治的意味空間の変容過程——植民地都市からナショナル・キャピタルへ」坪内良博（編）『〈総合的地域研究〉を求めて——東南アジア像を手がかりに』 163-259頁 京都大学学術出版会

———2004 「現代インドネシアの文化政策と地域アイデンティティ——リアウ州のムラユ化の政治過程」加

藤剛（編著）『変容する東南アジア社会――民族・宗教・文化の動態』 371-459頁 めこん

Klinkert, H. C. 1916 *Nieuw Maleisch-Nederlandsch Woordenboek, met Arabisch Karakter* (Derde verbeterde en vermeerderde druk). E.J. Brill.

Laffan, Michael Francis 2002 *Islamic Nationhood and Colonial Indonesia: The Umma below the Winds*. Routledge.

Mahayana, Maman S. 2010 “Muhammad Yamin: Perintis Persatuan Keindonesiaan” (http://sastra-indonesia.com/2010/04/muhammad-yamin-perintis-persatuan-keindonesiaan/)（二〇一七年一月五日参照）

Marlay, Ross 1992 “Filipinos”, in James S. Olson et al. (eds.) *Historical Dictionary of the Spanish Empire, 1402-1975*. Greenwood Press. p.256.

Marsden, William 1984(1812) *A Dictionary and Grammar of the Malay Language, Volume One*. Oxford University Press.

松村智雄 2016「9・30事件とサラワク独立政体の挫折」『アジア太平洋討究』26: 53-79頁

Mayer, L.Th. 1906 *Practisch Maleisch-Hollandsch en Hollandsch-Maleisch Handwoordenboek, benevens kort begrip der Maleische woordvorming en spraakleer* (Vijfde druk). G.C.T. van Dorp & Co.

Monier-Williams, Monier 1964 *A Sanskrit-English Dictionary*. Clarendon Press.

ムルタトゥーリ 2003『マックス・ハーフェラール――もしくはオランダ商事会社のコーヒー競売』 めこん

永積昭 1980『インドネシア民族意識の形成』東京大学出版会

岡本正明 2015『暴力と適応の政治学――インドネシア民主化と地方政治の安定』 京都大学学術出版会

Paauw, Scott 2009 “One Land, One Nation, One Language: An Analysis of Indonesia’s National Language Policy”, in H. Lehnert-LeHouillier and A.B. Fine (eds.) *University of Rochester Working Papers in the Language Sciences* 5(1): 2-16.（https://www.rochester.edu/college/cls/assets/pdf/working/Paauw.pdf）（二〇一七年一月五日参照）

Rasuanto, Bur 1999 “Negara Kekeluargaan: Soepomo Vs. Hatta”（http://jodisantoso.blogspot.my/2011/08/negara-kekeluargaan-soepomo-vs-hatta.html）（二〇一七年二月一日参照）

貞好康志 2016『華人のインドネシア現代史――はるかな国民統合への道』 木犀社

Sas, Tom　2013　"Nationale eenheid creëren in woelige tijden: De viering van 100 jaar Koninkrijk der Nederlanden 1813-1913", *Acta Historica* 2(5): 19-25, Leiden University Institute for History（http://actahistorica.nl/publication/view/acta-historica-jaargang-2-nummer-5-2013/）（二〇一六年一二月二八日参照）

尚学図書編　1981『国語大辞典』小学館

Swettenham, Frank　1908　*Vocabulary of the English and Malay Languages*, Vol. II Malay-English. Kelly & Walsh.

土屋健治　1977「『原住民委員会』をめぐる諸問題――支配と抵抗の様式に関連して」『東南アジア研究』15(2): 131-152頁

――1991「ブディ・ウトモ」石井米雄（監修）『インドネシアの事典』378-379頁　同朋舎

Wilkinson, R. J.　1932　*A Malay-English dictionary (romanized)*, pt. 1: A-K, pt. 2: L-Z. Salavopoulos and Kinderlis Art-Printers.

――1985(1903)　*Kamus-Jawi-Melayu-Inggeris*. Penerbit Baharudinjoha.

Yamin, Muhammad　1951　*Indonesia Tumpah Darahku*. N.V. Pustaka.

吉田信　2002「オランダ植民地統治と法の支配――統治法一〇九条による『ヨーロッパ人』と『原住民』の創出」『東南アジア研究』40(2): 115-140頁

Zain, Sutan Mohammad　1960　*Kamus Moderen Bahasa Indonesia*. Grafica.

註

＊1――ランプン州と同様に、独立後にリアウ州が誕生した経緯については加藤［2004］を参照。

＊2――一八七三年から始まったアチェ王国とオランダとの戦争が、最終的にオランダの勝利により終結したのが一九〇四年、さらにバリ島の諸王国が全て制圧されたのが一九〇八年というように、インドネシア共和国に引き継がれたオランダ領東インドの成立は、実際には第一次世界大戦前のことであり、それより二〇年ほど前にインドネシア語による地理教科書がすでに刊行されていたのは驚きである。当然といえば当然だが、地理教科書にはこうした政治状況に関する説明はいっさいない。なお第二次世界大戦以前、オランダは「インドネシア」と

いう呼称を認めなかったことから、原住民相手に行政用語・教育用語としてオランダが用いた言葉はマレー語と呼ばれた。

＊3――――スマトラ島の原住民はムラユ族とバタック族に二分類され、わずかに言語の面で〔西スマトラ州の〕「上パダン理事州の住民はムラユ・ミナンカバウ語を話す」と特記されているだけである。アリフル（Alifoeroe）とはアルフル（Alfur）のことで、ポルトガル海上帝国時代に使われた言葉であり、東南アジア海域世界のうち、東部地域の内陸部に住むイスラーム教徒でもキリスト教徒でもない人々を指すとされる（https://en.wikipedia.org/wiki/Alfur_people）。上の記述で「族」は bangsa を、「人（じん）」は orang を訳したものである。

＊4――――一九二二年から三〇年ごろにかけて刊行された『ビンタン・ヒンディア』の表紙は、実際には何回か変更されている。図2は刊行後四年目のもので、おそらく初期の表紙のひとつである。全ての号をチェックできたわけではないが、翌年のものはこれとは異なり、真ん中に星が配されてはいるものの、東インドの地理的版図の理解が広まったということか、もはや、星の中に地図はみられない。その代わりに星の下には、背景に山並みと雲がみえ、その手前には田んぼが描かれている。一番手前にあるのは、山肌を切り開いて通された道路である。二〇世紀初頭のキーワードのひとつ、「進歩」（kemadjuan）が農村部にも広がることを象徴しているのだろう。その後、刊行八年目の一九二九年の題字部分からは図象は姿を消し、Bintang Hindia という文字だけが配されている。雑誌の題字に図象を用いることは、定期刊行物にふさわしくないと考えられるようになったのかもしれない。なお「ビンタン」、星は一九世紀半ばに始まるマレー語による定期刊行物の名称によくみられたもので、最初期の例に Bintang Oetara（北極星）、Bintang Timor（明けの明星）、Bintang Barat（宵の明星）があることから [Ahmat b. Adam 1995: 198]、読者に対して見上げるべき方向を示すもの、あるいは情報発信源の象徴として好まれたものと思われる。

＊5――――以下の記述は多くを土屋［1977］に負っている。なお土屋と同様に、わたしも原文を手に入れることができず、参照したのはデワントロ（スワルディの改名後の名前）の論文集に再録されたものである［Dewantara 1952a: 250-255; 1952b: 256-262］。なお、アンダーソン［2007: 220、注（5）］によると、スワルディの論考は最初に後述の『デ・エクスプレス』紙に掲載され、次いでインドネシア語訳が現地語新聞に掲載されたという。

＊6――――アンダーソンの著書は邦訳では『比較の亡霊』となっている。本章では原題の“of”を所有格ではな

く同格と捉え、比較という妖怪が、目にはみえないながらも恐ろしい力を振るうことを意味していると理解した。

＊7——以下、本章でのインドネシア語の綴りは、基本的に原典に沿い、古い綴りが使われている場合にはそれに倣っている。〝bumi putera〟は原典のままの綴りで、本来の旧綴りは〝boemi poet(e)ra〟である。〝djadjah〟は動詞、〝pendjadjahan〟は名詞である。

＊8——ここで数えたもの以外に、オランダは一〇〇年前に「外国支配」（オランダ語 vreemde heerschappij、インドネシア語 penguasa asing）から解放された（オランダ語 verlost werden、インドネシア語 dimerdekakan）との表現が一箇所ある。

＊9——先の引用文で「ネーションになろう」と訳した部分のインドネシア語は mendjadi bangsa である。オランダ語では is zich te vormen で、土屋は「自らを組織しはじめ」と訳している［土屋 1977: 150］。おそらくスワルディと訳者アブドゥル・ムイスの脳裏には、ブディ・ウトモの設立にみられるように、二〇世紀初頭に始まる原住民知識人を中心とする組織化の動きがあり、それらをネーション形成の萌芽と捉えたものと考えられる。

＊10——これら二例以外の他の五例では、オランダの「独立」を意味する onafhankelijkheid が kemerdekaan bangsa（民族の独立）として出てくる例がふたつ、もうふたつは原住民の立場から原住民について触れたもので、ひとつは「文明化した原住民」の訳、もうひとつは het volk van Indië（東インドの民）を「オランダの臣民たる bangsaku」（ku は一人称の所有格）と訳したものである。残る一例は註＊9にみられるものである。

＊11——「父国」の訳としての「祖国」は全て原住民の立場から使われたもので、オランダ人にとってのオランダに対して二回、原住民にとっての東インドに対して一回使用され、「生国」の訳はオランダ人の立場から原住民にとっての東インドの意味で用いられている。深読みすれば、オランダ人の立場からすれば、東インドは原住民の「生国」であって「父国」ではないと示唆しているように理解できる。

＊12——tanah ayer, tanah ajar と綴りが違うのは、正書法がまだ定まっていなかったからで、とくにイギリス支配下のマラヤとオランダ支配下の東インドでは、マレー語／インドネシア語の発音そのものも微妙に異なっていた（現在も異なっている）からである。

＊13——ハルケマの辞書の初版は一九〇九年で、参照したものには廉価版第二版とあり、一九一一年刊と思われる。クリンケルトの初版は一八九三年で、一九〇一年に第二版が出ており、参照したものは一九一六年刊の

第三版増補補正版である。これら版にかかわる情報を得るにあたっては、コーネル大学図書館経由の検索システム（http://cornell.worldcat.org/）を利用した。クリンケルトが挙げているlandsdoweというオランダ語の意味、とくにdouweの意味は辞書などで確認することはできなかった。なお、ウィルキンソンもクリンケルトも、tanah ayer ないし tanah-ajar の文章例がみられるものとして、マレー半島でラッフルズ等のイギリス人植民地官僚に仕えたアブドゥッラー・ムンシ（一七九七―一八五四年）の自伝『アブドゥッラー物語』と『アブドゥッラー航海記』（*Pelajaran Abdoellah ka Klantan* [*sic*] *enz.*）をそれぞれ別々に挙げている。ただし tanah-ajar を「祖国、vaderland」とするのはあくまでも二〇世紀になってからのオランダ語訳に違いなく、国家よりも王（ラジャやスルタン）が重要であった一九世紀前半刊行の『アブドゥッラー航海記』において、これが「祖国」を意味していたとは考えにくい。

＊14――ここでは tempat toempah darah の用例が、『アブドゥッラー物語』にあるとされているが、その箇所はウィルキンソンが指摘している tanah ayer の用例とは異なる箇所である。

＊15――これは既述の同名週刊誌とは異なるものである。本書の他章で論じられているように、bangsa は国民とも民族とも翻訳可能である。ここでは、インドネシアという国家はいまだ存在しない時代のことゆえ、「民族」という訳を当てた。日刊であるリファイの『ビンタン・ヒンディア』紙上での bangsa の意味は「東インド民族」（bangsa Hindia）のことである［Laffan 2002: 99］。

＊16――詳しくは、Mahayana［2010］を参照。マハヤナは本章で取り上げているふたつの詩以外に、ヤミンの詩を複数採録し検討している。

＊17――日本語の「祖国」は明治維新後の造語ないし訳語であろうか、近代的意味での「国」が強調されている。それに対してオランダ語の「父国」、英語の「母国」では「土地」を意味するlandが使われ、インドネシア語はこれを踏襲したのか（東インド「国」は Tanah Hindia と表現される）、tanah で「国」を意味することが可能である。

＊18――ここで取り上げたヤミンの三つの詩と、インドネシア文学ならびにインドネシア・ナショナリズムにおけるヤミンの詩作の位置づけについては、Mahayana［2010］を参照。付言すると、ふたつの「タナ・アイル」の詩においてもオランダ植民地支配への言及やオランダ語の使用はない。同じことは一九二一年の詩「言葉、民族（Bahasa, Bangsa）」にも該当する。

＊19――イスラームとナショナリズムの関係は、国民国家を超えたウンマ（イスラーム共同体）とネーションに基づく国家の枠組みとのあいだの緊張をつねにはらむ。この点で興味深いのは、インドネシアの「イスラーム的」被り物の象徴性である。トルコ帽を模したと思われるソンコないしペチと呼ばれる黒いフェルト製の帽子は、つばがないことから、メッカを向いての礼拝時に額を床につけるムスリムにとって便利な帽子であり、同時に植民地期には、より広くインドネシアの民族帽的位置づけを受けるようになった。一九三〇年代の雑誌に、「自動車」印の「インドネシア・ペチ」店の広告があり、広告のなかの男性がポマードをなでつけたような髪型をし、他の一人が革靴を履き、背広姿であるように、ペチは「近代性」の象徴でもあった［加藤 1993: 168-172］。ペチは、ウンマに配慮したインドネシア的ナショナリズムのありかたを象徴しているように思う。マレーシアにもペチは存在する。戦前のペチの縫製職人や商人はほとんどがインドネシア人、とくにミナンカバウ人で、ペチはインドネシアからマレー半島に渡ったか、少なくともインドネシア人によって一般化された可能性が高い。

＊20――「もし私がオランダ人であったなら」のインドネシア語訳をしたアブドゥル・ムイスの手になるものに、植民地時代に書かれた有名な小説 *Salah Asuhan*（邦訳『教育を間違えて』）がある。一九二八年に出版された小説には、主人公のハナフィとコリーが、定期講読誌を家に届けてくれる郵便配達夫の到来を、今か今かと心待ちにする情景が描かれている。

＊21――Inlander とその形容詞 inlandsch(e) 以外に、「原住民」を表わすオランダ語には、オランダ議会で統治法を議論した記録からほかにふたつ存在したことが知られる。これを吉田は「土着の住民（inheemsche bevolking）」と「生来の者（inboorlingen）」と訳し分けている［吉田 2002: 121, 123］。このうち、inheems(che) は形容詞で inheemsen「土着の人間」という名詞形は一般的ではないこと（通常のオランダ語辞書にはみられない）、inboorlingen は文字どおりに解釈すると東インド生まれのオランダ人も含むことなどが、inlander に比べ、いわいる「原住民」を意味するうえでの難点といえる。ただし inheems も inboorlingen（inboorling の複数）も一九世紀半ば以降使用されなくなったわけではなく、とくに後者は「もし私がオランダ人であったなら」のオランダ語版に inlander の六回に対して三回出てくるというように、inlander と互換性のある言葉の位置づけを維持したようである。これらの点を含め、「原住民」をめぐるオランダ語表現については、吉田信氏（福岡女子大学）から直接多くの示唆を受けたが、ここで記したことに対する責任は筆者にある。

＊22――Inlander と同様に boemi poetera も侮蔑的表現とされたためだろう、独立後のインドネシアでこの語が用いられることはなく、代わりにジャワ語で土地を意味するプリブミが用いられるようになった。ただし Arifin [1951] や Zain [1960] にこの語はみられず、わずかに後者で bumi の下に bumi putra が置かれ、anak negeri または pribumi と説明している。なお「ブミプトラ」(通常一語)という言葉はマレーシアでも知られ、インドネシアと同様に「土地の子」を意味するが、前出のウィルキンソンの辞書やスウェトナムの辞書 [Swettenham 1908] にこの語はみられない。前者の改定版には存在し、Natives of a country, sons of the soil とされ、その例文がバタビア出版の本にあるとしている [Wilkinson 1932: 165]。マレーシアの「ブミプトラ」はサンスクリット由来とされるが (https://en.wikipedia.org/wiki/Bumiputera_(Malaysia))、『サンスクリット＝英語辞書』に bhūmiputra はあっても、その意味は 'earth-son', the planet Mars であり [Monier-Williams 1964: 763]、サンスクリット文献に詳しい青山亨氏(東京外国語大学)のご教示でも、辞書に「火星」と「〔王の〕人名」がみられるが、それ以外の用例はなく、bhūmiputra を「大地の子」と理解することは可能でも、一般的な用例ではないだろうとのことだった。いずれにしてもマレーシアの「ブミプトラ」に侮蔑的意味はない。

＊23――ここでは詳しく述べないが、ウィルケンの定義はヤミンの『インドネシア我が祖国』にも影響を与えていると思われる。インドネシアの栄光を語る部分で、長詩にはマレーシアのハン・トゥアと並んでフィリピンの「国民的英雄」ホセ・リサールやマダガスカルの名前も出てくるからである。陸域世界と異なり海域世界、とくに蒸気船が就航したあとの海域世界では、遠く離れた地域との関係を海を介して想像することがたやすくなり、この状況はヤミンの詩にも影響を与えたと思われる。『インドネシア我が祖国』の重要モチーフのひとつは、海と海岸の美しさを謳うことである。

＊24――アフェの研究では、オランダ語の「インドネシア協会」への名称変更が一九二二年(おそらく年末の新協会役員の選出と連動していた)、雑誌名の『自由インドネシア』への改称が一九二三年、そしてインドネシア語による組織名称の採用が一九二四年である [Ave 1989: 226]。

＊25――インドネシア語の旧綴り原文は、Tinggallah pantai tanah jang permai/ Tempat gelombang petjah berderai;/ Tiggallah gunung lembah dan ngarai/ Hamba berdjalan, handai dan taulan;/ Selamatlah kamu tanah airku/ Terikat dihati, buah djantungku/ Indonesia namanja, tempat lahirku [Yamin 1951: 39]。詩の解釈について

は、アンダラス大学文化学部教授グスティ・アスナン氏のご教示を得た。

＊26――「青年の誓い」をめぐる言説史は実はきわめて複雑である。一例を挙げると、「青年の誓い」がインドネシア語でSumpah Pemuda（青年の聖なる誓い）と定型化されたのはおそらくスハルト時代である。詳しくは加藤［1993: 178–180］を参照。

＊27――多様性の認識にはインドネシアの国土の形と首都の位置も重要だと考えられる。島嶼国家インドネシアは、陸域国家と異なり、カリマンタンを除き外縁を海で区切られ、東西に広がる多様な形とサイズの島々から成る。これらの島々では、異なる民族集団が「棲み分け」をしている。目の輪郭が横長な人間にとって全体を認識しやすい布置である（目の輪郭の意味については http://www.kyoto-u.ac.jp/ja/tokyo-office/event/documents/053.pdf を参照）。政治経済的に重要なジャワと首都のジャカルタが東西の拡がりの中心に位置していることも、全体を見渡し多様性の空間的分布を把握するのを助ける。もうひとつの島嶼国家フィリピンが南北に拡がり、かつ首都のマニラが北に偏しているのと対照的である。

＊28――ムスリムが人口の六〇パーセントほどである隣国マレーシアは、イスラームを国教としているのに対して、ムスリム人口が圧倒的多数のインドネシアにはそのような定めはなく、ウンマとしての統一よりも国民国家としての統一が優先されていることが分かる。ただしこれを不満とする人たちがいることは、イスラーム国家樹立の試みに見て取ることができる。

＊29――長いことインドネシアでは、バンサからもスクからも外れた「華人」を集合的に呼ぶ術がなかった。スハルト政権崩壊後の改革期になってetnis（おそらくオランダ語起源でエスニックないしエスニック・グループ）という言葉が使われるようになり、華人もetnis Tionghoaと集合的に呼ぶことが可能になった。ウィキペディア・インドネシア語版の「インドネシア華人（Tionghoa-Indonesia）」の項目でも（https://id.wikipedia.org/wiki/Tionghoa-Indonesia）、華人はインドネシアのetnisのひとつだとの説明があり、二〇〇六年の国籍法の改正によりインドネシア国家の枠内における一スクに分類されると付言している（国籍法改正を含むインドネシア華人が置かれた歴史的状況の変化については貞好［2016］を参照）。興味深いことに、「九月三〇日事件」を共産党によるクーデターだとしたスハルト政権は、華人をひとつの主要攻撃対象に据え、彼らを集合的に捉える必要があったからだろう、一九六七年に西カリマンタンでシリワンギ師団を率いたウィトノ・サルソノが記した軍の内部文

書で、軍が展開した地域の華人をetnisと表現している［松村 2016: 74］。軍が弾圧のターゲットの同定に用いた用語が、改革期の一般的用語として表に登場したことになる。わたしがetnisの使用に最初に気づいたのは、リアウ州でフィールド調査をしていた二〇〇〇年代初頭のことだったと思う。調査地への到着を州警察の華人・外国人担当の部署に伝えるべく出頭した際、事務所の白板に、従来のＷＮＩ（文字どおりにはインドネシア国籍者だが、実際はインドネシア国籍華人を指す）の代わりにetnis Tionghoaの字と人口数が記されていた。Etnisは、有名なエコルスとシャディリの『インドネシア語＝英語辞書』第三版［Echols and Shadily 1989］にも採録されてはいないが、華人の集合的認識のために軍や警察では以前から使用されていたのかもしれない。

＊30――この点でやや不可解なのは、アチェ王国の版図拡大に功績のあったイスカンダル・ムダ（一五九三―一六三六年）が、一九九三年に国家英雄に推戴されたことだ。インドネシア内の「植民地勢力」と戦った形跡がないからである。おそらく、己の勢力拡大を目指してポルトガル領マラッカを一六二九年に攻撃していることが、「民族闘争」の一環として認められたのだろう。ちなみに、一六世紀生まれの国家英雄は、スルタン・アグンとイスカンダル・ムダだけである。なお、ガジャ・マダが国家英雄に推戴されない理由は、言い掛かりをもってガジャ・マダに攻撃されたスンダ王国の所在地、西ジャワ州が推戴に反対だからだとする意見については、Haryono［2015］を参照。

＊31――http://www.setneg.go.id/index.php?option=com_content&task=view&id=12971&Itemid=55（二〇一七年二月一日参照）。

あとがき

本書は、平成二四～二六年度に実施した国立民族学博物館若手共同研究「『国家英雄』から見るインドネシアの地方と民族の生成と再生」（代表／津田浩司）の成果の一端である。共同研究会は、インドネシアを主なフィールドとし、文化・社会人類学、政治学、歴史学、開発など多様な領域を専門とする一三人の「若手（少なくとも会の発足当時は）」研究者によって結成された。研究会では、参加者の多角的な視座と、その研究の幅広い時間的スコープを武器に、「国家英雄」という共通のテーマに対してアプローチした。概要については、末尾の研究会実施記録にまとめたとおりである。

ところで、そもそも本書の議論の基礎である上記の共同研究会を組織するにいたったきっかけは、私たちがインドネシアや日本などでのそれまでの研究生活の折々に感じながらも、あえて考察の中心にはすえずにきた、「国家英雄」にかかわるいくつかの「違和感」にも似た気づきにある。それは、一一月一〇日の「英雄の日」ごとに認定される、新たな国家英雄の顔ぶれについて大きく取り上げる現地の報道に触れるたびに喚起され、あるいは、現地の書店で、多数の分厚い「英雄百科事典」が平積みにされている様や、おびただしい数の国家英雄たちの肖像が豆粒のように並んだポスターが売られているのを目にしたときに感じた、かすかな違和感であったといえる。

「英雄」と呼びうる――たいていはごく少数の――人物を擁する国や社会は世界中にあまたと存在し、

そうした人物の「像」というと、たとえば旧社会主義圏の諸社会の中央広場にすえられたスターリン像や北京の天安門広場の毛沢東の肖像などが真っ先に思い浮かぶかもしれない。これに対して、インドネシアの「英雄たち」について私たちが抱いた「違和感」の正体は、英雄の圧倒的な数の多さと、国家の独立宣言から七〇年あまりが経ち、前世紀末のスハルト中央集権体制崩壊から一転して民主化へと舵を切り、それが一定程度達成された今日にいたってもなお毎年のように新たな英雄が誕生しているという一見ちぐはぐな状況のなかにあった。このような見地からあらためてフィールドを見渡してみると、今日インドネシアの市井に生きる人々にとって、たしかに国家英雄はいつでも日々の生活の関心事の中心を占める対象ではない。だがやはり、「英雄の日」がくると、その年に認定された英雄のニュースは少なからぬ関心をもって受け止められ、国家英雄制度はマスコミの報道もあいまって、すでに認定された英雄たちの偉業とナショナリズムを喚起する装置として着実に機能しているようだ。そして現に複数の地方社会で、英雄認定をめざす運動がひきもきらず展開されている。こうした意味で、研究会のメンバーの多くが、インドネシアの人々と極めて近い位置から、リアルタイムで英雄の存在を感じ、その誕生の瞬間に接してきたといえる。

このような、当初は漠たる違和感は、やがて二〇〇〇年代に入って地方分権化が本格的に進展したころから、地方の空港や道路の名称が当地の英雄のそれに変更されたり、目抜き通り沿いにその銅像が建立されたりする社会的景観の変化をあちこちで目の当たりにするなかで、確かな研究関心へと変わっていった。国民創設期に誕生した国家英雄とはどのような制度で、今日なお人々をひきつけ、認定運動へと突き動かす要因はいったい何か。こうして、国家英雄を中心にすえた考察がスタートした。

結成された共同研究会では、現在進行中の英雄の誕生という現象と、その背景となる中央と地方の社会政治状況や制度そのものの分析から始まり、インドネシア史のなかで国家英雄制度が担ってきた役割と意義の変遷を精査していった。やがて考察は、当初の想定をはるかに越えた広範なテーマへと展開していき、広大な地理的範域に絶対多数派を欠く千を超える民族集団を擁するインドネシア国家における、国民創設、国民統合を経て現在にいたる歴史的歩みを再考する好機となった。本書をとおして示したとおり、国家英雄を新たに見つけ出し認定することは、現在もインドネシアの国民＝民族《バンサ》を動員しながら進行中のプロジェクトである。本書の刊行にあたっては、その動態を歴史的視座からとらえ直し成果を可及的速やかに公開したいという思いを共有する有志が集まり、相互に草稿を批評しながら推敲を重ねた。さらに本書の執筆者を中心に組織した二つの学会の研究大会での分科会発表（末尾の資料参照）では、事前に発表原稿の入念な検討会を行い、発表当日はインドネシアの専門家のみならず、必ずしも同地域を研究対象としないかたがたからも数々の有益なコメントを得た。それらは、ナショナリズムや国民統合、そしてその過程でなされる歴史や文化の構築について、インドネシアという地域的枠組みを越えて考究するための概念の精緻化や議論の深化の貴重な糧となった。また本書では、前述の共同研究会にもゲスト・スピーカーとして参加したファジャール・イブヌ・トゥファイル（Fadjar Ibnu Thufail、インドネシア科学院）氏と、共同研究会および日本文化人類学会研究大会の分科会にコメンテーターとして参加した加藤剛（京都大学）氏にも、執筆に加わってもらうことができた。前者の論考は、インドネシア社会ではすでに「英雄」としてプロトタイプ化したイメージで語られる人物のまた別の主体としての側面に光を当て、また後者は、多民族集団からなるこの国が英雄を必要としてきた、そのオブセッションの背景を歴史的視点から解き明かすことで、本書の議論にさらなる多面性と歴史的奥行きを与えてくれていよう。

なお、本書の刊行は、費用の一部を北九州市立大学による平成二八年度学長選考型研究費B（出版助成）の助成をうけることで可能になった。記して感謝申し上げる。また、出版費用の一応の見通しがたち、計画が具体化してから刊行までが一年足らずという極めてタイトなスケジュールだったにもかかわらず、本書を世に出すことの意義を認め、常に懇切かつ的確に編集作業を進めてくださった木犀社の関宏子氏と遠藤真広氏に篤くお礼申し上げたい。

序章で触れた桜井由躬雄の見立てによると、アジアの諸社会では、西洋列強による植民地化から脱し、独立したのちも、内政、外交不安や貧困にあえいだ一九六〇年代にいたるまで、その時々にナショナリズムや国家建設を牽引する「英雄」が希求されてきた。やがて一定の政治経済的安定が達成された一九七〇〜八〇年代以降は、英雄不要の時代となったという。他方で、かのナポレオンいわく、社会が漠然とした不安に包まれるとき、社会は救世主を希求し英雄を生み出す。今日、世界の各地で個性を放つ首脳が登場し、ある者は国内の腐敗の払拭のために辣腕をふるい、またある者は国際社会の連携よりも自国の利益を最優先させる保護主義を推進しはじめている。世界は、英雄不在の時代の延長線上にあるとみるべきか、それとも新たな英雄を求める次なるフェーズに入りつつあるのだろうか。前世紀以来、形と意義を変えながらも脈々と英雄を生み出してきた群島大国インドネシアをめぐる本書の知見が、今後、時間的にも空間的にも異なる事象を相対化するためのひとつの拠り所となれば、これに勝る喜びはない。

二〇一七年二月　　　編者を代表して　山口裕子

資料――共同研究会、学会分科会実施記録

平成二四年～二六年度国立民族学博物館若手共同研究『『国家英雄』から見るインドネシアの地方と民族の生成と再生」（代表／津田浩司）実施記録

参加者／津田浩司（代表、東京大学）、太田淳（慶応義塾大学）、岡本正明（京都大学）、小國和子（日本福祉大学）、金子正徳（東洋大学アジア文化研究所客員研究員）、北村由美（京都大学）、佐々木拓雄（久留米大学）、中野麻衣子（松蔭女子大学非常勤講師）、見市建（岩手県立大学）、森下明子（京都大学）、森田良成（大阪大学特任研究員）、山口裕子（北九州市立大学）、横山豪志（筑紫女子学園大学）（所属はいずれも本書刊行時点）。ファジャール・イブヌ・トゥファイル（インドネシア科学院）氏も東京外国語大学における在留研究中にゲスト講師として参加した。

【二〇一二年一二月二二日（土）　国立民族学博物館】
津田浩司「共同研究会趣旨説明」
金子正徳「データにみる『国家英雄』」
山口裕子「東南スラウェシにおける『国家英雄』推戴運動の事例」
津田浩司「インドネシア近現代史の再考と国家英雄」
佐々木拓雄「〝Pahlawan Nasional〟をめぐる言説」

【二〇一三年七月六日（土）　国立民族学博物館】
山口裕子「関連諸法令に見る『国家英雄制度』の変遷」
中野麻衣子「バリと国家英雄――無関心とその帰結」
横山豪志「『三月一日総攻撃』に関する言説の変遷にみるスハルトの英雄化と脱英雄化」

【二〇一三年一二月二一日（土）　国立民族学博物館】
見市建「一九九八年以降のインドネシア映画――宗教、ナショナリズムと国家英雄」

ファジャール・イブヌ・トゥファイル（インドネシア科学院・東京外国語大学）、「Moh. Yamin, from Talawi (West Sumatra) to Mangkunegara Palace: Ethnic Network, Revolution, and the Shaping of a Nationhood（ムハンマド・ヤミン、西スマトラ・タラウィからマンクヌガラ王宮へ――エスニック・ネットワーク、革命、そして国民性の形成）」（英語・インドネシア語）

【二〇一四年七月一九日（土）　国立民族学博物館】

小國和子「地方分権時代の〈国家〉英雄――南スラウェシにおけるSultan Daeng Raddja家族の語りを中心に」

森下明子「なぜ国家英雄推戴の動きが活発な地方とそうでない地方があるのか――カリマンタン四州の国家英雄推戴の動向を比較しながら考える」

森田良成「西ティモールと新しい国家英雄」

【二〇一五年二月二二日（日）　国立民族学博物館】

岡本正明「国民英雄の死後管理」

太田淳「国民英雄の歴史文脈――バンテンおよびランプンの歴史叙述から」

学会分科会実施記録

二〇一五年五月三〇日　日本文化人類学会第四九回研究大会（大阪国際交流センター）分科会「『国家英雄』認定に見る地方と民族の現在――ポスト・スハルト期インドネシアの事例から」（代表者／山口裕子　発表者／中野麻衣子、津田浩司、山口裕子、金子正徳　コメンテーター／加藤剛、森田良成）

二〇一六年六月五日　東南アジア学会第九五回研究大会（大阪大学豊中キャンパス）分科会「インドネシア『国家英雄認定に見る国民統合、地方と民族の現在』」（代表／金子正徳　発表者／山口裕子、中野麻衣子、森田良成、金子正徳、横山豪志　コメンテーター／津田浩司、信田敏宏〔国立民族学博物館〕）

タ

索引（事項・人名・地名など）

ア

カ

執筆者紹介

山口裕子（やまぐち　ひろこ）
一九七一年生まれ。一橋大学大学院社会学研究科博士後期課程修了、博士（社会学）。北九州市立大学文学部・准教授。社会人類学。インドネシアの東南スラウェシ地方の政治社会状況と歴史語りの変化について研究している。近年では国際労働力移動への関心から、滞日インドネシア人ムスリムの暮らしと日本のハラール産業の調査も行っている。
主な著作に『歴史語りの人類学――複数の過去を生きるインドネシア東部の小地域社会』（世界思想社　二〇一一年）、『共在の論理と倫理――家族・民・まなざしの人類学』（共編著　はる書房　二〇一二年）、「グローバル化、近代化と二極化するハラールビジネス――日本のムスリム非集住地域から」阿良田麻里子編『文化を食べる、文化を飲む――グローカル化する世界の食とビジネス』（ドメス出版　二〇一七年）

金子正徳（かねこ　まさのり）
一九七二年生まれ。金沢大学大学院社会環境科学研究科修了、博士（文学）。人間文化研究機構総合人間文化研究推進センター・特任助教（二〇一七年四月から）。文化人類学。
主な著作に『インドネシアの学校と多文化社会――教育現場をフィールドワーク』（風響社　二〇一一年）、「コラージュとしての地域文化――ランプン州に見る民族から地域への意識変化」鏡味治也編『民族大国インドネシア――文化継承とアイデンティティ』（木犀社　二〇一二年）、「婚姻に見る民族集団間関係とアダット（慣習）――インドネシア・ランプン州プビアン人社会の事例から」『国立民族学博物館研究報告』三二巻三号（二〇〇八年）、「アダット（慣習）とクブダヤアン（文化）――インドネシア・ランプン州プビアン人社会における婚姻儀礼の事例を中心として」『文化人類学』七二巻一号（二〇〇七年）などがある。

津田浩司（つだ　こうじ）
一九七六年生まれ。東京大学大学院総合文化研究科博士課程修了、博士（学術）。東京大学大学院総

合文化研究科・准教授、文化人類学。東南アジア島嶼部（主にインドネシア）の華人社会における文化・宗教・伝統などをめぐる再編過程について、人々の生活に密着した場から研究している。
主な著作に『「華人性」の民族誌――体制転換期インドネシアの地方都市のフィールドから』（世界思想社　二〇一一年）、「バティックに染め上げられる『華人性』」鏡味治也編『民族大国インドネシア――文化継承とアイデンティティ』（木犀社　二〇一二年）、『「華人」という描線――行為実践の場からの人類学的アプローチ』（共編著　風響社　二〇一六年）などがある。

森田良成（もりた　よしなり）
一九七六年生まれ。大阪大学大学院人間科学研究科博士後期課程修了、博士（人間科学）。大阪大学大学院人間科学研究科・特任研究員、大阪大学、摂南大学ほか非常勤講師、文化人類学。インドネシア、西ティモールの社会と経済について、またティモール島国境地帯における人とものの移動について研究している。
主な著作に「受け継がれた罪と責務」鏡味治也編『民族大国インドネシア――文化継承とアイデンティティ』（木犀社　二〇一二年）、「『ねずみの道』の正当性――ティモール島国境地帯の密輸に見る国家と周辺社会の関係」『白山人類学』第一九号（二〇一六年）などがある。映像作品として『アナ・ボトル――西ティモールの町と村で生きる』（森田良成・市岡康子編集　四三分　二〇一二年）がある。

横山豪志（よこやま　たけし）
一九六九年生まれ。京都大学大学院法学研究科博士課程政治学専攻単位取得満期退学、修士（法学）。筑紫女学園大学文学部アジア文化学科・准教授、比較政治学。ナショナリズムや民主主義など、インドネシアの国家や権力の正統性原理をめぐる事象を研究している。
主な著作に『東南アジア現代政治入門』（共編著　ミネルヴァ書房　二〇一一年）などがある。

ファジャール・イブヌ・トゥファイル（Fadjar Ibnu Thufail）
一九六七年生まれ。ウィスコンシン大学マディソン校博士課程修了、博士（人類学）。インドネシア科学院・上席研究員、文化人類学・東南アジア地域研究。インドネシアを中心に、社会的過程で民族イメージが構築される様を批判的に研究している。近年は、科学技術やアニメーションなどをめぐって、日本と東南アジア地域間の技術者の移動やイメージの流通過程を歴史的にたどる研究も進めている。
主な著作に *Kegalauan Identitas: Agama, Etnisitas, dan Kewarganegaraan Pada Masa Paska Orde Baru*（共編著　Grasindo Publisher　二〇一一年）、"Ninjas in Narratives of Local and National Violence in Post-Soeharto Indonesia"　Mary Zurbuchen 編 *Beginning to Remember: The Past in the Indonesian Present*（University of Washington Press　二〇〇五年）などがある。

加藤　剛（かとう　つよし）
一九四三年生まれ。コーネル大学大学院（Ph.D.）。京都大学名誉教授。比較社会学、東南アジア研究。
主な著作に「グローバル支援の歴史的位置づけ――『開発援助』の生成と変容」信田敏宏・白川千尋・宇田川妙子編『グローバル支援の人類学――変貌するNGO・市民活動の現場から』（昭和堂　二〇一七年）、「『開発』概念の生成をめぐって――初源から植民地主義の時代まで」『アジア・アフリカ地域研究』一三巻二号（二〇一四年）、編書に『もっと知ろう!!　わたしたちの隣人――ニューカマー外国人と日本社会』（世界思想社　二〇一〇年）、訳書にベネディクト・アンダーソン著『ヤシガラ椀の外へ』（NTT出版　二〇〇九年）などがある。

【V章翻訳者】
荒木　亮（あらき　りょう）
一九八七年生まれ。首都大学東京大学院・博士課程に在籍中。専門は社会人類学。インドネシア西ジャワ州のバンドゥンが主たる調査地。ポスト・スハルト期における地方都市の近代化や社会変容について、イスラーム文化という視点から研究している。
主な著作に「オブジェクトとしてのジルバッブ――『イスラーム復興』再考にむけた一試論」『社会

人類学年報』四一号（二〇一五年）、「異国で信仰が問われるとき――再帰的近代化、あるいはイスラームのオブジェクト化に纏わる一試論」『人文学報』五一二（一）号（二〇一六年）などがある。

「国家英雄」が映すインドネシア

二〇一七年三月三一日——初版第一刷発行

山口裕子
金子正徳——編著者
津田浩司

菊地信義——装幀者
関　宏子——編集者
遠藤真広——発行者
木犀社——発行所
長野県松本市浅間温泉二—一—二〇
〒三九〇—〇三〇三
電話〇二六三—八八—六八五二
信毎書籍印刷——印刷所
川島製本所——製本所

ISBN978-4-89618-066-4 C3030